기독교문서선교회 (Christian Literature Center: 약칭 CLC)는 1941년 영국 콜체스터에서 켄 아담스에 의해 시작되었으며 국제 본부는 미국 필라델피아에 있습니다.
국제 CLC는 59개 나라에서 180개의 본부를 두고, 약 650여 명의 선교사들이 이동 도서차량 40대를 이용하여 문서 보급에 힘쓰고 있으며 이메일 주문을 통해 130여 국으로 책을 공급하고 있습니다. 한국 CLC는 청교도적 복음주의 신학과 신앙서적을 출판하는 문서선교기관으로서, 한 영혼이라도 구원되길 소망하면서 주님이 오시는 그날까지 최선을 다할 것입니다.

찰스 해돈 스펄전의
성령 메시지

Sermons on The Holy Spirit
Written by Charles Haddon Spurgeon
Translated by Joann H. Soh
All rights reserved.
Korean Edition Copyright ⓒ 2021 by Christian Literature Center, Seoul, Korea.

찰스 해돈 스펄전의 **성령 메시지**

2021년 12월 31일 초판 발행

지 은 이 | 찰스 해돈 스펄전
옮 긴 이 | 소행선

편　　집 | 전희정
디 자 인 | 박성숙, 서민정
펴 낸 곳 | (사)기독교문서선교회
등　　록 | 제16-25호(1980. 1. 18.)
주　　소 | 서울특별시 서초구 방배로 68
전　　화 | 02-586-8761~3(본사) 031-942-8761(영업부)
팩　　스 | 02-523-0131(본사) 031-942-8763(영업부)
이 메 일 | clckor@gmail.com
홈 페 이 지 | www.clcbook.com
송 금 계 좌 | 기업은행 073-000308-04-020 (사)기독교문서선교회
일련번호 | 2021-86

ISBN 978-89-341-2323-1 (03230)

이 책의 저작권은 저자와 (사)기독교문서선교회가 소유합니다.
신저작권법에 의하여 한국 내에서 보호받는 저작물이므로 무단 전재와 무단 복제를 금합니다.

스펄전 메시지 시리즈 ❻

찰스 해돈 스펄전의
성령 메시지

SERMONS ON THE HOLY SPIRIT

찰스 해돈 스펄전 지음
소 행 선 옮김

CLC

Sermons on The Holy Spirit

Sermons on The Holy Spirit

발간사
찰스 해돈 스펄전의 생애와 설교

박영호 박사

전 한국성서대학교 교수

　기독교문서선교회(CLC)가 "스펄전 메시지 시리즈" 제6권, 『찰스 해돈 스펄전의 성령 메시지』를 출간했습니다. 지난 1,000년 교회 역사에서 최고의 설교자 중 한 명으로 꼽히는 "설교자의 왕", "청교도의 황태자" 찰스 해돈 스펄전(1834~1892) 목사의 메시지는 기독교의 위기를 말하는 요즘 우리에게 아주 뜨거운 생명의 말씀입니다. 스펄전의 메시지는 이 시대 교회가 갖춰야 할 모습, 꿈꿔야 할 부흥이 어떤 것인지를 밝히 설명해 줍니다.

　스펄전은 당대에 유행하던 신학 풍조나 목회 관행을 따르지 않았으며 칼빈주의적 청교도 신학을 견지하면서 거룩한 목회자의 삶을 강조했습니다. 이런 그의 설교와 목양을 살펴보는 일은 오늘날 매우 중요합니다. 스펄전의 목회 사역 당시는 한국의 지금과 비슷하게 그리스도인의 삶이 기독교 교리와 점차 분리되고 경건함은 쇠퇴하고 있었으며 교리적 무관심이 교회 안에 팽배한 시기였습니다.

스펄전은 시대 흐름이 아닌 성경에 충실한 목회 사역을 펼쳤습니다. 복음과 성령, 믿음과 기도의 능력을 믿은 그를 본받아 목회를 펼친다면 하나님이 주실 놀라운 복을 확신하며 교회를 올바로 섬길 수 있을 것입니다.

스펄전의 삶과 메시지의 중심은 언제나 예수 그리스도였습니다. 설교자가 신학과 교리의 핵심인 복음을 증거로 제시하고 영원토록 변함 없는, 살아 있는 말씀을 전해야 한다는 게 스펄전의 주장입니다. 메시지마다 그리스도를 선포했던 그의 설교신학은 오늘날 강단의 회복을 소망하며 말씀 사역자로 섬기는 목회자들에게 탁월한 교훈과 도전을 줄 것입니다.

스펄전의 전도와 설교 목표는 언제나 영혼을 구원하는 데 있었으며 그의 메시지는 지식인까지도 예수 그리스도께로 회심하게 만드는 설교였습니다. 그는 성경 본문을 교리적, 체험적, 실천적 측면에서 해석하고 설명했습니다.

스펄전의 메시지는 회중이 하나님 앞에서 거룩한 긴장감을 느끼고 그리스도의 은혜와 영광과 성령님의 거룩한 감동을 맛볼 수 있도록 감각적 호소를 했습니다. 그는 풍부한 이미지와 비유법을 사용하며, 스토리텔링 구조를 띠었던 효과적인 설교 전달 방법을 사용했습니다.

'스펄전'의 설교는 그의 신학 핵심입니다. 설교는 그에게 모든 사역에서 가장 중요한 과제였습니다. 그가 목회자 후보생들에게 준 강의에서도 설교에 관한 강좌가 대부분을 차지했으며 그 내용은 다음과 같습니다.

첫째, 설교는 하나님의 말씀을 선포하는 것이다.

둘째, 하나님의 말씀을 설교하는 자는 자나 깨나 기도로 준비해야 한다.

셋째, 설교는 가르치는 내용이 있어야 하며, 그 내용은 건전하고 본질적이어야 할 뿐 아니라 풍성한 교리가 있어야 한다.

넷째, 설교의 본문 선택에 신중을 기해야 한다.

다섯째, 설교자는 하나님만 의지해 담대히 말씀을 선포해야 한다.

여섯째, 설교자는 음성을 잘 관리해야 한다. 부드럽고 자연스러운 맑은 목소리를 내는 것이 중요하다.

일곱째, 설교 전달에 있어서 자세와 태도 그리고 몸짓에 신경을 써야 한다.

여덟째, 설교에 예화를 사용하는 기술을 터득해야 한다.

아홉째, 설교는 본문을 떠나서는 안 된다.

"스펄전의 메시지 시리즈" 전 9권이 한국 강단에 불붙는 논리로 선포되기를 바랍니다. 현재 CLC에서 『스펄전의 자서전』과 스펄전 부인인 수잔나에 관한 책, 『수잔나의 생애와 유산』의 출간을 준비하고 있습니다.

Sermons on The Holy Spirit

역자 서문

소 행 선

GMS 선교사

하나님의 손에 붙들린 주의 종에게 듣는 은혜와 구원의 설교 말씀에서 느껴지는 감동과 행복은 이 세상 무엇과도 바꿀 수 없는 보화입니다. 그럼에도 불구하고 교회사를 통틀어 가장 탁월한 목회자이자 설교의 황제이셨던 찰스 해돈 스펄전(Charles Haddon Spurgeon) 목사님의 설교를 옮기면서는 제가 줄곧 왕의 옷을 짓고 있는 미천한 직공처럼 느껴졌습니다.

첫째, 설교문의 특성상 설교자의 어조와 단어를 최대한 살려내야 하는 것이었기 때문입니다.

둘째, 지난 100여 년 사이에 이뤄진 시대적, 문화적 그리고 신학적 변화를 읽어 내야 했기 때문이기도 했습니다.

모쪼록 성령님께 대한 절대 신뢰와 순종으로 빅토리아 시대의 어둠을 밝혀 주신 스펄전 목사님의 이 가르침이 조국 교회에 생수와 바람이 되고, 불이 되길 소망합니다.

출판을 앞두고 청년 시절부터 지금까지 저의 영원한 스승이자 무디 선생님과 함께 세계적 성령 부흥 운동을 이끄신 R. A. 토레이(R. A. Torrey I) 박사님의 손자이신 저의 스승 고(故) 대천덕(R. A. Torrey III) 성공회 신부님과 제인(Jane G. Torrey) 사모님을 추모하며 그분들께 감사드립니다.

그리고 함께 따뜻하게 격려하며 조언으로 응원해 주신 모교의 허주 교수님(아신대학교 신학대학원 신약학)과 맑은샘교회의 이대환 목사님께 그리고 한애경 교수님(한국기술대학교)께 진심으로 감사의 말씀을 드립니다. 마지막으로 기독교문서선교회(CLC)의 대표 박영호 목사님을 비롯해 보이지 않는 사명의 자리를 지키고 계신 모든 직원 분께 더욱 주님의 은혜가 함께하기를 소망합니다.

Sermons on The Holy Spirit

Sermons on The Holy Spirit

목차

발간사	박 영 호 박사(전 한국성서대학교 교수)	5
역자 서문	소 행 선(GMS 선교사)	8

제1장	위로자	12
제2장	성령님의 권능	40
제3장	성령님 - 위대한 교사	69
제4장	성령님의 부으심	100
제5장	바람과 성령님	129
제6장	시들게 하시는 성령님의 역사	161
제7장	오순절의 바람과 불	197
제8장	성령님의 내주하심과 넘쳐나심	230
제9장	성령님의 임재는 교회의 영광	263
제10장	성령님의 언약적 약속	296
제11장	내 입에 꿀!	331

Sermons on The Holy Spirit

제1장
위로자
(The Comforter)[1]

> 위로자 곧 아버지께서 내 이름으로 보내실 성령 그가 너희에게 모든 것을 가르치고 내가 너희에게 말한 모든 것을 생각나게 하리라(요 14:26).

연로한 시므온은 예수님을 "이스라엘의 위로"(눅 2:25)라 칭했는데, 그분은 참으로 이스라엘의 위로였습니다. 이 땅에 오시기 전 그분의 이름은 어둠을 헤치고 밝아 오는 아침을 예견해 주는 "샛별"(day star)이셨습니다(벧후 1:19). 이스라엘은 파수꾼이 아침을 기다리는 소망을 갖고 그분을 기다렸습니다. 외로운 성곽 꼭대기에서 파수꾼은 밤하늘에 가장 밝은 별 하나를 발견하고 아침의 안내인으로 환호합니다.

주님은 세상에 계셨을 때 자기와 함께했던 모든 사람에게 위로가 되어 주셨습니다.

제자들이 얼마나 자주 주님께 달려가 슬픔을 고백했을까요!

---

[1] 설교 No. 5.; 1855년 1월 21일 주일 저녁, New Park Street Chapel(Southwark 소재).

그리고 주님은 또 얼마나 부드러운 음성으로 말씀하시며 두려움을 쫓아내 주셨을지, 우리는 상상해 볼 수 있습니다. 제자들은 어린아이들처럼 주님을 하늘 아버지로 여겼을 것입니다.

그분은 지혜로운 의사처럼 모든 상처를 치료하시는 향유를 갖고 계셨기에 제자들의 모든 결핍과 염려, 슬픔과 고통은 단번에 사라졌습니다. 제자들의 모든 걱정을 정성으로 돌봐 주셨고, 어떤 열도 가라앉힐 수 있는 강력한 치료약을 언제든지 나누어 주셨습니다.

오! 예수 그리스도와 함께 사는 것은 얼마나 감미로운지요!

분명 고통마저도 복의 가면에 불과한 것이었습니다. 예수님께 나아가 해결받을 기회를 제공해 주었기 때문입니다. 우리 중 누군가는 하나님께 이렇게 기도할 것입니다.

"지친 우리의 얼굴을 그분 품에 기댈 수만 있다면, '곤한 심령은 누구든지 내게로 오라' 하시는 친절하신 음성을 듣고, 선하신 그분의 모습을 볼 수 있는 행복한 그 시대에 태어났더라면 좋았을 텐데요."

그러나 이제 주님은 곧 돌아가실 것입니다. 대예언은 성취되고 위대한 목적은 이루어져야 했습니다. 그러므로 예수님은 떠나셔야만 했습니다. 고난을 받고 우리 죄를 대신해 화목 제물이 되셔야 했습니다. 티끌 가운데 잠시 잠드셔야 했습니다. 그래서 향기로 묘실을 채우시고 그곳이 더 이상 시신을 두는 곳이 되지 않을 것이며 잊혀진 무고한 자들의 유골이 담긴 무덤이 되지 않게 하실 것입니다.

주님은 부활하셔야만 했습니다. 그래서 언젠가 그리스도 안에서 잠자고 있는 우리가 영광스러운 몸을 입고 먼저 일어나 땅 위에 설 수 있게 해 주실 것입니다. 그분은 하늘로 올라가셔야만 했습니다. 그래서 그분이 사로잡은 자들을 사로잡고(엡 4:8), 지옥의 악령들을 사슬에 매 하늘 전차 바퀴에 힘껏 메어친 후 끌고 올라가시고, 천국의 꼭대기에서 지옥 바닥으로 오른팔로 그 악령들을 다시 한번 세차게 내려쳐 버리실 것입니다.

> 내가 떠나가는 것이 너희에게 유익이라 내가 떠나가지 아니하면 위로자가 너희에게로 오시지 아니할 것이요(요 16:7).

예수님이 가셔야 합니다. 슬피 우십시오.
예수님은 떠나셔야 합니다. 탄식하십시오.
'위로자' 하나 없이 남겨질 가엾은 사람들이여!
그러나 예수님이 얼마나 친절하게 말씀하시는지 들어 보십시오.
"내가 위로자 없이 너희를 버려두지 않으리라."

> 내가 아버지께 구하겠으니 그가 또 다른 위로자를 너희에게 주사 영원토록 너희와 함께 있게 하리니(요 14:16).

예수님은 그 작고 불쌍한 양 무리를 광야에 홀로 두지 않으실 것입니다. 자기 자녀를 버리거나 고아로 버려두는 일은 하지 않으실 것입니다. 당면한 사명은 너무나 크고 중해서 예수님은 탁월한 지성에도 불구하고 과중한 부담을 받고 계셨으리라 생각할 수 있습니다. 당하셔야 할 고난이 너무나 컸기 때문에, 그리스도의 영혼은 다가오는 고난에만 집중되어 있었을 것이라고 추측할 수 있습니다. 그러나 그렇지 않았습니다. 떠나시기 전에 예수님은 제자들에게 부드러운 위로의 말씀을 남겨 주셨습니다.

그들에게 선한 사마리아인과 같이 기름과 포도주를 부어 주셨고 약속을 남겨 주셨습니다.

"내가 너희에게 또 다른 위로자를 보낼 것이다. 그는 나와 꼭 같은 이다. 그러나 그는 훨씬 더 많은 일을 할 것이다. 슬픔에 빠진 너희를 위로하고, 너희의 의심을 없애 주며, 환란을 당하는 너희를 위로해 주어 내가 더 너희와 함께 있는 동안 할 일들을 그가 대신 할 것이고, 이 땅에서 나를 대신해 설 것이다."

성령님을 '위로자'로 설명하기 전에 먼저 '위로자'로 기록된 단어의 번역과 관련해 한두 가지를 말씀드립니다. 레니시 원어성경(The Rhenish Translation)은 로마가톨릭교회가 채택했는데, 해당 단어를 번역하지 않고 '파라클레테'를 그대로 사용했습니다.

> 이제 아버지께서 내 이름으로 보내 주실 성령 곧 파라클레테께서 모든 것을 너희에게 가르쳐 주실 것이다(요 14:26, 레니시 원어성경).

이 단어에는 헬라어 원어로 '위로자'라는 뜻 말고 몇 가지 다른 뜻이 있는데, '감독자'나 '교사'를 의미하기도 합니다.

"내가 너희에게 또 다른 감독자, 또 다른 교사를 보내 주리라."

흔히 '변호자'를 의미하지만, 가장 일반적인 뜻은 여기 있습니다.

"내가 너희에게 또 다른 위로자를 보내 주리라."

다음 주제로 넘어가기 전에, '파라클레테'의 다른 번역 두 가지를 설명하겠습니다.

한 번역은 '교사'입니다.

예수님은 세상에 계실 때 성도들 앞에서 공식적인 교사가 되어 주셨습니다. 제자들은 그리스도만을 랍비로 불렀습니다 다른 사람의 발치에 앉아 가르침을 받지 않았습니다. 오직 "그분처럼 말한 사람이 없었던"(요 7:46) 예수님의 입에서 직접 나온 가르침을 배웠습니다.

그리스도께서는 단 한번도 이렇게 말씀하신 적이 없습니다.

"이제 내가 떠나가면 너희는 어디에서 확실하고 위대한 스승을 찾을 수 있을까?"

"교황을 세워 주면 그가 너희를 위해 무오한 신탁을 받아 줄까?"

"모든 어려운 문제의 답을 해 주는 교회 공의회를 만들어 줘야 할까?"

오히려 이렇게 말씀하셨습니다.

"내가 곧 무오한 파라클레테이자 너희 교사이다. 그러나 내가 떠난 후에 다른 교사를 보내 줄 것이며, 그가 너희에게 말씀을 설명해 줄 것이다. 그가 하나님의 권세 있는 신탁을 내려 모든 어둠을 밝히고, 모든 신비를 밝히며, 모든 계시의 매듭을 풀어내시고, 그의 은혜 없이는 알지 못하던 것들을 너희에게 알게 해 주실 것이다."

사랑하는 성도 여러분!

누구나 사람은 성령으로부터 배우지 못하면, 올바로 배울 수 없습니다. 선택에 관한 교리를 배우면서 성령님의 가르침을 받지 않는다면, 그 교리를 통해 스스로 저주받았다는 사실만을 깨닫게 될 뿐입니다. 그것은 그 교리를 배웠음에도 영혼이 파멸된 사람들을 제가 알고 있기 때문입니다. 그들은 선택론 교리를 배웠기 때문에 자신들은 선택받았다고 생각합니다.

하지만 그들의 영혼에는 성령님의 어떤 증거와 흔적도 없었고 성령님의 그 어떤 역사도 없었습니다. 사탄의 학교는 진리를 배우고도 방탕함 속에서 살아도 된다고 교육합니다. 그러나 그것은 정맥을 따라 퍼지는 독이 되어 여러분을 영원히 파멸시킬 것입니다.

하나님으로부터 배우지 않으면 누구도 예수 그리스도를 알 수 없습니다. 오직 한 권위 있는 스승의 도움 없이는 안전하고 완벽하게 그리고 확실하게 배울 수 있는 성경의 가르침은 없습니다.

신학의 체계가 무엇인지, 신학의 구조가 무엇인지, 무오한 주석가가 누구인지, 혹 가장 유식하고 거만한 학자가 누구인지 말하지 말아 주십시오. 다만 '위대한 교사'에 관해서만 말해 주십시오.

그분이 하나님의 자녀인 우리에게 모두 다 가르쳐 주실 것입니다. 이 사람, 저 사람이 떠드는 말이 중요하지 않습니다. 저는 그 누군가가 자랑하는 권세도 믿지 않습니다. 여러분도 믿지 말아야 합니다. 사람의 속임수와 간사한 유혹에 빠져 온갖 교훈의 풍조에 밀려 요동하지 않아야 합니다(엡 4:14).

그분이 오직 한 분 권세 있는 교사이십니다. 그분은 바로 자기 자녀의 마음속에 거하시는 성령님이십니다.

다른 한 번역은 '변호자'입니다.

성령님이 어떻게 변호자가 될 수 있을지 생각해 보신 적이 있습니까?

우리는 예수 그리스도를 기묘자요, 묘사요, 전능하신 하나님으로 칭하고 있습니다(사 9:6).

하지만 어떻게 성령님을 변호자로 칭할 수 있습니까?

제 생각에는 성령님이 이 땅에서 십자가의 원수들과 싸워 변론하시는 변호자가 되십니다.

바울이 벨릭스와 아그립바 앞에서 어떻게 그렇게 능숙하게 변명할 수 있었을까요?

사도들이 로마 상관들 앞에 서서 어떻게 그리 담대하게 주를 고백할 수 있었습니까?

하나님의 사역자들은 어떻게 그렇게 항상 사자처럼 용맹하고, 놋쇠보다 굳세고 강철보다 강한 마음으로, 어떻게 그렇게 하나님의 언어로 힘과 같이 변론할 수 있었을까요?

이유는 단순합니다. 이는 사람이 변론한 것이 아니라 성령님이 그들을 통해 변론하셨기 때문입니다.

두 손을 높이 든채, 눈물방울을 뚝뚝 떨어뜨리는 두 눈으로 사람의 아들들에게 호소하는 신실한 목회자를 본 적이 있습니까?

존 번연이 그린 〈진리의 초상화〉를 보고 감탄한 적이 있으십니까?

그 근엄한 사람은 하늘을 우러러보고 있고, '가장 좋은 책'을 두 손에 들고 있으며, 그의 입술에는 진리의 법이 있고, 세상을 등지고 서 있습니다. 또한, 그는 마치 사람들에게 변론하는 듯한 표정으로 서 있으며, 머리에는 황금 면류관이 있습니다.

누가 그 목회자에게 그렇게 은혜롭고 아름다운 모습을 주셨을까요?

그분의 능력은 언제 완성되었습니까?

대학에서 배웠을까요?

신학교에서 배웠을까요?

야곱의 하나님에게서 배운 것입니다. 성령님에게서 배웠습니다. 성령님은 우리에게 그분의 대의를 올바르게 변호하는 방법을 가르쳐 주시는 상담자이십니다.

그리고 성령님은 사람들의 마음속에 계시는 변호자가 되어 주십니다. 성령님이 밝혀 주기 전까지는 누구도 교리를 받아들이지 않는다는 사실을 저는 알고 있습니다.

진리의 변호자로 불리는 우리도 종종 형편없는 변론가에 지나지 않을 때가 있습니다. 때론 우리가 사용하는 단어로 변론을 망치기도 합니다. 그러나 그 소송이 탁월한 변호자의 손에 맡겨져 있다는 사실은 은총이 아닐 수 없습니다. 그분은 죄인들의 반론을 물리치고 성공적으로 변호하실 것입니다.

한 번이라도 그분이 실패하신 것을 본 적이 있습니까?

사랑하는 형제자매 여러분!

저는 지금 여러분의 심령을 향해 말하고 있습니다.

하나님이 여러분에게 죄의 확신(conviction)을 주지 않으셨습니까?

여러분을 자기 의에서 끌어내 줄 목회자가 한 명도 없었을 때, 성령님이 오셔서 여러분이 죄인임을 증명해 주지 않으셨습니까?

그분이 그리스도의 의로우심을 변호하시지 않았습니까?

그분이 여러분의 일들이 냄새나는 걸레 조각에 지나지 않는다고 말씀하지 않으셨습니까?

그래도 여러분이 하나님의 음성 듣기를 거부할 때, 지옥의 북을 가져다가 여러분의 귓가에 울리시며 먼 미래를 내다보게 하시고, 보좌가 놓이고 생명책이 그 위에 펼쳐진 것을 보게 하시고, 휘두르는 칼, 타오르는 지옥 불, 울부짖는 소리를 듣게 해 주십시오.

그리고 저주받은 사람들이 영원히 비명을 지르는 모습을 보여 주지 않으셨습니까?

그리고 여러분이 받게 될 심판을 확신하게 하지 않으셨습니까?

성령님은 여러분의 심령 안에서 누군가 죄와 의와 장래의 심판을 주장할 때 강력한 변호자가 되십니다.

> 복된 변호자이시여!
> 제 마음속에 호소해 주소서.
> 제 양심에 호소해 주소서.
> 제가 죄를 지을 때, 제 양심이 담대하게 말하도록 해 주소서.
> 제가 잘못을 범할 때, 제 양심으로 즉시 말하게 하시고, 굽은 길로 들어설 때는 저의 의를 주장해 주시고, 죄를 깨달을 때는 하나님 앞에 잠잠히 앉아 있게 하소서.

성령님이 변호하신다는 것은 또 하나의 의미가 있는데 그것은 성령님이 말할 수 없는 탄식으로 예수 그리스도와 함께 우리의 의를 변호하신다는 뜻입니다.

'내 혼아! 너는 내 안에서 터질 것만 같구나!

내 마음아! 너는 슬픔에 젖어 있구나!

내 뜨거운 감정이 내 혈관을 따라 넘쳐 흐른다. 내가 말하기를 갈망해도 바로 그 갈망이 내 혀에 쇠사슬을 매어 버렸다.

나는 기도하기를 원해도 내 감정의 열정이 내 혀를 누르고 있구나!'

제 마음속에는 말할 수 없는 신음소리가 있습니다.

성도 여러분은 아십니까?

누가 그 탄식하는 소리를 터져 나오게 할 수 있습니까?

누가 그것을 이해할 수 있고 누가 그것을 하늘의 언어로 바꿔 말해 그리스도가 들으실 수 있도록 할 수 있습니까?

그렇습니다. 그렇게 할 수 있는 분은 성령 하나님이십니다. 성령님은 그리스도와 함께 우리의 의를 변호하시고, 그리스도는 성부 하나님과 함께 우리의 의를 변호해 주십니다. 그분은 말할 수 없는 탄식으로 우리를 위해 중보하시는 변호자이십니다(롬 8:26).

이렇게 교사이자 변호자로서 성령님의 직무를 설명했으므로, 이제 우리가 사용하는 버전(The King James Version[KJV] 또는 The King James Bible[KJB])을 따라 '위로자'로 번역합니다. 여기에 세 부분이 있습니다

이에 여기에서는 세 가지 의미로 나눠 설명합니다.

1. 위로자이신 성령님에 대해 말씀드립니다

위로자 성령님의 특징 몇 가지를 말씀드릴 때 이것을 여러분의 상황에 어떻게 잘 적용할 수 있을지 생각해 보시길 바랍니다.

첫째, 성령님은 사랑 많으신 위로자(a very loving Comforter)이십니다.

내가 너무 괴로워서 위로가 필요합니다. 그런데 어떤 행인이 내 슬픔에 대해 듣고 집 안으로 들어와 앉아서 기운을 북돋아 주려고 시도해 봅

니다. 그는 부드러운 말로 달래고 있으나 나를 사랑하지는 않습니다. 그는 낯선 사람으로 전혀 나를 알지 못하고 단지 자신의 기량을 시험해 보기 위해 들어왔습니다.

그렇다면 결과가 어떻게 되겠습니까?

그의 말은 대리석 위에 부은 기름처럼 흘러내리고 석판 위에서 흩날리는 비와 같습니다. 그래서 그의 말이 내 슬픔을 부수지 못합니다. 그가 나를 사랑하지 않기 때문에 내 슬픔은 꿈쩍도 하지 않습니다.

그러나 자기 생명처럼 나를 진심으로 사랑하는 누군가가 나에게 간청할 때, 그의 말은 참으로 아름다운 음악과 같고 꿀송이처럼 답니다. 그는 내 마음 문의 비밀번호를 알기에 나는 그의 말 한 마디 한 마디에 귀를 기울이고 그 음률의 고저를 모두 따라가게 됩니다. 그의 말이 나에게 천국의 수금이 연주하는 하모니로 들리기 때문입니다.

사랑은 목소리가 있고 고유의 언어가 있으며, 흉내 낼 수 없는 표현과 어투가 있고, 지혜로도 모방할 수 없는 것입니다. 언변으로도 할 수 없습니다. 오직 애통하는 마음에 도달할 수 있는 것은 사랑밖에 없습니다. 사랑은 우는 자의 눈물을 닦아 줄 수 있는 유일한 손수건입니다.

그래서 성령님은 사랑 많으신 위로자가 아니십니까?

성도 여러분, 성령님이 여러분을 얼마나 사랑하시는지 아십니까?

성령님의 사랑을 측량할 수 있습니까?

여러분을 향한 그분의 사랑이 얼마나 큰지 알고 계십니까?

가서 손바닥으로 하늘을 재 보십시오.

저울 위에 산을 달아 보십시오.

바닷물이 몇 방울인지 세어 보십시오.

가서 넓은 해변의 모래를 세어 보십시오.

그것을 다 세고 나면, 성령님이 여러분을 얼마나 사랑하시는지 알 수 있습니다. 성령님은 여러분을 오래 사랑해 오셨고, 깊이 사랑하셨고, 언제나 사랑해 주셨으며, 지금도 여전히 여러분을 사랑하실 것입니다. 의심의 여지없이 성령님은 여러분을 사랑하시기 때문에 여러분을 위로하십니다.

오! 그리스도를 구주로 고백하는 여러분!

성령님을 인정하십시다.

슬픔 가운데 있는 여러분을 위로해 주실 것입니다.

둘째, 성령님은 신실하신 위로자(a faithful Comforter)이십니다.

사랑은 때때로 신실하지 않은 것으로 드러납니다.

'뱀의 이빨보다 더 날카로운 것'이 신실하지 않은 친구입니다!

쓰디쓴 쓸개보다 더 쓴 것이 어려움을 당할 때 등을 돌리는 친구입니다. 잘 될 때는 나를 좋아하다가 어려울 때 저버리는 사람은 재앙 중의 재앙입니다. 사실 그것은 슬픈 일입니다. 그러나 성령님께는 있을 수 없는 일입니다. 그분은 언제나 우리를 사랑하시고 끝까지 사랑하십니다. 그분은 '신실하신 위로자'이십니다.

하나님의 자녀여!

어려운 일을 당하셨습니까?

바로 조금 전에 여러분은 그분이 달콤하고 사랑스러운 위로자가 되신다는 사실을 배웠습니다. 다른 것들은 모두 터진 웅덩이(렘 2:13)에 지나지 않을지라도 여러분은 그분으로 인해 안도하게 되었습니다. 성령님은 여러분을 품에 안고 이끌어 오셨습니다.

그럼에도 믿음이 생기지 않습니까?

두려움을 떨쳐 버리십시오. 그분은 신실하신 위로자이십니다.

여러분은 이렇게 말하실 것입니다.

"그렇지만 제가 병이 나서 율법을 어기게 될까 두렵습니다."

그럼에도 성령님은 여러분을 찾아가셔서 병상 곁에서 위로해 주실 것입니다.

"그러나 저에겐 여러분이 상상할 수 없는 고통이 있답니다. 영원(Eternal)이 분출되는 소리가 들리고, 파도 위의 파도가 몰려오며, 깊음이 깊음을 부르고 있어요."

그럼에도 그분은 약속을 신실하게 이루실 것입니다.

"그렇지만 저는 죄를 지었습니다."

그렇습니다. 설령 죄를 지었다 할지라도, 그 죄가 여러분을 성령님의 사랑에서 갈라 놓을 수 없습니다. 성령님은 여러분을 지금도 사랑하십니다.

낙심하고 있는 하나님의 자녀 여러분!

제발 해묵은 죄악의 흉터가 여러분의 아름다움을 가리기 때문에, 그 흠만큼 성령님이 여러분을 사랑하지 않으신다고 생각하지 마십시오.

그것은 올바른 생각이 아닙니다.

그분은 여러분이 지을 죄를 미리 아시면서도 여러분을 사랑하셨습니다. 여러분이 갖고 있는 모든 악함을 종합하면 어떤 모양이 될지 다 알고 계시지만, 지금도 여러분을 변함없이 사랑하고 계십니다.

크고 담대한 믿음으로 성령님께 나아오십시오.

그동안 그분이 근심하게 했음을 고백하십시오.

이후로 여러분의 방황을 기억하지 않으실 것입니다. 그리고 여러분을 다시 한번 받아 주실 것입니다. 사랑의 입맞춤을 해 주실 것입니다. 성령님의 은혜의 두 팔로 여러분을 감싸 안아 주실 것입니다. 신실하신 그분을 믿으십시오. 주님은 결코 여러분을 속이지 않으십니다. 그분을 신뢰하십시오. 성령님은 결코 여러분을 떠나지 않으실 것입니다.

셋째, 성령님은 결코 지치지 않는 위로자(an unwearied Comforter)**이십니다.**
저는 사람들을 위로하려고 애를 쓰지만 결국 지쳐 버립니다.

가끔 불안해하는 사람들을 대하기도 합니다. 문제가 무엇인지 물어보고 답을 해 주기도 합니다. 가능한 그의 문제를 제거해 주려고 애를 씁니다. 그러나 문제에 초점을 맞추고 답을 준비하는 사이 어느새 그 문제는 자리를 다른 데로 옮겨 버립니다.

그래서 주제를 바꾸어 다시 시작해 봅니다. 그러나 그것은 다시 사라져 버리고 갈피를 잡을 수 없게 됩니다. 그리스 신화의 헤라클레스처럼 끊임없이 다시 자라나는 히드라의 머리를 잘라 내다가 절망에 빠져 임무를 포기하게 됩니다.

자신을 족쇄 안에 가두고 열쇠를 던져 버려 아무도 그 족쇄를 풀지 못하게 하는, 위로가 불가능한 사람을 만나기도 합니다. 그들은 이렇게 말합니다.

"제가 바로 그 사람입니다. 저는 고통이 무엇인지 아는 사람입니다. 저를 불쌍히 여겨 주세요. 불쌍히 여겨 주세요. 나의 친구들이여!"

그런 분들을 위로하려고 하면 할수록 상태는 악화되고 모든 기운이 빠져서 지난날 그들이 좋아하던 무덤 속을 헤매도록 내버려 두게 됩니다. 그러나 성령님은 위로하려고 하시는 사람에 대해 결코 피곤해 하지 않으십니다.

성령님이 위로해 주려고 하실 때, 우리는 그분이 내밀어 주시는 감로수를 저버리고 도망갑니다. 치료를 위해 약간의 목마름을 주셨는데, 우리는 그 음료를 마시려 하지 않습니다. 모든 문제를 마술처럼 사라지게 할 놀라운 약을 주셨는데도 우리는 그것을 외면합니다.

그래도 그분은 우리를 쫓아오시며, 심지어 위로 받기를 거절하고 있는데도, 우리가 위로를 받게 될 것이라고 말씀하십니다. 성령님이 말씀하시면 이뤄집니다. 성령님은 우리의 모든 죄악에 대해서도, 투덜거리는 소리에 대해서도 결코 지치지 않으시기 때문입니다.

성령님은 얼마나 지혜로운 위로자이십니까?

욥에게도 위로자들이 있었으나, 그들에게 욥은 "너희는 다 재난을 주는 위로자들이로구나"(욥 16:2)라고 진실을 말해 주었습니다. 저는 그 친구들이 스스로를 지혜롭게 여겼을 것이라고 생각합니다. 청년 엘리후가 서서 말할 때, 나머지 욥의 친구들은 그를 대단히 오만하게 여겼습니다.

그들은 '근엄하고 존경받는 원로들'이 아니었습니까?

그들이 욥의 고통과 슬픔을 이해하지 못한다면 누가 욥을 위로할 수 있었습니까?

그러나 근본 원인을 찾아내지 못했습니다. 사실 욥이 하나님의 자녀가 아니기 때문에 자기 의에 빠져버렸다고 생각했고, 잘못된 약을 전해 준 것입니다. 의사가 질병을 오진하고 환자를 죽게 할 수도 있는 잘못된 처방을 하는 것은 좋지 못한 경우입니다.

때로 우리는 심방 중에 성도들의 병을 오진하기도 합니다. 그것에 대해 위로해 주려고 해 보지만 그들은 그것을 전혀 필요로 하지 않으며, 그렇게 우둔한 우리 위로자들 때문에 기분을 망치는 것보다 혼자 남겨지는 게 더 나을 것입니다.

그러나 성령님은 얼마나 지혜로우십니까!

주님은 영혼을 이끌어 수술대 위에 올려 놓고 순식간에 해부를 단행하십니다. 그리고 질병의 근원을 찾아내시고, 상처의 위치를 확인하신 후, 제거되어야 할 부분을 칼로 베어 내거나 약을 발라 주십니다.

그분은 절대 실수하시지 않습니다.

복되신 성령님은 얼마나 지혜로우신 분인가요?

저는 어떤 위로자든 그를 뒤로하고 주님께 되돌아 오게 됩니다. 가장 뛰어난 지혜의 위로를 주시는 분은 주님밖에 없기 때문입니다.

그리고 위로자 성령님이 얼마나 안전하신 분인지를 기억하시기 바랍니다. 모든 위로가 다 안전한 것이 아니라는 점을 유의하십시오.

저기에 큰 슬픔에 빠진 형제가 있습니다.

그가 어떻게 그렇게 되었는지 아시지 않습니까?

하나님의 집에 발을 들여놓고 강력한 설교자의 말씀을 들었습니다. 그 말씀은 은혜가 있어 이 젊은이가 죄의 확신을 갖게 되었습니다. 집으로 돌아가니 형제의 아버지와 나머지 가족들이 무엇인가 달라진 것을 발견합니다. 그래서 이렇게 말합니다.

"오 존이 돌았구나, 미쳐 버렸어!"

그의 어머니는 어떻게 말합니까?

"존을 시골에 보내 한 주간 지내도록 해 보자. 무도회나 극장에 가게 해 보자."

존 형제님, 거기에서 무슨 위로를 받았나요?

"그렇지 않습니다. 거기 있는 동안 더 안 좋아졌습니다. 제가 그곳에 있는 동안 지옥 문이 활짝 열려 저를 집어 삼킬 것만 같았거든요."

세속의 쾌락으로 위안을 받으셨나요?

"아닙니다. 제 생각에는 무의미한 시간 낭비였습니다."

애석하게도 그것은 비참한 위로입니다.

세상이 주는 위로일 뿐입니다. 그리스도인이 고난당할 때, 얼마나 많은 사람이 이런 저런 치료법을 추천합니까?

"가서 아무개의 설교를 들어 보렴."

"집에 친구를 초대해 보렴."

"위안이 되는 책을 읽어 보렴."

이 권면들은 세상에서 가장 안전하지 못할 가능성이 큽니다.

마귀는 때때로 거짓 위로자의 모습으로 사람의 영혼 가까이 다가옵니다.

"회개란 걸 하려고 야단법석을 피울 필요가 뭐 있어?

다른 사람에 비해 심하지도 않은데."

그리고 사람의 생각을 성령님이 주시는 진정한 확신이라고 믿게 하려고 할 것입니다. 이런 식으로 많은 사람이 마귀가 주는 거짓 위로에 속아 버립니다. 너무나 많은 사람이 아기처럼 잠들게 하는 묘약을 받아 마시고 망했습니다. 정신을 번쩍 차려야 할 때 평화가 없는데도 "평강하다. 평강하다"라는 감미로운 소리를 듣고 망해 버렸습니다(렘 6:14; 사 57:19).

클레오파트라를 죽인 독사는 꽃바구니에 담겨져 왔습니다. 이처럼 사람의 파멸도 종종 아름답고 달콤한 말 속에 있기 마련입니다. 그러나 성령님의 위로는 안전합니다. 그분으로 인해 안식할 수 있습니다. 성령님의 말씀을 들으시기 바랍니다. 진실이 담겨 있는 말씀입니다. 그분이 주시는 위로의 잔을 받으십시오. 바닥이 보일 때까지 마시게 될 것입니다. 그 바닥에는 찌꺼기가 없습니다. 어떤 것도 해가 되거나 상하게 하지 않습니다. 완벽하게 안전합니다.

그뿐만 아니라 성령께님은 적극적인 위로자이십니다. 그분은 말로만 위로하지 않고 행동으로 보여 주십니다. 어떤 이는 쓸 것을 아무것도 주지 않으면서 덥게 하라거나 배부르게 하라는 말로만 위로합니다(약 2:16).

그러나 성령님은 행동해 주시는 분입니다. 예수님과 함께 중보해 주시고, 우리에게 약속을 주시고, 은혜를 주십니다. 다시 한번 기억하십시오. 그분은 언제나 성공적인 위로자이십니다. 결코 이룰 수 없는 일을 시도하지 않으십니다.

넷째, 성령님은 영원히 계시는 위로자(an ever-present Comforter)이시기 때문에 여러분은 그분을 떠나 보낼 필요가 전혀 없습니다.

여러분의 하나님은 언제나 여러분 곁에 계십니다. 환란을 당해 위로가 필요할 때 언제든지 도움이 되어 주실 것입니다.

말씀이 네게 가까워 네 입에 있으며 네 마음에 있다(롬 10:8; 신 30:14).

2. 위로 그 자체가 되시는 성령님에 대해 말씀드립니다

요즘엔 성령님의 은혜에 대해 아주 큰 잘못을 저지르는 사람들이 있습니다. 강단 설교에 대한 환상을 갖고 있는 한 남자가 실제로는 직분을 감당할 자질이 전혀 없음에도, 성령님이 자신에게 설교하도록 계시하셨다며 목사에게 진지한 표정으로 확신 있게 말했습니다. 그러자 그 목사가 답변했습니다.

"아주 좋습니다. 저도 성도님의 말씀을 의심해서는 안되겠지요. 그렇지만 성령님이 강단을 성도님께 드리도록 저에게는 계시해 주지 않으셨습니다. 그러니 아직은 본인의 사명에 전념해 주시기 바랍니다."

저는 성령님이 자기에게 이런저런 것을 계시해 주셨다는 광신적인 사람들의 말을 많이 들었습니다. 그러나 지금은 대부분 말도 안 되는 것으로 밝혀졌습니다.

정경의 계시는 끝났습니다. 더 이상 추가될 것이 없습니다. 하나님은 결코 새로운 계시를 주지 않으시며, 옛것을 다시 상기시켜 주실 뿐입니다. 그것이 잊혀지고 기억의 먼지 쌓인 방에 놓여 있을 때, 성령님은 그것을 꺼내셔서 그림을 깨끗하게 해 주시지만, 새로 그리지는 않으십니다.

새로운 교리는 없습니다. 다만 가끔씩 오랜 교리들이 되살아납니다. 성령님은 결코 새로운 계시를 갖고 위로하시지 않는다는 점을 말씀드립니다. 그분은 옛 가르침을 반복적으로 말씀해 주시며 위로하시는데, 새 램프로 성경 속에 묻혀 있는 보석을 비추어 주십니다. 오랫동안 진리를 보관한 견고한 궤의 자물쇠를 열어 주시고, 값진 것으로 가득한 비밀의 방 위치를 알려 주십니다. 그러나 이미 충분하기 때문에 더 이상 새로운 것을 만들어 내지 않으십니다.

성도 여러분!

성경에는 여러분이 영원토록 살면서 필요한 말씀이 충분히 있습니다. 설령 여러분이 구약의 므두셀라보다 더 장수하신다고 해도, 새로운 계시는 전혀 필요하지 않습니다. 그리고 주님이 다시 오실 때까지 사신다고 해도, 단 한 글자의 단어도 추가할 필요가 없을 것입니다. 만일 여러분이 요나와 같이 깊은 곳으로 내려간다고 할지라도, 심지어 다윗이 말한 것처럼 지옥 속 끝까지 들어간다 할지라도 여전히 여러분을 위로하기 위한 충분한 말씀이 성경 속에 있습니다.

그러나 그리스도께서 이렇게 말씀하십니다.

> 그가 내 것을 가지고 너희에게 알리시리라(요 16:15).

이제 성령님이 우리에게 어떤 것을 말씀해 주시는지 간단히 설명 드리겠습니다.

성령님이 여러분의 마음에 이렇게 속삭여 주시지 않습니까?

"성도여, 기뻐하라!

너를 위해 죽으신 분이 계시다. 갈보리를 바라보라. 그분의 상처를 바라보라. 그에게서 쏟아져 나오는 피를 바라보라. 너를 사신 분이 계시니, 이제 안전하다. 주님은 너를 영원한 사랑으로 사랑하시며 너를 위해 징벌을 받으셨다. 그분이 채찍에 맞으셔서 네가 치유를 얻고, 그 상처에 멍이 드심으로 네 영혼이 나음을 입는다."

주께서 그 사랑하시는 자를 징계하시고 그가 받으시는 아들마다 채찍질 하심이니라 하였으니(히 12:6).

환란 때문에 그분의 은혜를 의심하지 마시기 바랍니다. 다만 행복했던 때와 동일하게, 환란을 당할 때도 여러분을 사랑하신다는 사실을 믿으시기 바랍니다. 그리고 이와 더불어 성령님이 말씀하십니다.

"네 모든 고통이 네 주께서 받으시는 고통에 비하면 무엇이냐? 예수님의 고뇌를 저울에 달아 볼 때, 네 고통은 얼마나 될 것이냐?"

성령님이 천국의 베일을 거두어 주실 때 하늘 영광을 목격하는 때가 있습니다. 그때 성도는 이렇게 고백할 수 있습니다.

"오! 주는 위로자가 되십니다!"

거친 홍수와 같이 근심이 찾아오고
슬픔이 폭풍처럼 몰려와도
오직 저를 무사히 집으로 가게 하소서.
나의 하나님, 나의 천국, 나의 모든 것 되신 주여!

Let cares like a wild deluge come
And storms of sorrow fall;
May I but safely reach my home,
My God, my heaven, my all.

제가 천국의 모습을 말씀해 드리면, 여러분은 상상으로 저를 좇아오실 수 있을 것입니다. 저를 따라 하늘을 날아서 발아래로 태양과 달과 별, 번개를 지나 진주 문 안으로 들어가 황금 대로 위에 발을 내딛으면, 성령님의 날개 위에 높이 올려진 것만 같을 것입니다. 그러나 여기에서 우리는 공상에서 깨어 나와 우리 본문 주제로 되돌아가야겠습니다.

3. 위로 받을 사람들이 누구인지에 대해 말씀드립니다

이 설교가 끝나면 저는 이렇게 외치고 싶습니다.

"나눠지세요! 갈라지세요!"

여기에 두 가지 부류의 사람이 있는데 위로를 받는 사람과 위로를 받지 못하는 사람입니다. 즉, 성령님이 주시는 위로를 받은 사람과 그것을 받지 못하는 사람으로 나뉘어집니다. 그렇다면 이제 여러분을 체에 담아 흔들어 보겠습니다.

어느 편이 쭉정이입니까?

어느 편이 알곡인지 보이십니까?

오늘 밤 하나님이 쭉정이인 분들도 알곡으로 변화시켜 주시기를 소망합니다.

여러분은 이렇게 말할 것입니다.

"제가 성령님이 주시는 위로의 수혜자인지 어떻게 알 수 있나요?"

그것을 알 수 있는 한 가지 규칙이 있습니다. 여러분이 하나님에게서 한 가지 복을 받은 사람이라면, 다른 모든 복도 다 함께 받게 될 것입니다. 제가 만일 이곳에 복음을 팔아야 하는 한 경매인으로 왔다고 가정해 봅시다. 제가 이렇게 말합니다.

"여기 그리스도의 보혈을 통한 칭의가 있습니다. 무료입니다. 나누어 드립니다. 공짜입니다."

그러면 많은 분이 이렇게 답할 것입니다.

"저도 칭의를 받고 싶어요. 저에게 주십시오. 저는 의롭게 되기를 원합니다. 저는 용서받기 원합니다."

그러나 모든 죄를 끊고 마음의 전적 변화로 술 취함과 욕설을 중단해야 하는 성화를 제 손에 들고 나눠 준다면 많은 분이 이렇게 말할지도 모릅니다.

"저는 필요하지 않습니다. 천국에는 가고 싶지만 그 정도의 거룩함은 필요 없어요. 끝에 가서 구원은 받고 싶어요. 그래도 아직은 술을 마시고 싶어요. 영광에 참여하고 싶지만, 살면서 한두 가지 선서를 해야만 합니다."

그러나 그렇지 않습니다. 회개하지 않은 죄인이여, 한 가지 복을 얻게 된다면 모든 것을 얻게 됩니다. 하나님은 복음을 결코 둘로 나누지 않습니다. 칭의를 이 사람에게 주시고, 성화를 저 사람에게 주시는 분이 아닙니다. 죄 용서는 이 사람에게, 성결은 저 사람에게 나눠 주시지 않습니다. 그렇습니다. 모두 함께 이루어집니다.

하나님께서는 부름 받은 사람을 의롭게 하십니다. 그분이 의롭게 하신 사람은 거룩하게 하십니다. 거룩하게 하신 사람은 영화롭게 하십니다. 제가 이곳에서 복음의 위로만 나눠 준다고 하면, 여러분은 파리가 꿀에 이끌리듯 날아들 것입니다.

여러분은 병들게 되면 목회자 심방을 요청합니다.

그에게 바라는 것은 오직 위로의 말씀밖에 없습니다!

그렇지만 정직한 목회자라면, 이곳에 모인 사람들 가운데 어떤 이들에게는 위로의 말씀을 하나도 해 주지 않을 것입니다. 수술칼이 필요한 환부에 그저 기름이나 발라 치료하려 하지 않습니다.

저는 그 사람이 자기 죄를 깨닫도록 하기 전에 감히 그리스도에 관해 어떤 것도 말해 주려고 하지 않습니다. 값으로 사신 복에 관한 어떤 것을 말해 주기 전에 그 사람의 영혼을 면밀히 조사해서 그가 자신은 잃어버린 자라는 사실을 깨닫게 해 주려 합니다.

"이제 그리스도만을 믿으십시오. 그렇게만 하시면 됩니다."

이렇게 말한다면, 그것은 많은 사람을 파멸시키는 것입니다. 그렇게 말하면, 그 사람은 자아가 죽지 않고 회칠한 위선자로 다시 살아납니다. 그게 끝입니다.

임종을 맞아야 했던 2천 명 환우들이 되살아난 기록을 보유하고 있는 한 전도자에 관해 들었습니다. 그는 환자들이 사망하게 되면 개종자로 등록할 것이라고 합니다.

그런데 이후에 그 2천 명 가운데 얼마나 많은 사람이 그리스도인의 삶을 살았다고 생각하십니까?

두 사람도 안 될 것입니다. 긍정적으로 말한다면, 치유받고 나서 하나님을 경외하며 사는 사람 한 명은 발견할 수 있을 것입니다.

남자 혹은 여자가 죽어 가면서 "위로하소서"라고 부르짖었다고 해서 주위 친지들이 그들을 하나님의 자녀라고 결론 내린다면, 그것은 무서운 일이 아닐 수 없습니다.

결국, 그들은 아무런 위로를 받을 권리가 없고 복되신 하나님의 봉인된 땅에 불청객일 뿐입니다.

> 오! 하나님이시여!
> 아무 권리 없는 자들이 결코 위로를 받지 못하게 하소서.

여러분에게 죄의 확신이 있습니까?
하나님 앞에서 죄인임을 깨달으신 적이 있습니까?
여러분의 영혼이 주님의 발아래 엎드려 있습니까?
그리고 여러분은 오직 갈보리 언덕만을 피난처로 바라보게 되셨습니까?
그렇지 않다면, 여러분은 위로 받을 권리가 조금도 없습니다. 쥐꼬리만큼도 없습니다. 성령님은 위로자이시기 이전에 죄의 확신을 갖게 해 주십니다. 그리고 성령님의 다른 역사들을 경험할 때 그 이후의 유익을 얻을 수 있습니다.

저는 이제 다 말씀드렸습니다. 여러분은 이 주절거리는 사람이 말하는 것을 한 번 더 들으셨습니다.
지금까지 제가 무슨 말을 했습니까?
위로자에 관해 어떤 말을 했습니다.
여러분은 이제 위로자에 관해 무엇을 알게 되셨습니까?
각각 이 예배실 계단을 밟고 내려가시기 전에, 이 엄중한 질문이 여러분의 영혼을 전율하게 해 주기를 원합니다.
위로자의 어떤 것을 알고 있습니까?

가엾은 영혼이여!

만일 여러분이 위로자에 대해 알지 못하신다면, 여러분이 알고 있는 것을 말씀드리겠습니다.

그것은 심판자입니다!

여러분이 만일 이 땅에서 위로자를 알지 못한다면, 다음 세상에서 참소자를 알게 될 것이며, 그는 이렇게 외칠 것입니다.

"저주받은 자들이여!"

"영원히 타오르는 지옥 불 속으로 들어가라!"

전도자 휫필드는 소리쳐 외칠 것입니다.

"땅이여! 땅이여! 땅이여! 주의 말씀을 들으라!"

만일 여러분이 이 땅에서 영원히 사신다면 복음을 무시해도 좋습니다. 만일 여러분이 자기 생명에 대해 임대료를 지불하고 계시다면, 성령님을 외면해도 됩니다.

그러나 사랑하는 신사 숙녀 여러분!

여러분은 반드시 죽을 것입니다. 지난번 집회 이후 그사이에 아마 누군가는 영원한 본향으로 돌아가셨을 것입니다. 이 예배실에서 우리가 다시 만날 때까지 그사이에 누군가는 하늘 영광 속에 있는 분들과 함께 있을 것이고, 또 누군가는 저 아래 저주받은 자들 한가운데 들어가 있을 것입니다.

어디로 가게 될지, 여러분의 영혼이 대답하게 하십시오.

만일 오늘 밤에 여러분이 지금 서 계신 자리에서 쓰러져 죽게 된다면, 여러분은 어디로 가게 될까요?

천국입니까, 지옥입니까?

스스로 속이지 마십시오. 본인의 양심을 정확하게 보십시오. 하나님의 면전에서 여러분은 이렇게 말씀해야 합니다.

"저의 분깃이 믿지 않는 자들 가운데 있지 않을까 두렵고 떨립니다."

잠깐만 더 들어 보시기 바랍니다. 그러면 제 할 일이 다 끝납니다.

> 믿고 세례를 받는 사람은 구원을 얻을 것이요 믿지 않는 사람은 정죄를 받으리라(막 16:16).

지쳐 버린 죄인, 지옥같이 변해 버린 죄인이여!

버림받은 마귀의 사람, 타락한 자, 부도덕한 자, 매춘부, 강도, 도둑, 간음한 자, 음행한 자, 술 중독자, 욕설하는 자, 안식일을 범하는 자의 목록에 있는 여러분에게 그리고 나머지 분들에게 말씀드립니다. 누구도 예외가 없습니다. 하나님은 여기에 예외가 없다고 말씀하셨습니다. 누구든지 예수 그리스도의 이름을 믿는 사람은 구원을 받을 것입니다.

죄는 장애물이 아닙니다. 죄책도 걸림이 될 수 없습니다. 누구든지, 그가 사탄처럼 나쁜 사람이라 할지라도, 걸레처럼 불결한 자라고 할지라도, 오늘 밤 누구든지 예수님을 믿는 사람은 그의 모든 죄를 용서받을 것입니다.

그의 죄가 깨끗이 지워져 버릴 것입니다. 주 예수 그리스도 안에서 구원받을 것이며, 하늘 위에서 안전하고 든든하게 서게 될 것입니다. 이것은 영광스러운 복음입니다. 하나님이 이 복음을 여러분의 심령에 체화해 주시고, 예수 그리스도를 믿게 해 주실 것입니다.

우리는 설교자의 말씀을 들었네
진리가 이제야 나타났네
그러나 우리는 한 분 위대한 교사를 원하네
영원한 하늘 보좌로부터 오신 그분
체화는 오직 하나님만의 역사이기에.

We have listened to the preacher,
Truth by him has now been shown;
But we want a GREATER TEACHER,
From the everlasting throne;
APPLICATION Is the work of God alone.

Sermons on The Holy Spirit

제2장
성령님의 권능
(The Power of the Hol Spirit)[1]

소망의 하나님이 모든 기쁨과 평강을 믿음 안에서 너희에게 충만하게 하사 성령님의 능력으로 소망이 넘치게 하시기를 원하노라(롬 15:13).

권능은 하나님의 특별하고 독특한 특권(Prerogative of God)이며, 하나님 한 분만의 것입니다. 권능은 하나님께 속한 것입니다. 하나님은 하나님이 되십니다. 그분이 능력의 일부분을 피조물에게 위임하신다고 해도, 여전히 그것은 하나님의 능력일 뿐입니다.

하늘에 있는 태양은 비록 그것이 "그의 신방에서 나오는 신랑과 같고 그의 길을 달리기 기뻐하는 장사"(시 19:5) 같아도 하나님의 지시 없이 우주 한가운데를 이동할 능력이 전혀 없습니다.

별들도 각자의 궤도를 돌고 있고 아무도 멈추게 할 수 없음에도, 하나님이 날마다 주입해 주시지 않으면 힘도 권능도 있을 수 없습니다.

---

1 설교 No. 30.; 1855년 6월 17일 주일 아침, New Park Street Chapel.

하나님의 보좌 곁에 서 있는 대천사는 그 광채로 혜성을 빛나게 하고, 뛰어난 힘을 갖고 있으며, 하나님의 명령을 청종하고 있으나 그를 지으신 분이 주시는 것 외에는 여전히 아무 능력이 없습니다.

리워야단(사 27:1)은 냄비처럼 바다를 끓게 만들어 바다색이 하얗게 느껴지게 합니다. 베헤못(욥 40:15)은 요단 강물을 한 번에 거의 들이킬 수 있으며 강들을 모두 들이킬 수 있다고 자랑합니다. 지상에 생존하는 이 놀라운 생물들은 강철 같은 뼈와 놋쇠와 같은 근육을 지어 주신 분으로부터 힘을 받습니다.

인간의 힘과 능력을 생각해 볼 때, 그것은 너무 작고 보잘것없기 때문에 실제로 그것을 가졌다고 말하기 어렵습니다. 그 힘이 가장 크게 발휘될 때는 왕이 홀을 들고 있을 때나 큰 군대를 호령할 때 그리고 국가를 통치할 때이지만, 여전히 그 능력도 하나님께 속한 것입니다.

이 배타적 특권이 영광스러운 삼위일체의 각 위격에 속해 있습니다. 성부 하나님께 권능이 있습니다. 그분의 말씀으로 하늘이 창조되었고, 그분의 힘으로 만물이 지속되고 있으며, 그분을 통해 만물의 목적이 성취됩니다. 성자 하나님께 권능이 있습니다. 아버지와 마찬가지로 그분은 모든 만물의 창조자이십니다.

> 지은 것이 하나도 그가 없이는 된 것이 없느니라(요 1:3).

> 만물이 그 안에 함께 섰느니라(골 1:17).

그리고 성령 하나님께 권능이 있습니다.

저는 이 아침에 성령님의 권능에 관해 말씀드릴 것입니다. 그리고 여러분에게 성령님의 은혜(the Influence of the Holy Spirit)가 부어지는 것을 느끼실 때, 여러분의 마음속에 성령님 성품의 실제를 획득하실 수 있기를 바랍니다.

이제 성령님의 권능에 대해 세 가지를 살펴보고자 합니다.

여러분의 마음에 성령님의 권능이 분명하게 밝혀질 것을 믿습니다.

1. 외적으로 드러나는 성령님의 권능에 대해 말씀드립니다

성령님의 권능은 잠자지 않고 스스로 역사했습니다. 이미 많은 일이 성령 하나님에 따라 이루어졌습니다. 무한하고 영원하시며 전능하신 여호와 하나님이 아니면 그 어떤 존재도 할 수 없는 수많은 일이 성취되었습니다. 성령님은 여호와 하나님과 동일한 위격을 갖고 계십니다.

외적으로 드러나 눈으로 볼 수 있는 성령님의 권능에는 네 가지 징후가 있습니다. 그것은 창조의 역사, 부활의 역사, 증언의 역사 그리고 은혜의 역사입니다. 이에 대해 각각 간략하게 말씀드리겠습니다.

첫째, 성령님은 창조 때 전능하심을 입증해 주셨습니다.

창조는 성부 하나님과 성자 하나님뿐만 아니라, 성령 하나님에게서도 기인하기 때문입니다. 하늘 창조는 하나님 영의 역사라고 합니다. 이것은 욥기 26:13에 분명히 나타나 있습니다.

> 그 신으로 하늘을 단장하시고 손으로 날랜 뱀을 찌르시나니(욥 26:13, 개역한글)
>
> By his Spirit he has [adorned] the heavens, and his hand has formed the crooked serpent(Jb 26:13, KJV).

성령님이 하늘의 모든 별자리를 정하셨다고 하며, "날랜 뱀"이라 불리는 독특한 별자리가 특히 하나님의 손으로 만드신 작품으로 꼽히고 있습니다. 성령님이 아름다운 북두칠성을 매어 떨기가 되게 하셨고, 오리온성의 띠를 푸셨습니다(욥 38:31).

그분이 하늘에서 빛나는 모든 별을 지으셨습니다. 하늘은 그분의 손으로 단장되었고, 그분의 권능으로 날랜 뱀자리가 만들어졌습니다. 또한, 성령 하나님의 권능은 지금도 남자, 여자 그리고 동물 등의 세상에서 계속되는 창조 행위에도 나타납니다. 이것들도 역시 성령님의 일하신 결과로 간주됩니다.

시편 104:29-30에 기록되어 있습니다.

> 주께서 낯을 숨기신 즉 저희가 떨고 주께서 그들의 호흡을 거두신 즉 그들은 죽어 먼지로 돌아가나이다 주의 영을 보내어 그들을 창조하사 지면을 새롭게 하시나이다(시 104:29-30).

그러므로 모든 남녀와 천사의 창조는 성령님의 역사입니다. 또한, 이 세상의 모든 생명과 육체의 탄생은 천지창조 때와 같이 성령님의 권능에서 비롯된 것입니다. 창세기의 첫 번째 장을 살펴보면, 성령님이 온 우주에 특별한 권능을 행사하셨음을 훨씬 더 분명하게 보게 될 것입니다. 그분의 특별한 역사가 무엇인지를 발견하게 될 것입니다.

창세기 1:2에 기록되어 있습니다.

> 땅이 혼돈하고 공허하며 흑암이 깊음 위에 있고 하나님의 신은 수면에 운행 하시니라(창 1:2).

얼마나 오래전에 우주가 창조되었는지는 분명하지 않습니다. 지구 행성은 다양한 존재의 단계를 거쳤고, 다양한 종류의 생물이 그 위에 살았으며, 그 모든 생물은 하나님에 의해 창조되었습니다. 그러나 인간이 땅 위의 주된 거주민이자 군주로 등극하는 시대가 오기 전에 땅은 혼돈하고 공허하며 흑암이 깊음 위에 있었습니다(창 1:2).

그때 성령님이 오셔서 어둠이 나뉘도록 명령하셨고, 운행하시는 동안 각각의 다양한 물질이 자기 자리를 잡았습니다. 지구는 더 이상 '혼돈하고 공허하지' 않게 되었습니다. 이전에는 없었던 광대한 창조 규모와 화음이 어우러진 찬양으로 하나님을 높이 찬양하면서, 공 모양이 되고, 움직이기 시작했습니다. 이것이 성령님의 권능으로 된 일입니다.

만일 우리가 혼동 속에 있는 지구를 보았다면 이렇게 말했을 것입니다.

"누가 이것으로 세상을 만들 수 있을까요?"

이렇게 답할 수 있습니다.

"성령님의 권능이 그렇게 하실 수 있습니다. 성령님은 모든 것을 하나로 모으실 수 있습니다. 혼돈만이 있는 곳에도 질서가 생길 것입니다."

성령님의 권능은 그것이 다가 아닙니다. 우리는 창조에서 성령님의 역사의 일부만을 보았습니다. 성령님이 특별하게 더 많은 관심을 가지신 한 가지 창조 사건이 있었습니다. 그것은 우리 주 예수 그리스도의 몸을 창조하신 일입니다. 비록 우리 주 예수 그리스도께서 여자에게서 나시고, 죄 많은 육체의 모습으로 창조되셨으나, 성경이 계시한 바와 같이 그분을 잉태한 능력은 전적으로 성령 하나님으로부터 온 것입니다.

가브리엘 천사가 마리아에게 전했습니다.

> 성령님이 네게 임하시고 지극히 높으신 이의 능력이 너를 덮으시리니 이러므로 나실 바 거룩한 이는 하나님의 아들이라 일컬어지리라(눅 1:35).

주 예수 그리스도의 몸은 성령님의 걸작품이었습니다. 저는 그리스도의 육체가 다른 모든 육체보다 뛰어나게 아름다웠을 것이라고 생각합니다. 첫 사람 아담이 가졌던 모양과 장차 천국에서 모든 영광 가운데 빛나고 계실 바로 그 육체의 모양을 모두 가지셨을 것입니다. 모든 아름다움과 완벽한 모습을 가진 그분의 몸은 성령님에 의해 지음 받았습니다. 성령님이 예수님의 몸을 창조하셨고 만드신 이것이 성령님의 창조적 에너지를 보여 주는 또 하나의 사건입니다.

둘째, 성령님의 권능의 나타나심은 주 예수 그리스도의 부활에서 찾아볼 수 있습니다.

만일 여러분이 이 주제를 연구하신 적이 있다면, 종종 그리스도의 부활이 예수님께 기인한다는 사실을 발견하고, 어느 정도 당혹하셨을 것입니다. 예수님이 기꺼이 자기 목숨을 포기하실 수 있었던 것과 마찬가지로 그것을 되찾을 능력이 있으셨습니다. 그래서 예수님은 권능과 신성으로 사망의 사슬에 매여 있을 수 없었습니다.

성경의 또 다른 곳에서 그리스도의 부활이 성부 하나님이 역사하신 결과임을 발견하실 수 있을 것입니다.

> 그가(영광의 성부 하나님이) 죽은 자들 가운데서 다시 살리시고(엡 1:20).

> 그를 오른손으로 높이사(행 5:31).

이와 유사한 구절이 더 많이 있습니다. 이와 더불어 성경은 성령님이 예수 그리스도를 부활하게 하셨다고도 말합니다. 실제로 모두가 사실입니다. 성부 하나님이 이렇게 말씀하심으로 예수님이 부활하셨습니다.

"죄수를 풀어 주어라. 공의는 만족되었다. 내 율법에 따른 보상이나 보복이 필요하지 않다. 그를 놓아 주어라."

성부 하나님은 예수님을 무덤에서 건져 내실 공식적 전갈(message)을 전해 주신 것입니다. 그러나 여전히 예수님께 스스로 무덤에서 나올 권리가 있으셨고, 예수님은 그것을 알고 계셨기 때문에 스스로의 위엄과 권능으로 부활하신 것입니다. 사망의 사슬을 끊어 버리셨기 때문에 더 이상 묶여 있을 수 없었습니다.

그러나 예수님의 몸을 부활하게 한 실제 능력은 성령님의 권능이었습니다. 성령님의 권능이 사흘 밤낮 동안 무덤에 누우셨던 그분을 다시 일으켜 세우셨습니다. 증거를 원하신다면 베드로전서 3:18을 펼쳐 보십시오.

그리스도께서도 단번에 죄를 위하여 죽으사 의인으로서 불의한 자를 대신하셨으니 이는 우리를 하나님 앞으로 인도하려 하심이라 육체로는 죽임을 당하시고 영으로는 살리심을 받으셨으니(벧전 3:18).

로마서 8:11에도 그 증거가 있습니다.

예수를 죽은 자 가운데서 살리신 이의 영이 너희 안에 거하시면 그리스도 예수를 죽은 자 가운데서 살리신 이가 너희 안에 거하시는 그의 영으로 말미암아 너희 죽을 몸도 살리시리라(롬 8:11).

이와 같이 그리스도의 부활은 성령님의 활동으로 성취되었습니다. 그분의 전능하심을 보여 주는 좋은 그림이 있습니다.

천사들처럼 여러분이 예수님의 무덤에 들어가 보면, 다른 시신들과 마찬가지로 예수님의 시신은 차가워져 있음을 알 수 있을 것입니다. 그 손을 들어 올리면 옆으로 축 처집니다. 두 눈도 전혀 생기가 없습니다. 가슴 한쪽의 깊은 상처는 그분의 모든 생명이 소멸했음을 확실하게 보여 줍니다. 두 손을 보십시오. 못 자국에서 핏방울도 떨어지지 않습니다. 모두 차갑고 아무런 움직임이 없습니다.

그 몸이 다시 살아날 수 있을까요?

다시 일어날 수 있을까요?

예, 다시 일어날 수 있고, 일어날 것입니다. 그렇습니다. 이것은 성령님의 권능을 보여 주는 본보기입니다. 성령님의 권능이 예수님에게 임함은 골짜기의 마른 뼈들 위에 성령님이 임하신 것과 같습니다(겔 37:4-5).

예수님은 밝고 빛나는 신성의 위엄 가운데 살아나셨고, 무덤을 지키던 병사들이 놀라서 달아났습니다. 그렇습니다. 만 왕의 왕 이시요. 왕 중의 왕이신 주님이 다시는 죽지 않고 영원히 사시기 위해 살아나셨습니다.

셋째, 성령님의 권능은 증거의 역사에서 나타났습니다.
즉 다음과 같은 증언의 역사들 가운데 나타납니다. 예수님이 요단강에서 세례를 받으실 때 성령이 비둘기처럼 임하셨고, 그분이 하나님의 사랑하시는 아들이심이 선포되었습니다. 저는 이것을 증거의 역사라고 부릅니다.

예수 그리스도께서 죽은 자를 살리시고, 나병환자를 고쳐 주시고, 질병을 꾸짖어 떠나게 하시고, 사람을 사로잡고 있는 수천의 귀신을 쫓아내신 역사는 성령 하나님의 권능으로 이루어졌습니다.

성령님은 예수님 속에서 한량없이 계셨고, 바로 그 능력에 의해 모든 기적이 이루어졌습니다. 이것이 증거의 역사(testimony works)입니다. 여러분은 성령님이 가장 위대한 증언을 해 주신 것을 기억하실 것입니다. 예수 그리스도께서 하늘로 승천하신 후, 성령님이 함께 모인 제자들의 머리 위로 거센 바람같이 불어오셨고 각 사람에게 임하셨습니다.

여러분은 기억하실 것입니다. 성령님이 제자들에게 방언으로 말하는 능력을 주시고 기적을 일으키게 하심으로 그들의 사역을 증언하신 바를 말입니다

또한, 제자들이 어떻게 말씀을 가르쳤는지, 베드로가 어떻게 도르가를 다시 살려냈는지, 바울이 어떻게 유드고에게 숨을 불어 넣었는지 그리고 사도들이 어떻게 자신들의 스승처럼 큰 기적을 일으켰는지, 그리하여 바

울이 어떻게 이런 말을 할 수 있었는지 기억하실 것입니다.

> 그리스도께서 이방인들을 순종하게 하기 위하여 나를 통하여 역사하신 것 외에는 내가 감히 말하지 아니하노라 그 일은 말과 행위로 표적과 기사의 능력으로 성령의 능력으로 이루어졌으며(롬 15:18-19).

이 모든 일을 알고도 성령님의 권능을 의심할 사람이 있을까요?

소시니아 학파 사람들은 성령님의 존재와 절대적 위격을 부인합니다.

우리가 창조와 부활과 증거들(testimonies)에 나타난 성령님의 역사를 보여 준다면, 그들은 무엇이라고 말할까요?

그들은 성경을 정면으로 반대할 것입니다. 그렇지만 명심하십시오. 무릇 이 돌 위에 떨어지는 자는 깨지겠고 이 돌이 사람 위에 떨어지면 그가 저항할수록 그를 가루로 만들어 흩어 버릴 것입니다(마 21:44; 눅 20:18). 성령님께는 전능한 권능, 하나님의 권능이 있습니다.

넷째, 다시 한번 우리가 겉으로 보이는 또 다른 성령의 능력 표적을 원한다면 은혜의 역사를 살펴볼 수 있습니다.

시몬이라 불리던 마술사가 살았던 도시를 기억해 보시기 바랍니다. 그는 신령한 능력을 자랑했고 영적 능력이 있으며, 자신이 큰 사람임을 자랑했습니다. 그때 전도자 빌립은 그 도시에 들어가서 하나님의 말씀을 선포했고, 곧바로 모든 능력을 잃게 된 시몬은 성령님의 능력을 구했습니다. 심지어 그는 성령님의 능력을 돈으로 살 수 있다고 믿었습니다(행 8:9절 이하).

이제 오늘날에도 허름한 천막 안에 거주하며 파충류나 다른 야생동물을 먹고 사는 이교도의 나라로 가 봅시다. 보십시오. 그들이 우상에게 절하며 거짓 신들을 숭배하고 있습니다. 그리하여 미신에 빠지고 타락하고 방탕해 과연 그들 속에 영혼이 존재하는지 의심스러울 지경입니다.

스코틀랜드 출신 선교사인 로버트 모팻(Robert Moffat 1795-1883)[2]을 보십시오. 그가 하나님의 말씀을 손에 들고, 이 잃어버린 자들을 향해 갑니다. 그가 성령님이 주시는 말씀으로 설교하는 것을 들어 보십시오. 말씀을 전할 때 성령님이 권능으로 함께하십니다. 사람들이 우상을 던져 버리고 지난날의 정욕을 미워하고 싫어하게 됩니다.

그리고 집을 짓고 살기 시작합니다. 옷을 입고 정신을 차리고 살아가게 됩니다. 활과 창을 부러뜨리고 야만인들이 문명인으로 변화됩니다. 공손한 사람들로 변화됩니다. 아무것도 알지 못하던 사람들이 성경을 읽기 시작하고, 하나님이 미개인들의 입술을 통해 강력한 성령님의 권능을 나타내십니다.

자! 이제 영국으로 되돌아와서 런던 시내의 한 가정집으로 가 봅니다. 비슷한 가정이 많겠지만, 이 가정의 가장은 알코올 중독자이며 자포자기하고 최악의 인격을 가진 사람입니다. 화내는 것을 보십시오. 그런 사람은 우리에서 탈출한 한 마리의 호랑이 같을 것입니다. 누구라도 자신의 기분을 상하게 하면 갈기갈기 찢어 놓을 것만 같습니다.

---

2   로버트 모팻(Robert Moffat)은 아프리카의 스코틀랜드 회중 선교사였으며, 데이비드 리빙스턴(David Livingston)은 그의 사위다. 세트스와나어(Setswana) 성경을 최초로 번역했다(역주).

그의 아내를 보십시오. 그녀도 지지 않고 남편에게 저항합니다. 그 가정에서 일어나는 수없이 많은 다툼으로 이웃은 그 집에서 나오는 시끄러운 소리에 괴로워했습니다. 아이들은 헐벗고 가난하고 배우지 못한 불쌍한 아이들입니다.

제가 배우지 못한 아이들이라고 했습니까?

혹시 그들이 배웠을지라도 마귀의 학교에서 배웠을 뿐이고 저주의 상속자들이 되기 위해 자라나고 있습니다.

그러나 그때 하나님이 성령으로 복 주신 한 사람이 그 집으로 인도됩니다. 아마도 그는 그저 한 사람의 겸손한 도시 전도자(city missionary)에 지나지 않을지 모르지만, 그 악한 사람에게 '선생님'이라고 칭합니다. 그리고 제안합니다.

"오셔서 하나님의 음성을 들어 보십시오."

전도자 자신의 간증이었는지 혹은 목회적 설교였는지 알 수 없지만, 빠르고 강력한 하나님의 말씀이 죄인의 심장을 도려내 버립니다. 처음으로 그 남자의 두 볼을 타고 눈물이 흘러내립니다. 그는 떨면서 어깨를 들썩입니다. 그 억센 남자가 고개를 떨굽니다. 난생처음 그의 두 무릎이 서로 부딪히기 시작합니다.

하나님 앞에서 떨어 본 적이 없는 그의 심장이 이제 성령님의 권능 앞에서 떨기 시작했습니다. 그는 무릎을 꿇고 어린아이처럼 기도합니다. 비록 어린아이 기도 같을지라도 그 기도는 하나님 자녀의 기도입니다. 그는 새로운 피조물로 변화됩니다(고후 5:17).

이제 이 가정의 변화를 주목해 보십시오.

그 남자의 아내는 존경스러운 부인으로 변화되었습니다. 자녀는 순종하고 예의 바르게 되고, 머지않아 상에 둘린 감람나무처럼 자라나(시 128:3), 단련된 돌처럼 그 집을 아름답게 합니다. 집안을 걸어 보아도 소음이나 싸움 소리가 전혀 없고, 오히려 시온의 노래가 들립니다.

가장인 남성은 술을 끊고 다시는 술 취하지 않습니다. 그는 하나님께 나와 하나님의 종이 됩니다. 이제는 그가 밤중에 술에 취해 지르는 소리가 다시 들리지 않을 것이며, 혹시 소음이 있다면, 그것은 하나님을 찬양하는 엄숙한 찬송의 소리입니다.

이제 여러분에게 질문 드립니다.

세상에 성령님의 권능이라 불리는 것이 존재합니까?

예, 물론입니다. 이 가정이 그것을 목격했고, 눈으로 보았습니다.

저는 이 나라 영국에서 아마도 한때 가장 사악했던 마을을 알고 있는데, 술 취함과 악행으로 가득하던 곳입니다. 그 도시에 정직한 여행자가 머무는 동안 신성모독을 당하지 않는 것이 불가능할 지경이었으며, 방화범과 강도의 도시였습니다.

그런데 우두머리 남자가 하나님의 음성을 듣게 되었습니다. 그의 마음이 부서지고 아팠습니다. 그의 패거리 모두가 복음을 들으러 나왔습니다. 그들은 마치 설교자를 신인 양 존경했습니다. 이 사람들은 변화되고 새롭게 되었습니다. 누구든지 이 도시를 아는 사람은 이 놀라운 변화가 성령님의 권능으로 성취되었다는 것 외에는 설명할 길이 없음이 분명하다고 단언합니다.

복음이 선포되고 성령님이 부어지면, 양심이 변화되고 품행이 올바르게 되며, 방탕한 사람을 세우고 남자와 여자의 악함을 꾸짖고 통제하는 권능이 성령님께 있음을 보게 될 것입니다. 그 뚜렷한 변화를 보면 하나님께 영광을 올려 드리지 않을 수 없습니다. 저는 성령님의 권능에 비교할 만한 것은 존재하지 않는다고 말합니다. 오직 성령님이 오시면 과연 모든 것이 이루어질 수 있습니다.

2. 성령님의 내적이고 영적인 권능에 대해 말씀드립니다

제가 이미 말씀드린 것들은 잘 이해하셨을 것이라 생각합니다. 그러므로 제가 이제 무엇을 말씀드릴지 분명히 느낌을 받으셨을 것입니다. 그런 느낌이 없는 분은 제가 드리는 말씀에서 진리를 깨닫지 못할 것입니다. 믿지 않는 자, 가장 큰 신성모독자라고 할지라도 정직함이 있다면 외적으로 보이는 성령님의 나타남을 거부할 수 없을 것입니다.

그러나 불신자나 신성모독자는 내적이고 영적인 성령님의 능력이 감정에 관한 것이거나 불안한 마음이 지어낸 것에 지나지 않는다며 코웃음을 칠 것입니다. 그러나 그들이 어떤 말을 하든지 우리에게는 명확한 증거(clear testimony)가 있습니다. 우리 안에 증언이 있습니다.

우리는 그것이 진리임을 알고 있으며, 두려움 없이 성령님의 내적이고 영적인 권능에 관해 말씀드릴 수 있습니다. 이제 우리는 우리의 찬양을 받기에 합당하신 성령님의 내적이고 영적인 권능을 쉽게 찾아볼 수 있는 세 가지 방식을 유의해 보겠습니다.

첫째, 성령님의 내적이고 영적인 권능은 사람들의 마음을 다스립니다.

일반적으로 한 사람의 마음에 영향을 끼치는 것은 매우 어려운 일입니다. 그러나 만일 어떤 세상적 목적으로 그렇게 하고자 한다면 할 수는 있습니다. 속이는 세상은 남자와 여자의 마음을 사로잡을 수 있고, 작은 금 조각이 마음을 훔칠 수 있습니다. 약간의 명성과 박수도 마음을 빼앗을 수 있습니다.

그러나 그 어느 목회자도 홀로 남녀의 마음을 얻을 수는 없습니다. 사람들의 귀를 자극해 듣게 할 수도 있고, 사람들의 눈을 사로잡아 설교자를 보게 할 수도 있습니다. 관심도 끌 수 있지만 사람들의 마음은 쉽게 빠져나갑니다. 네, 그렇습니다.

마음은 마치 날렵한 물고기 같아서 모든 복음의 어부들이 어려워합니다. 어떤 때는 그 물고기를 거의 물 밖으로 꺼내지만, 뱀장어처럼 미끄러워 여러분의 손가락 사이를 빠져나가 잡히지 않습니다. 사람의 마음을 사로잡았다고 생각한 많은 목회자가 결국 낙심하게 되었습니다.

산속에서 사슴을 추월해 잡으려면 빨리 달리는 강력한 사냥꾼이 필요합니다. 걷기만 하는 사람은 빠른 사슴을 잡을 수 없습니다. 오직 성령님에게만 남자와 여자의 마음을 지배하는 능력이 있습니다.

자신의 힘으로 마음을 움직여 보려 한 적이 있습니까?

목회자가 영혼을 회심시킬 수 있다고 생각한다면, 일단 한번 시도해 보기를 바랍니다. 성도에게 가서 주일학교 교사가 되어 보라고 하십시오. 그가 교사 수업을 받고, 구할 수 있는 가장 좋은 교재를 갖고, 가장 좋은 규칙을 갖고, 거주지의 영적 지도를 그리게 될 것이며, 주일학교에서 가장 뛰어난 어린이들이 그들의 수업에 참석할 것입니다. 그리고 일주일

내에 그들이 지치지 않는다면, 저는 상당히 놀라워 할 것입니다. 그가 열심히 노력해 4-5주째 주일까지 애쓰고 나서 결국 이렇게 말할 것입니다.

"그 아이는 구제불능이야."

다른 아이를 데려와 시도해 보고, 또 다른 아이, 또 다른 아이 그리고 새로운 아이를 데려와 한 어린이라도 회심하도록 애써 보라고 하십시오. 그들은 곧 발견하게 될 것입니다.

> 만군의 여호와께서 말씀하되 이는 힘으로 되지 아니하며 능력으로 되지 아니하고 오직 나의 영으로 되느니라(슥 4:6).

목회자가 한 사람이라도 회심 시킬 수 있습니까?

그가 마음을 만질 수 있습니까?

다윗이 고백했습니다.

> 그들의 마음은 살져서 기름덩이 같으나(시 119:70).

사람의 마음이 굳어서 느낄 수가 없게 되었습니다. 그렇습니다. 이것은 사실입니다. 우리는 이렇게 딱딱해진 마음을 뚫을 수 없습니다. 냉담하고 무감각해져 맷돌보다 단단하기 때문에, 우리의 칼은 그들의 마음을 공략할 수 없습니다. 많은 날카로운 칼날이 굳어 버린 마음에 의해 둔해지고 말았습니다.

하나님이 종들의 손에 쥐여 주신 많은 진리의 무기가 죄인들의 마음과 맞서 싸우느라 둔탁해지고 말았습니다. 사람은 영혼 안에 들어갈 수 없지만, 성령님은 하실 수 있습니다. 그분은 피로 사신 용서를 깨닫게 하시고, 돌같이 굳은 마음을 녹여 주실 수 있습니다.

그분은 하실 수 있습니다.

> 죽은 자를 깨우는 음성으로 말씀하실 수 있습니다.
> 또 죄인을 일어나라 명하실 수 있습니다.
> 또 가책받는 양심으로 두려워 떨게 하십니다.
> 영원히 죽지 않는 죽음에 두려워 떨게 하십니다.
>
> He can speak with that voice which wakes the dead.
> And commands the sinner to rise:
> And makes the guilty conscience dread
> The death that never dies.

성령님은 시내산의 천둥소리가 들리게 하실 수 있습니다. 그렇습니다. 갈보리의 감미로운 속삭임이 영혼 깊숙이 파고들게 하실 수 있습니다. 성령님은 남자와 여자의 마음을 다스리는 능력이 있습니다. 그리고 여기에 마음을 다스리시는 성령님의 전능하심에 대한 영광스러운 증거가 있습니다.

둘째, 마음보다 완고한 것이 있다면 그것은 사람의 의지입니다.

존 번연의 저서 『거룩한 전쟁』(Holy War)에 등장하는 '나의 주 윌비윌'(My Lord: Will-be-Will)은 쉽게 설득당하는 사람이 아닙니다. 의지는 특히 일부 사람들의 의지는 대단히 완고하며 모든 남성과 여성의 의지가 반대에 봉착해 흔들리게 될 때 그것을 다룰 수 있는 사람이 거의 아무도 없습니다.

어떤 이는 자유의지를 신봉합니다. 많은 사람이 자유의지를 꿈꾸며 살아갑니다. 그런데 그것을 어디에서 찾을 수 있을까요?

한때 자유의지가 낙원에 존재했는데, 그것이 끔찍한 혼란을 일으켰고, 낙원의 모든 것을 망쳐 놓았으며, 아담과 이브를 동산에서 쫓겨나게 만들어 버렸습니다. 자유의지는 한때 천국에 존재했으나 영화로운 대천사를 쫓겨나게 하고 천사 3분의 1을 지옥으로 떨어지게 만들어 버렸습니다.

저는 자유의지와 아무 상관도 없지만, 내 안에 자유의지가 있는지 확인해 봅니다. 역시 내 안에도 있습니다. 저에게 악을 저지를 수 있는 자유의지가 있지만, 선을 행하고자 하는 의지는 너무도 부족합니다. 죄를 지을 때는 자유의지가 발휘되지만, 선을 행하려고 해도 악이 저와 함께 있기에 신을 행할 수 없습니다.

그러나 어떤 사람들은 자유의지를 자랑합니다. 저는 자유의지 신봉자들이 다른 사람의 의지를 저보다 더 잘 다스릴 수 있는 능력이 있는지 궁금합니다. 저에게 아무 능력이 없음을 알고 있습니다. 옛 격언이 옳다는 사실을 깨닫게 됩니다.

한 사람이 말을 물가에 끌고갈 수는 있어도 백 명이라도 말이 물을 마시게 할 수는 없다.

제가 지금 이 교회 예배실을 가득 채운 수보다 더 많은 사람을 데려간다고 해도 제가 그 물을 마시게 할 수는 없습니다. 백 명의 목회자가 애를 써도 그것이 어려운 일이라고 생각합니다.

롤랜드 힐(Rowland Hill)이나 조지 휫필드(George Whitefield)의 비밀을 알아내기 위해 몇 분의 저술을 훑어보았지만 사람의 의지를 바꾸는 데 도움이 될 만한 어떤 방법도 찾아낼 수가 없습니다.

저는 여러분을 설득할 수 없습니다. 어떤 방법을 써도 여러분은 의지를 굽히지 않으실 테니까요. 누구에게도 '동종 피조물'의 의지를 바꿀 수 있는 능력은 없다고 생각합니다. 그러나 성령 하나님께 는 있습니다.

주의 권능의 날에 내가 그들에게 자원하는 마음을 주리라(시 110:3).

성령님은 고집스런 죄인을 자원하는 사람으로 변화시키셔서 복음을 너무도 간절히 염원하게 하시고, 이제는 십자가를 향해 달려가게 하십니다. 예수님을 조롱했던 그 사람이 이제는 주님의 자비를 구합니다.

완강하게 믿음을 거부했던 그가 이제 성령님을 따라 자원할 뿐만 아니라 신실한 신자가 되었습니다. 그는 행복해하고 믿음을 갖게 되어 기뻐합니다. 예수님의 이름을 듣고 즐거워합니다. 그리고 기쁘게 하나님의 명령을 순종합니다. 성령님께 사람의 의지를 다스리는 권세가 있습니다.

셋째, 의지보다 더 고약한 것은 사람의 상상(imagination)입니다.

의지가 어느 정도 사람의 마음보다 휘기 어려운 것이라면, 의지의 악함을 능가하는 것이 한 가지 있는데 그것은 상상입니다. 저는 제 의지가 거룩한 은혜로 다스려지기를 바라지만, 유감스럽게도 저의 상상은 종종 다스림을 받지 못합니다. 대체로 일반적 상상력을 타고난 사람은 그것이 얼마나 통제하기 어려운 것인지 알고 있습니다. 그것을 묶어 두려고 하면 고삐를 끊어 버립니다. 결코 제어하지 못합니다.

때로 저의 생각은 독수리 날개에 비할 수 없는 능력으로 하나님 존전 앞으로 날아갑니다. 가끔은 왕 되신 하나님의 아름다움을 조금이나마 볼 수 있게 해 주고, 아주 멀리 떨어진 곳으로 데려갈 수 있는 능력이 있습니다. 저의 상상은 때로 철문을 넘어 무한한 미지의 세계를 지나 바로 그 천국의 진주 문에 도달하게 하고 영화로운 복된 집을 찾게 해 줍니다.

그러나 이런 식의 생각이 뛰어나다면 그 반대 방향 생각도 그만큼 뛰어납니다. 그것은 상상이 땅의 가장 추잡한 도랑과 하수구로 저를 끌고 가기 때문입니다.

상상력은 아주 두려운 생각을 심어 주는데, 그것을 떨쳐 버리지 못할 때 완전히 공포에 질려 버릴 때가 있었습니다. 이런 생각은 제 마음이 가장 거룩한 틀을 갖추었다고 느낄 때, 하나님께 가장 많이 헌신하고 가장 열성적으로 기도하고 있을 때에 종종 찾아오며, 무서운 역병이 번지는 것과 같습니다.

그러나 저는 그때에도 한 가지를 생각하고 기뻐하게 됩니다. 그것은 그런 생각이 닥쳐올 때 성령님께 부르짖을 수 있다는 것입니다. 구약의 신명기를 보면 강간 사건이 발생했을 때 처녀가 소리 질러 도움을 구하면, 그녀는 죽임을 당하지 않는다고 합니다(신 22:23-24). 그리스도인도 마찬가지입니다. 부르짖을 수 있다면, 아직 소망이 있습니다.

여러분은 상상력을 쇠사슬에 맬 수 있습니까?

할 수 없습니다. 그러나 성령님은 하실 수 있습니다. 그렇습니다. 그분이 하실 것입니다. 성령님은 영원토록 그 일을 하실 것입니다. 오늘도 이 땅 위에서 그 일을 행하고 계십니다.

3. 성령님의 장래 사역에 대해 말씀드립니다

성령님은 이미 많은 일을 이루어 오셨지만, "다 이루었다"라고 말씀하시지 않습니다. 예수 그리스도께서는 구원 사역을 "다 이루었다"고 외치셨습니다. 그러나 성령님은 그렇게 하시지 않습니다. 아직도 많은 일이 남아 있기 때문입니다. 만물이 회복될 때까지는(행 3:21), 성자 하나님이 성부 하나님께 복종하고 계시는 동안에는 "다 이루었다"(요 19:30)라고 말씀하지 않으실 것입니다.

그렇다면, 장래에 완성될 성령님의 사역은 무엇일까요?

첫째, 성령님은 우리의 거룩을 완성시켜 주십니다.
그리스도인에게 필요한 두 가지 종류의 완전(perfection)이 있습니다. 하나는 예수님 인격 안에 있는 칭의의 완전이며 또 하나는 성령님으로 말미암아 성도 안에서 일어나는 성화의 완전입니다. 현재로선 심지어 거듭난 이들의 마음에도 부패가 있습니다. 지금은 마음이 완벽하게 순결하지 않습니다. 아직 탐욕이 있고 악한 생각들도 있습니다. 그러나 제 영혼은 하나님이 시작하신 일을 완성하실 그날이 다가오고 있기에 기뻐합니다.

또한, 하나님이 제 영혼을 그리스도 안에서 완전할 뿐만 아니라, 성령 안에서도 점도 없고 흠도 없이 완전한 모습으로 나타내실 것이기 때문입니다(벧후 3:14).

이 어리석고 타락한 마음이 하나님의 마음처럼 거룩해진다는 것이 정말 사실일까요?

그리고 지금도 "오호라 나는 곤고한 사람이로다 이 사망의 몸에서 누가 나를 건져내랴"(롬 7:24)라고 종종 부르짖는 제 영혼의 죄와 사망이 사라지고, 저를 괴롭히는 악한 일과 제 평안을 앗아가는 불경스런 생각들이 완전히 사라지게 된다는 것이 정말 사실일까요?

> 오! 즐거운 시간이 어서 오게 하소서.

그러나 제가 죽는 순간에 성화가 완성될 것입니다. 그때까지는 제가 완전하게 되었다고 외치지 못할 것입니다. 다만 이 땅을 떠나는 순간에 제 영혼은 성령의 불로 최종 세례를 받게 될 것입니다. 최종 단련을 위해 뜨거운 풀무 도가니에 들어가게 될 것입니다. 그 후에 모든 불순물이 제거되고 순금처럼 정결하게 되어, 오염과 불순물이 하나도 없는 모습으로 하나님의 발 앞에 바쳐질 것입니다.

오! 영광스러운 시간이여!

복된 시간이여!

설령 천국이 존재하지 않는다 해도 그 최후의 연단을 받을 수만 있다면, 저는 여전히 죽음을 사모할 것 같습니다. 순백으로 되어 요단의 물줄기에서 하나님께로 나아갈 것입니다.

오! 희고 깨끗하고 순결하고 완벽하게 씻김 받기를 원합니다.

어떤 천사도 더 순결하지 못할 것입니다.

그렇습니다.

저는 하나님만큼이나 거룩해질 것입니다!

그때에 저는 두 가지 뜻을 담아 말할 수 있을 것입니다.

"위대하고 영화로우신 하나님!

저는 예수님의 피를 통해 깨끗하게 되었습니다. 또한, 성령님의 역사를 통해 깨끗하게 되었습니다."

우리는 하늘에 계신 아버지 앞에 설 수 있도록 성령님의 권능을 찬양해야겠습니다!

둘째, 또 한 가지 아직 완성되지 않은 성령님의 위대한 사역은 마지막 때의 영광을 가져 오는 것입니다.

수년 내에 혹은 언제 어떻게 이루어질 수 있을지 알 수 없으나, 지금과는 아주 많이 다른 방식으로 성령님이 부어질 것입니다. 여러 가지 종류의 사역이 있음에도, 지난 수년 동안에는 다양한 사역 가운데 성령님의 부으심이 거의 없었습니다.

목회자들은 무미건조하게 끊임없이 설교하고 또 설교했지만 미미한 성과만 있을 뿐이었습니다. 저는 더 많은 성령님의 부으심이 있는 새 시대가 오기를 진심으로 소망합니다. 마지막 때가 가까이 오고 있기에 그때가 지금이 될 수도 있지만, 성령님이 다시 한번 놀랍게 부어져서 많은 사람이 이곳저곳으로 가 여호와를 아는 지식을 더하고 그 지식이 물이 바다 덮음같이 온 땅을 덮고(합 2:14), 하나님 나라가 임하고, 뜻이 하늘에서와 같이 땅에서도 이루어지기를 소망합니다(마 6:10).

영원히 시간을 끌지는 않을 것입니다. 저의 마음은 하나님을 찬송하고, 두 눈은 생전에 성령님의 부어 주심을 볼 수 있을 것이라는 소망으로 반짝이고 있습니다.

> 너희 자녀들이 장래 일을 말할 것이며 너희 늙은이는 꿈을 꾸며 너희 젊은 이는 이상을 볼 것이며(요엘 2:28; 행 2:17).

아마도 기적을 일으키는 은사는 필요치 않을 것이므로 더 이상 일어나지 않을 것입니다. 그러나 기적 같은 거룩함, 특별한 기도의 열정, 하나님과의 참된 친교와 참신앙과, 십자가 교리의 활발한 전파로 성령님이 물처럼 부어지고 비처럼 내리는 것을 모든 사람이 보게 될 것입니다. 이것을 위해 기도합시다. 계속해서 힘쓰고 하나님께 간구합시다.

셋째, 권능을 분명하게 나타내 주실 성령님의 또 한 가지 미래 사역은 우주적 부활입니다.

성경에는 죽은 자의 부활이 하나님의 음성과 그분의 말씀(그 아들)에 의해 그리고 성령님에 의해 성취될 것이라는 믿을 만한 이유가 기록되어 있습니다. 예수 그리스도를 죽은 자 가운데서 살리신 그 권능이 우리 죽을 몸도 살리실 것입니다(롬 8:11). 부활의 권능은 성령님의 역사 가운데서 가장 뛰어난 것이라고 생각됩니다.

친애하는 성도 여러분!

우리가 잠시 동안만 이 지구의 지각을 벗겨 볼 수 있다면, 초록색 덮개를 걷어 낸 후, 약 2미터 정도 아래로 그 내부를 들여다볼 수 있다면, 그곳은 어떤 세상이겠습니까?

어떤 것을 볼 수 있겠습니까?

뼈와 시체와 벌레와 썩고 부패한 것들만 보일 것입니다. 그리고 여러분은 말씀하실 것입니다.

"이 메마른 뼈들이 살 수 있습니까?"

"이들이 다시 일어날 수 있습니까?"

예, 단 한순간에 살아날 수 있습니다.

> 마지막 나팔에 순식간에 죽은 자들이 일어날 것입니다(고전 15:51-52).

성령님이 말씀하십니다.

"그들은 살아났다!

뼈들이 흩어져 있는 것을 보라. 뼈 위에 뼈가 쌓여 있구나.

앙상한 해골을 보라. 그 위에 살이 붙고 있다.

보라! 생기가 없고 가만히 있다."

> 생기야 사방에서부터 와서 이 사망을 당한 자에게 불어서 살게 하라 (겔 37:9).

성령의 바람이 불면, 그들은 살아날 것입니다. 그리고 그들은 자기 발로 일어나 큰 군대가 될 것입니다(겔 39:10).

지금까지 저는 여러분께 성령님의 권능에 관해 말씀드렸습니다. 이제 우리는 그 실제 적용에 대해 나눌 시간이 잠시 더 필요합니다.

오! 그리스도 안의 형제 자매 여러분!

성령님은 대단히 강력하십니다!

그 사실이 무엇을 뜻하는 것일까요?

여러분을 천국으로 이끌어 가실 성령님의 권능을 결코 불신하지 말아야 하는 이유는 무엇입니까?

성령님의 권능으로, 그분의 전능하심으로 여러분을 보호해 주실 것이기 때문입니다.

여러분의 원수가 그분의 전능하심을 대적해 이길 수 있습니까?

그렇게 할 수 있다면, 원수가 여러분을 정복할 수 있을 것입니다.

원수가 하나님과 씨름해 그분을 땅에 내려칠 수 있습니까?

만일 그렇게 할 수 있다면, 원수가 여러분을 정복할 수 있을 것입니다.

그러나 성령님의 권능이 우리의 권능이기에 우리는 안전합니다. 성령 하나님의 권능이 우리의 힘입니다.

다시 한번 말씀드리지만, 사랑하는 성도 여러분!

성령님의 이 능력을 의심하는 이유가 무엇입니까?

여러분에겐 자녀들이 있습니다. 여러분에겐 그렇게 많이 기도해 온 아내가 있습니다. 그렇다면 성령님의 권능을 의심하지 마시기 바랍니다.

비록 더딜지라도 기다리라(합 2:3).

기도하는 아내 여러분!

여러분은 남편의 영혼을 위해 기도하며 씨름해 왔습니다. 비록 그 남편이 너무나도 무감각하며 절망적이고, 여러분을 형편없이 취급하는 사람일지라도 성령님께 권능이 있음을 기억하시기 바랍니다.

또한, 여러분이 진리가 충분히 선포되지 못하는 교회에 출석하고 있어도 여러분을 일으켜 세워 주실 성령님의 권능을 의심하지 마시기 바랍니다. 비록 그곳이 '가축이 풀을 뜯는 곳', '들나귀의 동굴'로 황량하게 버려져 있을지라도 성령님이 위로부터 임하실 것입니다. 그리고 그때는 갈한 땅이 웅덩이가 되고 메마른 땅이 샘물로 뒤덮일 것입니다.

성도 여러분!

특별히 하나님이 여러분을 위해 행하신 일을 기억하고 있다면, 결코 성령님의 능력을 불신하지 마시기 바랍니다. 여러분은 광야가 갈멜산같이 피어나는 것을 보았습니다. 사막이 백합화처럼 피어나는 것을 보았습니다(사 35:1-3).

그러므로 미래에 관해서도 그분을 신뢰하십시오. 그런 다음, 밖으로 나가서 성령님의 능력으로 어떤 일도 할 수 있다는 확신을 갖고 봉사해 보시기 바랍니다. 섬기고 있는 주일학교에 가십시오. 전도지를 나눠 주러 가십시오. 선교 기관을 찾아가십시오. 성령님의 권능이 우리의 큰 도움이라는 확신을 가지고 그리스도를 증거하는 사명을 감당하시기 바랍니다.

넷째, 아직 구원받지 못한 불신자(Sinners) 여러분에게 말씀드립니다.

성령님의 권능에 관해 여러분을 위해 어떤 말씀을 드려야 할까요?

그것은 여러분 가운데 소망이 있다는 것입니다. 제가 여러분을 구원할 수 없습니다. 제가 여러분을 설득할 수 없습니다. 때론 제가 울게 하고, 눈물을 닦을 수 있게 할 수 있지만 그것이 전부입니다. 그렇지만 제가 알고 있는 것은 우리 주님께서 구원하실 수 있다는 것입니다. 이것이 제가 여러분께 드릴 수 있는 위로입니다.

여러분이 심지어 죄인 중에 괴수라 해도 여러분을 위해 소망이 있습니다!

그 능력이 여러분뿐만 아니라 그 어떤 누구라도 구원할 수 있습니다. 강철로 된 심장도 뚫을 수 있습니다. 이전에는 바윗돌 같았던 두 눈에서 눈물이 쏟아지게 하실 수 있습니다.

오늘 아침에도 성령님이 여러분의 심령을 변화시켜 주시기를 소망할 때 그분의 권능이 여러분의 모든 의식의 흐름을 바꾸어 줄 수 있고, 즉각적으로 여러분을 하나님의 자녀로 만들어 줄 수 있으며, 그리스도 안에서 여러분을 의롭게 변화시켜 줄 수 있습니다.

성령님께 충분한 능력이 있습니다. 여러분은 성령님 안에서 약한 것이 아니라 다만 스스로 마음이 약할 뿐입니다. 성령님은 죄인을 예수님께 데려가실 수 있고, 여러분의 권능의 날에 즐거이 자원하게 하실 수 있습니다.

이 아침에 자원하는 마음을 갖고 계십니까?

성령님이 여러분에게 예수님의 이름을 구하고 그분을 사모하도록 만들어 주셨습니까?

그렇다면 주님이 여러분을 가까이 이끄실 때 이렇게 고백하십시오.

"저를 인도해 주십시오. 주님이 계시지 않으면 저는 비참합니다."

주님을 따르십시오.

주님을 따르세요!

주님이 인도하실 때 그분의 발자취를 쫓아가십시오. 그리고 주님이 여러분 안에 착한 일을 시작하셨다는 사실을 기뻐하시기 바랍니다. 왜냐하면, 성령님이 끝까지 그 일을 이루실 것이라는 확실한 증거가 있기 때문입니다(빌 1:6).

절망에 빠진 분이 있습니까?

성령님의 권능을 믿으십시오.

예수님의 보혈 안에 안식할 때 여러분의 영혼이 이제부터 영원까지 안전할 것입니다.

이 설교를 듣고 있는 모든 사람에게 복을 주소서. 아멘!

Sermons on The Holy Spirit

제3장
성령님 - 위대한 교사
(The Holy Ghost—The Great Teacher)[1]

> 그러나 진리의 성령이 오시면 그가 너희를 모든 진리 가운데로 인도하시리니 그가 스스로 말하지 않고 오직 들은 것을 말하며 장래 일을 너희에게 알리시리라(요 16:13).

이 세대는 서서히 그리고 거의 부지불식간에 상당할 정도로 무신론적인 세대가 되고 말았습니다. 오늘날 현 인류의 질병 가운데 하나는 깊고 은밀하게 뿌리내린 무신론으로 그로 인해 이 세대가 하나님을 아는 지식에서 너무 멀어지게 되었습니다. 또 하나의 다른 원인은 과학의 발전입니다. 많은 사람이 제1 명분 곧 만물의 주재이신 그분을 잃어버렸습니다.

인류는 감추어진 비밀을 캐낼 수 있었고, 그로 인해 신의 존재에 관한 위대한 공리가 심각하게 무시되어 왔습니다. 심지어 기독교 신앙을 고백

---

[1] 설교 No. 30.; 1885년 11월 18일 주일 아침, New Park Street Chapel.

하는 사람들 사이에서도 큰 종교성을 보여 주고 있으나 참 경건은 사라져 버렸습니다. 겉모습을 중요하게 여기는 형식주의는 팽배하지만, 하나님을 내면에서부터 인정하는 일은 극히 미약합니다.

하나님을 먹고 살고, 하나님과 함께 살고, 하나님을 의지하며 사는 모습은 너무도 희귀합니다. 이런 이유로 가슴 아픈 일들이 생겨나고 있는데, 많은 예배처에서 하나님의 이름이 언급되는 것은 분명히 들을 수 있으나 축도를 제외하면 삼위 하나님이 계시는지 여부를 거의 알 수 없습니다.

여호와 하나님의 이름을 위해 드려진 많은 곳에서 예수님의 이름이 걸핏하면 무대 뒤로 물러나 있고, 성령님은 거의 완전히 무시되며 그분의 거룩한 은혜는 거의 언급되지 않습니다. 이 시대에는 심지어 신앙심이 깊었던 사람들도 상당 부분 무신론자가 되고 말았습니다. 슬프게도 우리에게 하나님에 관한 설교가 부족합니다. 즉, 구원받아 마땅한 피조물이 아닌 찬양받으실 위대하신 한 분 하나님을 더욱더 바라보게 하는 설교가 더 많이 필요합니다.

놀라우신 성삼위일체의 거룩한 신격에 대해 관심을 더 가지면 가질수록, 우리는 교회 가운데서 하나님의 더 큰 권능을 목격하게 될 것이라고 저는 확신합니다. 그만큼 더 영광스러운 하나님의 강력이 나타나심을 보게 될 것입니다. 하나님이 우리에게 그리스도를 높여 드리고 성령님을 사모하는 목회자들을 보내 주시기 바랍니다.

그리하여 그 일꾼들이 모든 직무 가운데 성령님의 역사를 선포하고 "믿음의 주요 또 온전하게 하시는 이"(히 12:2)이신 구원자 하나님을 높이 찬양하길 소망합니다. 그리고 창세 전부터 그 아들 그리스도 안에서 그분의 의로 우리를 택하고 의롭게 하사 거룩하게 하시고(엡 1:4), 부득불 우리를 견인하시고, 만물을 완성하시는 그 위대한 날에 자기 양 떼를 한 우리에 모으실 하나님을 무시하지 않는 분들을 보내주시기를 바랍니다.

오늘 본문 말씀은 성령 하나님에 관한 말씀으로, 지금 그분의 감미로운 은혜가 우리 가운데 임하신다면 그분에 관해서만, 그분만을 이야기하겠습니다.

예수님은 제자들에게 특정 기본 교리에 관해 가르치셨지만, 지금 우리가 신앙생활의 A, B, C라 부르는 것 이상을 가르쳐 주시지는 않았습니다. 그분은 요한복음 16:12에서 그 이유를 제시하십니다.

> 내가 아직도 너희에게 이를 것이 많으나 지금은 너희가 감당하지 못하리라 (요 16:12).

당시 제자들은 성령을 소유한 자들이 아니었습니다. 회심을 위해 성령을 받았지만, 그것은 밝은 조명하심, 심오한 가르침 그리고 예언과 성령의 감동을 위한 것이 아니었습니다. 예수님은 말씀하셨습니다.

"이제 곧 내가 너희를 떠나게 될 것이다. 그러나 내가 가서 너희에게 위로자를 보내 줄 것이다. 지금은 너희가 감당하지 못할 것이다. 그러나 그분 곧 진리의 성령님이 오시면, 그가 너희를 모든 진리 가운데로 인도하실 것이다."

사도들에게 하신 동일한 약속이 그분의 모든 자녀에게도 유효합니다. 그것을 다시 한번 살펴보며 그 약속을 우리의 분깃과 유산으로 삼아야 합니다. 그리고 우리는 우리 자신을 사도들의 영역이나 그들의 독점적

권한과 권리를 침범한 자들로 여기지 말아야 합니다. 그것은 예수님이 우리에게 말씀하고 계심을 믿기 때문입니다.

> 그러나 진리의 성령님이 오시면 그가 너희를 모든 진리 가운데로 인도하시리니(요 16:13).
> How beit when he, the Spirit of truth, is come, he will guide you into all truth(Jn 16:13, KJV).

오늘 본문 말씀을 살펴볼 때 여섯 가지를 깨닫게 됩니다.

1. 우리가 얻는 것은 '모든 진리에 관한 지식'입니다

어떤 사람들은 교리 지식이 별로 중요하지 않으며 전혀 실용적이지도 않다고 생각합니다. 그러나 그 생각은 옳지 않습니다. 우리는 그리스도께서 십자가에 못 박히신 것을 연구하는 학문과 성경의 가르침에 대한 분별이 대단히 귀중하다고 믿습니다. 기독교 사역은 사람들을 불러 모으는 것만이 아니라 가르치는 것이며, 그들을 각성시키는 것만이 아니라 계몽하는 것입니다. 그래서 열심만 아니라 배움에 호소합니다.

우리는 교리 지식을 결코 부차적이라고 생각하지 않습니다. 그리스도인의 삶에서 첫 번째로 중요한 것은 진리를 아는 것이고 그다음은 진리를 실천하는 것이라고 믿습니다. 이 아침에 하나님 나라에 관한 올바른 배움이 얼마나 가치 있는지 거듭 말씀드릴 필요도 없습니다.

자연이 그 자체로 은혜를 따라 거룩하게 되었을 때 자연의 모든 진리를 알고 싶은 강한 열망이 일어납니다. 자연인은 자연스럽게 모든 지식에 관여합니다. 하나님은 자연인의 마음속에 한 가지 본능을 주셔서 자연의 신비를 탐구하지 못할 때 만족할 수 없게 만들어 놓으셨습니다. 비밀을 풀어내기 전까지는 결코 만족하지 않습니다.

우리가 호기심이라고 부르는 이것은 하나님이 주신 것으로 자연에 대한 지식을 탐구할 수밖에 없게 합니다. 성령님이 그 호기심을 거룩하게 하시고 또한 천상의 학문과 지혜에 관한 문제를 생각하게 합니다.

다윗이 고백합니다.

> 내 영혼아 여호와를 송축하라 내 속에 있는 것들아 다 그의 거룩한 이름을 송축하라(시 103:1).

우리 안에 호기심이 있다면, 그것은 진리를 탐구하는 일에 사용되고 개발되어야 합니다. 성령님이 거룩하게 하신 "내 속에 있는 [모든] 것들"은 개발되어야 합니다. 진정한 그리스도인은 자신의 무지를 장사 지내고 지혜를 얻고자 하는 강한 갈망을 갖게 됩니다.

그가 자연 상태에서 땅에 대한 지식을 간절히 갈망했다면, 하나님 말씀의 거룩한 신비를 밝혀내고자 하는 갈망은 얼마나 더 열렬하겠습니까! 진정한 그리스도인이라면 언제나 열심히 말씀을 읽고 연구해 가장 중요한 핵심 진리를 증명할 수 있도록 스스로 준비하는 것이 옳습니다. 저는 교리 공부를 원하지 않는 성도를 옳게 여기지 않습니다. 거짓말을 믿든지 진리를 믿든지, 이단이든지 정통이든지, 하나님의 기록된 말씀을 있는 그대로 받았든지 아니면 사람에 의해 희석되고 잘못 해석된 말씀을 받았든지 중요하지 않다고 말하는 사람은 올바른 입장을 취하고 있는 사람으로 생각할 수 없습니다.

하나님의 말씀은 그리스도인에게 위대한 열망의 근원이 됩니다. 그 사람의 내면에 있는 거룩한 본능이 그로 하여금 말씀을 파고들게 할 것입니다. 그는 말씀을 이해하려고 노력할 것입니다.

그런데 어떤 목사들은 소위 고등 교리라고 불리는 것을 의도적으로 입 밖에 내지 않습니다. 왜냐하면, 수준 높은 고등 교리를 언급하면 위험한 상황이 될 것으로 생각하기 때문입니다. 그래서 진리를 감춰 버립니다.

얼마나 어리석은 목사들입니까!

그들에겐 인간 본성에 대한 지식이 전무합니다. 그 교리가 아주 사소한 것이라고 할지라도 감추면 감출수록 사람들은 그것을 더 끝까지 찾아낼 것입니다. 감추고 말해 주지 않으면 사람들은 오히려 그 교리가 선포는 곳으로 몰려갈 것입니다.

그 목사들은 이렇게 말합니다.

"제가 만일 선택 교리나 예정론 같은 무거운 주제를 설교하면, 성도들은 바로 떠나버리고 율법폐기론자들이 되어 버릴 것입니다."

만일 사람들이 율법폐기론자로 불린다면 크게 상처 받을 것입니다. 그렇지만 제 말을 들으십시오.

진리를 가리는 목사들이여!

이 교리에 대해 침묵하는 것이 성도들을 율법폐기론자로 만드는 길입니다. 만일 여러분이 진리를 캐내지 말아야 한다고 말해도 사람들은 호기심이 강하기 때문에 어떻게든 진리를 캐낼 것입니다. 그렇지만 여러분이 하나님의 말씀에서 발견하신 것을 그대로 전달한다면, 그들은 그것을 가지고 '씨름'하려고도 하지 않을 것입니다.

변화 받은 사람에게는 진리가 있습니다. 그리고 그들에게 선택론에 관한 내용을 들려주신다면 이렇게 말할 것입니다.

"여기에 있습니다. 제가 모두 찾아내겠습니다. 성경 한 곳에서 찾지 못하면 다른 곳에서 찾을 것입니다."

진정한 그리스도인에게는 진리를 찾고자 하는 내적 갈망과 열심이 있습니다. 그는 의의 말씀에 목마르고 주려서 하늘 양식을 반드시 받아먹어야만 하고 반드시 먹게 됩니다. 그러나 그는 건전하지 못한 신학이 주는 알맹이 없는 껍질을 결코 받아먹지 않을 것입니다.

'모든 진리에 관한 하나님의 지식'은 우리가 위로 받기 위해 반드시 필요한 것입니다. 저는 사람들이 고민하는 이유가 명확한 진리관을 갖지 못했기 때문이라고 믿습니다.

예를 들어, 가엾은 영혼이 위대한 칭의 교리를 제대로 배우고 나면, 죄를 실감하고 남들보다 서너 배는 더 오랜 기간 마음 아파합니다. 그래서 종종 자신이 배교하게 되지 않을까 전전긍긍하며 스스로를 괴롭히기도 합니다. 그러나 그가 구원에 이르는 믿음을 통해 하나님의 은혜가 자신을 지켜준다는 큰 위로를 영혼 깊이 깨닫게 되면, 더 이상 그 문제로 걱정하지 않게 됩니다.

또한, 용서받을 수 없는 죄로 인해 고통당하는 사람들도 있습니다. 그러나 하나님이 가르쳐 주신 칭의 교리를 깨닫고 참으로 깨어난 양심은 결코 용서받을 수 없는 죄를 지을 수 없고, 그럼에도 범죄하게 된 경우에는 하나님이 주신 두려워하는 양심으로 회개하게 됩니다. 그러고 나서는 마음의 고통을 더이상 받지 않게 됩니다.

이 사실에 의거한다면, 다른 모든 것이 동일하다는 전제하에, 그리스도인으로서 하나님의 진리를 더 많이 알수록 더 큰 평안을 누리게 될 것입니다. 명확한 진리에 대한 배움만큼 여러분의 길을 환하게 비춰 줄 수 있는 것은 없습니다. 뒤범벅된 복음이 너무 많이 전파되고 있으며, 그것이 그리스도인들을 의기소침하게 합니다.

복음을 듣고 얼굴이 빛나며 두 눈이 기쁨으로 반짝이는 회중을 저에게 보여 주십시오. 그러면 저는 그들이 하나님의 참된 말씀을 받고 있다고 믿을 것입니다. 그 대신에 종종 쓴 약을 삼키고 있는 가련한 환자의 쓸쓸한 얼굴과 별반 다를 바 없는 우울한 회중을 보게 됩니다. 그들이 그런 이유는 말씀의 은혜로 위안을 받는 대신 율법주의로 두려움에 떨기 때문입니다.

우리는 유쾌한 복음을 사랑하고 '모든 진리'가 모든 그리스도인을 위로할 수 있다고 생각합니다.

"또 위로인가요?"

"언제나 위로만 이야기하시는군요!"

이렇게 말씀하는 분이 있습니다.

그런데 우리가 진리를 귀하게 여기는 이유가 한 가지 더 있습니다. 그것은 모든 진리에 대한 한 가지 참된 지식이 위험으로부터 우리를 매우 안전하게 보호해 줄 것이기 때문입니다. 하나님의 은혜 교리만큼 인간을 죄로부터 보호하기 위해 면밀하게 계산된 것은 없습니다.

이 은혜 교리는 '사람을 방탕하게 만드는 교리'라고 말했던 사람들은 사실 아무것도 이해하지 못했습니다. 가련하고 무지한 자들이 자신들의 악한 가르침이 하늘 아래 가장 '방탕한 교리'라는 사실을 깨닫지 못했습니다. 그들이 참으로 하나님의 은혜를 안다면, 하나님이 세상의 기초를 놓으실 때부터 우리를 선택하셨다는 지식에 어떤 '거짓말'도 첨가되지 않았다는 것을 알게 될 것입니다.

나를 영원히 견인하심에 대한 믿음, 변함없는 하나님 아버지의 사랑과 비교할 수 있는 것이 이 세상에 존재하지 않는다는 그 믿음이 우리를 단순한 감사와 함께 계속해서 하나님께 나아가게 합니다. 진리에 대한 믿음만큼 사람을 고결하게 하는 것이 없습니다. 거짓 교리는 곧 거짓 행위를 낳습니다. 잘못된 믿음을 가지고 있는 사람은 머지않아 잘못된 삶을 살 수밖에 없습니다. 이것은 자연스러운 결과입니다.

하나님의 진리를 가까이 두십시오.

그분의 말씀을 가까이하십시오.

얼굴을 똑바로 들고, 특별히 진리와 관련해 바른 마음을 유지하시기 바랍니다. 그렇게 하면 여러분의 발이 딴 길로 가지 않을 것입니다.

다시 한번, 저는 이 모든 진리에 관한 지식이 세상에서 우리가 능력 있는 사역자가 되는 데 큰 도움이 된다는 것을 주장합니다. 우리는 이기적이지 말아야 합니다. 언제나 어떤 것이 다른 사람에게 유익한지 생각해야 합니다. '모든 진리에 관한 지식'은 우리를 이 세상에서 상당히 쓸 만한 존재로 만들어 줄 것입니다.

우리는 고통 가운데 있는 가엾은 영혼에게 천국의 빛이 그를 위로할 수 있도록 손을 내밀어 그의 눈에 덮힌 비늘을 벗겨 줄 수 있는 방법을 아는 실력 있는 의사들이 될 것입니다. 익숙해지는 과정이 필요하겠지만,

조만간 그 영혼과 대화하고 그를 위로해 줄 수 있게 될 것입니다. 진리를 소유한 사람은 대개 가장 능력 있는 사람입니다.

한 번은 장로교 출신의 한 선한 형제가 이렇게 말했습니다.

"저는 하나님이 목사님께 큰 회중을 불러 모으는 능력을 주셨다는 것을 알고 있습니다. 그러나 놀라운 한 가지 사실은 제가 알고 있는 거의 모든 분 가운데, 사람의 영혼을 불러 모으는 일에 능력이 뛰어나신 분들은 예외 없이 모두가 은혜 교리를 주창해 왔다는 것입니다."

사람을 모이게 하고 교회를 일으키는 능력을 받은 대부분의 사람은 그리스도께서 성취하신 구원을 통한 하나님의 값없는 은혜를 시종일관 확고하게 주장하는 사람입니다. '내가 유용한 사역자가 되기 위해서는 나의 교리에 오류가 있을 필요가 있다'라고 생각하지 마십시오. 설교를 시작할 때는 모두 칼빈주의를 말하다가 알미니안주의로 마무리하는 사람들이 있습니다. 그것이 자신을 유용하게 만들어 줄 것이라고 생각하기 때문입니다. 그러나 그것은 모두 쓸모 없는 헛소리일 뿐입니다.

진리에 대해 유용하지 못한 사람은 오류에 대해서도 유용하지 못합니다. 죄인들에게 이단 소개 없이 하나님의 순결한 교리만 설교해도 충분합니다. 제가 기억하는 한, 불신자들에게 설교하면서 평생 방해받거나 불편함을 느껴 보지 못했습니다. 저는 하나님의 진리를 반대하는 견해를 가진 이들과 같은 방식은 아니지만, 그들과 동일한 열정을 갖고 말할 수 있습니다.

하나님의 말씀을 전하는 사람은 진리가 아닌 것을 조금이라도 더할 필요가 전혀 없습니다. 견고한 하나님의 진리는 모든 사람의 마음에 심금을 울립니다. 만일 우리가 하나님의 은혜로 말미암아 사람의 마음 안에 손을 집어넣을 수 있다면, 무엇보다도 진리가 그 사람을 철저하게 감동하게 해서 그가 철저히 흔들리는 것 외에는 아무것도 원하지 않을 것입니다. 완전히 요동하게 하는 것입니다. 사람을 유용하게 만들기 위해 참 진리와 완전한 진리만한 것은 없습니다.

2. 우리를 모든 진리 가운데도 인도할 '인도자가 필요'합니다

문제는 진리를 발견하기가 그리 쉽지 않다는 데 있습니다. 타락 이후 자연적으로 진리의 지식을 타고난 피조물은 존재하지 않습니다. 많은 학자가 그런 것들을 타고나는지 아닌지를 놓고 논쟁했습니다. 그러나 진리 관념을 타고나는가에 대해서는 전혀 논쟁의 여지가 없습니다. 그렇지 않은 사람은 존재하지 않습니다. 선악 관념은 모두에게 존재합니다.

그러나 우리 안에, 즉 우리의 육신 안에는 아무런 선한 것이 없습니다. 우리는 죄악 중에 태어나고 허물 가운데 지어졌습니다. 우리 어머니는 죄 가운데 우리를 잉태하셨습니다(시 51: 5). 우리 안에 선한 것이 없고 의를 구하는 경향도 전혀 존재하지 않습니다(롬 7:18).

그리고 진리를 타고나지 않았기 때문에 그것을 추구해야 할 과제가 우리에게 있습니다. 만일 그리스도인으로서 뛰어나게 유용한 사람이 될 수 있도록 복 받기 원한다면, 성경 계시와 관련된 문제에 관해 가르침을 잘 받아야 합니다. 그러나 여기에 한 가지 어려움이 있습니다. 인도자가 없기 때문입니다. 진리의 길을 가려면 인도자가 반드시 필요합니다.

왜 그렇습니까?

첫째, 진리 자체가 대단히 복잡해 진리를 찾기는 결코 쉬운 일이 아니기 때문입니다.

모든 것을 다 알고 있다는 망상을 가지고 자신들은 모든 지혜를 가졌고 자신들이 죽으면 지혜도 사라질 것이라는 독단에 빠져 있는 사람들은 어떤 체제를 가지고 있든지 그 안에서는 아무런 어려움 없이 지낼 것입니다.

그러나 저는 성경을 가장 깊이 많이 아는 학자라도 성경에서 이해하기 어려운 점을 발견하게 될 것이고, 그 속에 신비가 존재한다는 사실을 깨닫게 될 것이라고 믿습니다. 그는 이렇게 부르짖을 것입니다.

"진리여!

나는 당신을 찾을 수가 없습니다. 당신이 어디에 있는지 알지 못합니다. 당신은 내가 갈 수 없는 곳에 있습니다. 나는 당신을 온전히 볼 수 없습니다."

진리의 길은 너무 좁아서 두 사람이 함께 걸을 수 없습니다. 발을 함께 내딛는다 해도 그 길은 좁아서 나란히 걸을 수는 없습니다. 우리는 대체로 같은 진리를 믿지만 그 길을 함께 걸을 수 없습니다. 그 길은 너무 좁습니다. 진리의 길은 매우 어렵습니다. 오른쪽으로 1인치만 벗어나도 위험한 오류에 빠지게 됩니다. 만일 왼쪽으로 조금만 비껴가도 마찬가지로 수렁에 빠지게 됩니다.

한편에는 거대한 절벽이 있고, 다른 편에는 깊은 늪이 존재합니다. 바른 길을 지키지 않으면 간발의 차이로 길을 잃게 될 것입니다. 참으로 진리는 좁은 길입니다. 독수리의 눈으로도 찾지 못하는 길이며 어떤 잠수부도 가보지 못한 심연입니다. 그 길은 마치 얇은 광맥 같아서 쉽게 찾을 수 없고,

연속된 한 지층을 따라 존재하지도 않습니다. 일단 광맥을 잃어버리면 수 마일을 파내도 다시 찾지 못할 수도 있습니다. 광맥이 어디로 향해 있는지 계속 관찰해야 합니다.

진리 알갱이는 호주 대륙의 강 속 사금 알갱이와 같습니다. 인내의 손으로 채를 흔들어야 하고, 정직의 물로 씻어야 합니다. 정금이 모래와 뒤섞여 있듯이 진리는 종종 오류와 뒤섞여 있습니다. 그래서 구별하기 어렵습니다. 그러나 우리는 이렇게 말씀하신 하나님을 송축합니다.

> 그러나 진리의 성령이 오시면 그가 너희를 모든 진리 가운데로 인도하시리니(요 16:13).

둘째, 오류가 주는 불편함 때문입니다.

오류는 분주하면서도 슬그머니 다가옵니다. 오류는 때때로 지난 목요일 밤에 런던 시내에 꼈던 짙은 안개와 같습니다.

한 상황을 가정해 봅시다.

그렇게 안개가 자욱한 런던 시내에서 우리는 길을 더듬으며 걸어야 하고 어디에 있든지 헤맬 수밖에 없습니다. 거의 1인치 앞도 볼 수 없습니다. 우리는 한 삼거리에 도착합니다. 그 전에 알고 있던 지점입니다. 거기서 가로등이 있던 자리로 가려면 이제 왼쪽으로 곧바로 돌아야 한다고 생각합니다. 그러나 그게 아닙니다. 사실 오른쪽으로 약간만 가야 합니다. 또 우리가 자주 갔던 장소가 있습니다. 그래서 길에 깔린 돌 하나하나 다 알고 있기 때문에 길 반대쪽에는 친구네 상점이 있을 거라고 생각합니다. 어둡지만 확실하다고 생각합니다. 그런데 계속 틀렸고, 결국 반 마일을 벗어나 있는 것을 알게 됩니다.

진리의 문제도 마찬가지입니다. 우리는 확실히 이것이 올바른 길이라고 생각합니다. 악한 자가 "바로 그 길이야, 그 길로 들어가"라고 속삭입니다. 그의 말대로 한다면 자신이 진리의 길 대신 불의한 길과 잘못된 교리의 길을 걷고 있음을 발견하고 크게 실망하게 됩니다.

생명의 길은 미로와 같습니다. 푸른 잔디가 덮인 길과 황홀하고 아름다운 길은 옳은 길에서 가장 먼 길입니다. 가장 매혹적인 길은 뒤틀린 진리로 장식된 길입니다.

어떤 오류들은 진리와 같아 보입니다. 그러나 저는 이 세상에 금화와 꼭 같은 위조동전은 존재하지 않는다고 믿습니다. 겉으로는 차이가 없어 보여도 하나는 그냥 금속이고, 다른 하나는 진짜 금입니다.

셋째, 우리는 너무도 쉽게 길을 잃기 때문입니다.
왜입니까?

만일 하늘 가는 길이 존 번연이 『천로역정』에서 그려낸 것처럼, 좌우로 벗어나지 않는 곧게 뻗은 길이라면 문제 없습니다. 그러나 우리는 길을 잃기 쉽기 때문에 오른편에 있는 '멸망의 산'이나 왼편에 있는 '짙은 황무지 숲'으로 가게 됩니다. 다윗은 "잃은 양 같이 내가 방황하오니"(시 119:176)라고 고백했습니다. 이런 일은 흔히 일어납니다.

양 한 마리가 들판에 스무 번 나갔다 왔는데 스물한 번째에는 돌아오지 않았다면, 그 이유는 양이 어디선가 빠져나올 수 없었기 때문일 것입니다. 어떤 장애물에서 빠져나올 수 없었기 때문일 것입니다.

은혜가 사람을 인도해 주지 않는다면, 천국을 향해 뻗은 길 위에 표지

판이 줄 세워져 있어도 길을 잃게 될 것입니다. 표지판에 '미클라트'(히브리어로 도피성)라 적혀 있는데도 길을 벗어날 때, 롯과 그의 가족들을 이끌어낸 천사처럼 "도망하여 생명을 보존하라 돌아보거나 들에 머물지 말고 산으로 도망하여 멸망함을 면하라"(창 19:17)라고 외쳐 주지 않는다면 피에 주린 복수자가 곧 그 사람을 덮칠 것입니다. 이것이 우리에게 인도자가 필요한 이유입니다.

3. 성령님은 '예비된 한 인격'이신 하나님이십니다

그 인격은 바로 "그분 곧 진리의 영"(요 16:13 새번역)이시며 영향력이나 감화력이 아닙니다. 그분은 실제로 한 인격이십니다.

> 진리의 성령이 오시면 그가 너희를 모든 진리 가운데로 인도하시리니 (요 16:13).

이제 그분이 얼마나 우리에게 필요한 분이신지 살펴보겠습니다.
우선 그분은 무오하신 분이십니다. 성령님은 모든 것을 아시기에 우리가 길을 잃게 하실 수 없습니다. 내 옷소매를 안내자의 코트에 핀으로 고정시키면, 나는 그가 가는 대로 따라가게 됩니다. 그는 올바른 길로 갈 수 있지만 만약 그가 잘못된 길로 가게 되면 나도 길을 잃게 될 것입니다. 그러나 성령님께 온전히 맡겨 드리고 그분의 인도하심을 구하면 길을 잃어버릴 염려가 전혀 없습니다.

성령님이 언제나 함께하시기 때문에 우리는 그분 안에서 기뻐할 수 있습니다. 그러나 때때로 우리는 어려움을 만납니다. 그래서 이렇게 말합니다.

"이 문제를 가지고 우리 목사님을 찾아뵐 수 있다면, 해결책을 말씀해 주실 텐데, 목사님이 너무 멀리 계셔서 그럴 수가 없네."

마음이 혼란스러워져서 말씀을 찾아보지만 아무것도 얻을 수 없습니다. 주석서도 찾아봅니다. 경건한 토마스 스콧(Thomas Scott)[2]의 주석서를 읽어 보지만, 이런 문제에 답해 주는 것 같지 않습니다. 그래서 매튜 헨리(Matthew Henry) 주석도 찾아보는데, 난해한 본문에 대해 명쾌한 해석을 발견하지 못합니다. 가장 일관성 있는 주석가로 알려진 길 박사(Dr. Gill)조차도 어려운 구절에 대한 주석은 건너뜁니다.

주석가와 목회자가 없다고 할지라도, 우리에게는 여전히 성령님이 계십니다. 이해하기 어려운 구절을 만나면 성경을 펼치고 무릎을 꿇고 그 구절을 놓고 기도해 보십시오. 그래도 그 말씀이 조각조각 열려지지 않는다면, 다시 한번 해 보시기 바랍니다. 만일 그렇게 다시 기도해도 해석이 떠오르지 않는다면, 그 구절은 하나님이 여러분에게 깨닫기를 원치 않으시는 구절입니다. 스스로의 무지에 대해 만족해도 됩니다.

기도는 비밀 상자를 여는 열쇠입니다. 기도와 믿음은 자물쇠를 열어 놀라운 비밀을 밝혀내고 진귀한 보물을 얻을 수 있게 하는 거룩한 열쇠입니다. 거룩한 교육을 받기 위해 복되신 성령만큼 좋은 교사가 없습니다. 왜냐

---

2 Thomas Scott(1747-1821)는 *A Commentary On The Whole Bible, for The Force of Truth*의 저자이며, CMS(Church Missionary Society) 설립자이다(역주).

하면, 그분은 우리가 무릎을 꿇기만 하면 언제나 함께하시는 스승이며, 우리 편이 되어 주시는 위대한 진리의 주석가이기 때문입니다.

그러나 인도자의 적격성에 관한 한 가지 놀라운 점이 있습니다. 여러분이 눈치채셨는지 모르겠지만, 성령님은 우리를 "진리 가운데로"(into a truth) 인도하실 수 있습니다. 사람은 우리를 '진리로'(to a truth) 인도할 수 있지만, 성령님만이 '진리 가운데로' 인도하시는 분이십니다.

> 그러나 진리의 성령이 오시면 그가 너희를 모든 진리 가운데로 인도하시리니(요 16:13).

여기에서 "모든 진리"를 유의하시기 바랍니다. 예를 들어, 오랜 시간을 들여 사람들이 선택 교리를 깨닫도록 했습니다. 그러나 그것은 선택론의 정교함을 보여 준 것이지 그들을 선택론 '안으로' 이끌어 준 것은 아닙니다. 여러분은 선택론에 대한 분명한 성경 기록을 보여 줄 수는 있을지 모르지만, 사람들은 이를 거절하고 싫어할 것입니다.

또한, 다른 위대한 교리를 알게 해 주어도 그들은 다른 방식으로 교육을 받아서 여러분의 주장에 대해 답변도 못하고 낮은 소리로 이렇게 말하게 될 것입니다.

"그 사람 말이 맞을지도 몰라."

그러나 그 말소리는 너무 작아서 자기 자신조차 들을 수 없습니다.

"그렇지만 사실 그것은 내 견해와 너무 반대라 나는 받아들일 수 없어."

여러분이 그들을 진리로 인도하셨고 그들도 그것이 진리임을 보았음에도 그 진리 안으로 그들을 데려가는 일은 얼마나 어렵습니까!

제 설교를 듣고 진리로 인도받은 사람들이 많습니다. 그러나 그들은 진리 안으로 인도함을 받지 못했고 진리를 느끼지도 못했습니다. 여러분 가운데 몇 분은 하나님이 매일 우리를 지켜 주신다는 진리를 알게 되었을 것입니다. 그러나 좀처럼 그 진리 안으로 들어가 성령님을 계속 의지하고 살거나, 하나님의 신선한 공급을 받지 못합니다.

중요한 것은 진리 안으로 들어가는 것입니다. 그리스도인은 달팽이가 껍질을 다루는 것처럼 진리를 다루어야 합니다. 달팽이는 껍질을 등에 지고 다닐 뿐 아니라, 그 안에 들어가서 삽니다. 껍질을 영구적으로 지고 다닙니다.

성령님이 우리를 모든 진리 가운데로 인도하신다고 성경에 기록되어 있습니다. 금과 은이 가득한 방으로 인도받을 수 있어도, 여러분이 그 방에 실제로 들어가지 않으면 결코 부자가 될 수 없습니다. 두 문을 활짝 열어 주시고 우리를 진리 가운데로 인도하시며 그 안에 들어가게 가게 하시는 것은 성령님의 역사입니다. 친애하는 원로 롤랜드 힐(Rowland Hill)이 한 말이 기억납니다.

> 우리가 진리를 붙들 뿐만 아니라 진리가 우리를 붙들게 될 것이다.

4. 성령님이 진리로 인도하시는 방법에 대해 말씀드립니다

한 동굴을 상상해 봅시다.

천정에는 멋진 종유석이 가득 매달려 있고, 바닥에서는 석순이 올라오고 있는 동굴입니다. 그 안에서 섬광석이 반짝거립니다. 여러분이 만약 그 동굴에 들어가려면 횃불을 들고 길을 안내해 줄 안내자를 구해야 합니다. 그 안내자를 따라 동굴 깊이 들어가다 보면 어느새 동굴 한가운데 와 있다는 것을 알게 됩니다.

안내자는 여러분을 여러 방으로 인도해 줍니다. 그는 상승과 진행을 나타내 주고 있는 바위 사이에서 흘러나오는 작은 물줄기를 가리킵니다. 그는 약간 특이한 모양의 바위를 가리키며 그 이름을 말해 줍니다. 그다음에 거대한 천연 동굴로 데려가 그 안에서 얼마나 많은 사람이 만찬을 벌였는지 등을 이야기해 줍니다.

진리는 일련의 웅장한 동굴이며, 멋지고 지혜로운 안내자가 함께한다는 것은 우리에게 영광스러운 일입니다.

우리가 그 어두컴컴한 동굴 속으로 들어가고 있다고 상상해 보십시오. 안내자가 빛을 비춰 주면 우리는 그 빛으로 놀라운 것들을 보게 됩니다. 성령님은 우리를 세 가지 방식으로 가르쳐 주십니다. 그것은 제시와 지시 그리고 조명입니다.

첫째, 성령님은 진리를 제시하심으로(by suggesting) 우리를 모든 진리 가운데로 인도해 주십니다.

우리 마음이 아니라 하늘로부터 와서 영에 의해 심겨진 생각들이 있습니다. 천사들이 우리의 귀에 속삭이는 것은 공상이 아닙니다. 마귀들도 그렇게 합니다. 선한 영과 악한 영이 모두 인간과 대화를 나눕니다. 그리고 우리 중 일부는 이에 관해 알고 있습니다. 우리에게는 영혼이 낳은 것이 아닌 천상의 방문객들이 가져다준 이상한 생각이 있습니다.

우리에게 있던 노골적인 유혹과 사악한 암시는 지옥의 끓는 가마솥에서 나온 것일 뿐, 우리 영혼 안에서 만들어진 것이 아닙니다. 그러므로 성령님은 사람의 귀에 대고, 때로는 한밤의 어둠 속에서 말씀하십니다. 지나간 시대에 그분은 꿈과 이상으로 말씀하셨으나 지금은 성경 말씀을 통해 말씀하십니다.

여러분은 언제부터인지 모르겠지만 직장 일을 하면서도 가끔 설명할 수 없는 방식으로 하나님과 하늘의 것에 관해 사색한 적이 있지 않습니까?

성경을 읽거나 연구하는 중이 아닌데도 어떤 구절이 마음에 떠올라 견딜 수가 없던 때가 있지 않습니까?

그 구절을 기록해 봐도 물 위의 코르크 조각처럼 떠내려갔는데, 그것이 다시 마음의 수면 위로 떠오르지 않았습니까?

그때에 그 좋은 생각이 떠오르게 하신 것은 성령님이 하신 일입니다. 그분은 종종 마치 동굴 속에서 횃불을 든 안내자처럼, 생각을 제시하심으로 자기 백성을 "모든 진리" 가운데로 인도하십니다. 동굴 안내자가 말 한마디 없어도 앞서서 통로를 따라 걸어가면 여러분은 그를 뒤쫓아 가듯이 성령님은 여러분에게 한 가지 생각을 제시하시고 여러분의 마음이 그것을 끝까지 따라오게 하십니다.

저는 제가 은혜의 교리를 단 한순간에 깨닫게 되었던 방식을 기억합니다. 여러분과 마찬가지로 본성상 알미니안주의자로 태어난 저는 강단에서 계속 들었던 오래된 것들을 여전히 믿었지만 하나님의 은혜를 체험하지 못했습니다. 하루는 제가 예배실에 앉아 건조하기 짝이 없을 뿐만 아니라 들을 가치조차 없는 설교를 듣고 있었습니다. 그때 한 생각이 제 마음에 떠올랐습니다.

"어떻게 하면 내가 거듭날 수 있을까?"

저는 기도했다고 생각했습니다.

그런 다음에 저는 어떻게 기도할지 깊이 생각했습니다.

성경을 읽으면서 기도하게 되었습니다.

제가 어떻게 성경을 읽게 되었습니까?

제가 왜 성경을 읽었고 무엇이 저를 성경으로 이끌어 주었습니까?

그리고 그때 저는 단 한순간에 하나님이 모든 것의 원인이시며 그분이 믿음의 주재이심을 깨달았습니다. 그러고 나서 모든 교리가 저에게 활짝 열렸고 제가 그것들로부터 지금까지 떠나지 않았습니다.

둘째, 성령님은 지시를 통해(by direction) 우리를 인도합니다.

안내자가 가리키며 말합니다.

"신사숙녀 여러분, 저 길로 가십시오. 그쪽이 길입니다."

성령님도 이와 같이 우리의 특정한 생각이 이러이러한 방향을 잡기 시작할 때 새로운 생각을 주시지 않고 방향을 부여해 주십니다. 이는 배가 물

길 위에 있을 때 새 배를 띄우는 게 아니라 그 배가 경로를 따라 운항하게 하는 것과 같습니다. 우리가 거룩한 것들을 묵상할 때 성령님은 시작할 때보다 훨씬 더 좋은 경로로 인도하십니다.

어떤 교리에 대해 묵상하면 그때마다. 저절로, 서서히 다른 교리를 향해 이끌림을 받게 되고, 한 교리가 다른 교리와 어떻게 연결되는지 깨닫게 될 것입니다. 그것은 궁형 다리를 이루고 있는 돌들처럼 모든 것이 십자가에 못 박히신 예수 그리스도의 이맛돌(keystone)에 연결되어 있습니다. 생각을 새롭게 제시하는 것이 아닌, 생각에 주어진 방향 지시를 통해 이것들을 볼 수 있게 된 것입니다.

그러나 아마도 성령님이 우리를 모든 진리 가운데로 인도하시는 가장 좋은 방법은 조명(illumination)일 것입니다. 성령님은 성경을 조명해 주십니다.

여러분 중에 '조명 성경'(Illuminated Bible)을 갖고 계신 분이 있습니까?

"아니오."

"저는 모로코어 성경을 갖고 있습니다."

한 분이 답변하십니다.

"저는 다국어 성경을 갖고 있습니다."

"저는 여백 관주 성경이 있습니다"라고 하십니다.

모두 좋습니다.

그렇지만 조명 성경을 갖고 있습니까?

"예, 저는 삽화가 들어 있는 큰 가족용 성경이 있어요."

거기에는 세례 요한이 그리스도 머리 위에 물을 부어 침례를 주는 그림 같은 터무니없는 그림들이 여러 개 있습니다. 제가 그것을 말하는 것이 아닙니다.

조명 성경을 갖고 계십니까?

"네, 저는 멋진 판화가 담긴 성경을 갖고 있어요."

예, 그러실 수도 있습니다.

그런데 조명 성경을 갖고 계십니까?

"조명 성경이 무슨 뜻인지 모르겠습니다."

그렇습니다. 조명 성경을 가진 사람은 그리스도인입니다. 조명 성경은 구입하는 것이 아니라 읽을 때 조명되는 성경입니다.

> 영광이 신성한 책장을 금빛으로 비춘다.
> 태양과 같이 장엄하도다
> 모든 시대에 빛을 비추고
> 빛을 비추되, 어떤 것도 감추지 않는다.

> A glory gilds the sacred page,
> Majestic like the sun
> Which gives a light to every age,
> It gives, but burrows none.

조명 성경을 읽는 것만큼 좋은 것이 없습니다.

친애하는 성도 여러분!

영원한 시간 동안 성경을 읽어도 말씀이 성령님에 의해 조명을 받아 별처럼 빛나지 않는다면, 그 어떤 것도 깨달을 수 없습니다.

그 책은 금박으로 만들어지고, 모든 글자 하나하나가 다이아몬드처럼 반짝이는 것으로 보일 것입니다. 성령님의 광채로 조명된 성경을 읽는 것은 복된 일입니다.

형제여!

성경을 읽고 연구해 보았는데도 여러분의 눈이 밝아지지 않았습니까? 가서 이렇게 기도해 보십시오.

> 주님, 저를 위해 성경에 빛을 비추어 주소서. 저는 상세히 설명된 성경을 원합니다. 조명하여 주소서, 빛을 비추어 주소서. 주님이 저를 깨우쳐 주지 않으면 읽어도 아무것도 얻지 못합니다.

시각 장애인들은 손가락으로 성경을 읽을 수 있지만, 눈이 먼 영혼은 그렇게도 할 수 없습니다. 우리는 성경을 읽기 위해 빛이 필요합니다. 어둠 속에서는 아무것도 읽을 수가 없습니다. 그래서 성령님은 우리가 성경을 읽을 때, 생각을 제시하시고, 지시하시고, 조명해 주셔서 우리를 모든 진리 가운데로 인도하십니다.

5. 진리로 인도되었다는 증거에 대해 말씀드립니다

첫째, 성령님 은혜의 일관성에 의해 알 수 있습니다.

한 목회자 안에 성령님이 계신지 아닌지는 그의 증거(testimony)에 지속적 일관성이 있다면 단번에 알 수 있습니다. 성령님에 의해 비춤을 받은 사람이 "예"라고 답한 후에 "아니요"라고 할 수 없습니다. 성령님은 한 가지 사안에 대해 이번에는 이렇게 말씀하시고 다른 때에는 다르게 말씀하시지 않습니다.

사실 '예', '아니요' 두 가지 모두를 말하는 선량한 사람들이 많습니다. 그러나 때마다 상반된 증언을 한다면, 그것은 모두 성령님에게서 난 것이 아닙니다. 왜냐하면, 성령님은 흑과 백 즉 거짓과 진리를 동시에 증언하실 수 없기 때문입니다. 진리가 하나라는 제1원칙은 변함없이 유지되어 왔습니다.

그러나 성경의 한 부분에서 어떤 것을 발견했는데 그 반대 내용을 성경의 다른 부분에서 발견하기도 합니다. 모순되지만 둘 다 믿어야 합니다.

사랑하는 형제자매 여러분!

그 자체가 모순된다면 모든 것이 괜찮습니다. 잘못은 나무가 아니라 목수에게 있기 때문입니다. 많은 목수가 열장이음식(또는 주먹장이음식, dovetailing) 건축기술을 알지 못하는 것처럼 열장이음식의 설교를 알지 못하는 많은 설교자가 있습니다. 그것은 아주 훌륭한 작업이지만 간단하게 배울 수 있는 것이 아니고 모든 교리를 서로 짜 맞추기 위해서는 연습 기간이 필요합니다.

어떤 설교자는 30분 정도는 아주 훌륭한 칼빈주의를 설교하고, 다음 15분 정도는 알미니안주의를 설교합니다. 칼빈주의자는 칼빈주의를 고수하고 알미니안주의자는 알미니안주의를 고수하도록 하십시오.

설교는 수미일관해야 합니다. 단순히 다시 무너뜨릴 목적으로 세우는 짓은 하지 말아야 합니다. 위에서부터 몸통을 하나로 짜 내려가고 있다면 중간에 그것을 바꾸면 안 됩니다.

솔로몬은 아기의 친모를 어떻게 알았을까요?

그는 아이를 둘로 나누라고 명령했습니다(왕상 3:25). 아기의 엄마가 아닌 여인은 상대 여인이 온전한 아이를 갖지만 않는다면 상관하지 않았습니다. 아이의 친모는 이렇게 말했습니다.

"아! 그녀에게 아기를 산 채로 주십시오. 아이가 반으로 잘리는 것보다는 그녀가 아이를 갖게 해 주십시오."

진정한 하나님의 자녀도 이렇게 말할 것입니다.

"제가 진리를 포기합니다. 제 원수가 이기게 해 주세요. 저는 진리를 반으로 자르지 않습니다. 말씀을 제 취향에 맞춰 바꾸기보다는 차라리 제가 틀리는 게 낫습니다."

우리는 반으로 나뉜 성경을 원하지 않습니다. 결코 원하지 않습니다. 우리는 살아 있는 아이 전체가 아니면 아무것도 주장하고 싶지 않습니다. 우리가 뒤죽박죽인 교리를 없애고 혼합된 씨앗을 뿌리는 것을 멈추기 전까지는 결코 복을 받지 못할 것이라는 사실을 확신해도 됩니다.

조명을 받은 사람이 그 자체를 부인하는 복음을 믿을 수는 없습니다. 하나가 아니면 안 됩니다. 하나가 다른 것과 모순되어도 안 되고 그 반대도 마찬가지입니다. 그때에 여러분은 그 증거의 일관성(unity of its testimony)에 의해 성령님의 은혜를 깨닫게 될 것입니다.

둘째, 성령님 은혜의 보편성에 의해 알 수 있습니다.

진정한 하나님의 자녀는 진리 일부가 아닌 '모든 진리' 가운데 인도함을 받습니다. 그는 처음에 진리의 절반도 알지 못할 것입니다. 진리를 믿어도 이해하지는 못합니다. 그 전체 너비와 깊이가 아닌 아주 작은 일부만 깨닫게 됩니다. 단 한 주 만에 신학자가 될 수는 없습니다. 어떤 교리는 스스로 발전하는데 수년이 소요됩니다.

마치 알로에 선인장이 완전히 성장하기까지 백 년이 걸리는 것처럼, 싹이 돋아나고 자라나서 실제로 나와 보이고, 우리가 알고 있는 것을 말하게 되고 우리가 목격한 것이 증거되기까지, 마음속에 오랜 세월을 머물러야 하는 진리가 있습니다. 성령님은 점진적으로 우리를 모든 진리 가운데로 인도해 주실 것입니다.

예를 들어, 제가 믿는 대로 예수 그리스도께서 지상에서 천 년 동안 몸소 통치하신다는 것이 사실이라면, 제가 성령님의 다스림을 받고 있다면, 마침내 제가 확신을 갖고 그것을 선포하게 될 때까지 그 교리는 점점 더 저에게 열려질 것입니다.

어떤 이들은 처음부터 겁을 먹습니다. 한 사람이 먼저 말합니다.

"저는 믿음으로 우리가 의롭게 되고 하나님과 평화를 누린다는 것을 알고 있지만, 너무 많은 다른 사람이 영원한 칭의와 관련해 반대의견을 외치고 있어서 두렵습니다."

그러나 그는 점진적으로 성령님의 조명을 받아, 자신의 모든 죄값이 지불되었음과 동시에 완전한 사면이 주어졌고, 일순간에 그의 모든 죄가 취소되었다는 사실을 깨닫게 될 것입니다. 선택받은 모든 영혼은 하나님의 마음에서 의롭다 여김을 얻게 되었고, 과거에는 그렇지 않았더라도, 이후에 그 사람의 양심에 의해 의롭게 될 것입니다.

성령님은 여러분을 모든 진리 가운데로 인도하십니다.
이 위대한 교리의 실천적 결론은 무엇입니까?

첫째, 자신의 무지 때문에 두려워하거나 낙심할 필요가 없습니다.
지금 막 깨달음을 얻고 하늘에 신령한 것을 맛본 후에도 자신이 너무 무지하기 때문에 구원받을 수 없다고 두려워하시는 분이 얼마나 많이 계십니까?

친애하는 성도 여러분!

성령 하나님은 제아무리 글을 못 읽는 문맹자라 할지라도, 제아무리 배우지 못했다고 할지라도 그들을 가르치실 수 있습니다. 제가 아는 사람들 가운데 거의 천치에 가까운 사람들이 있었습니다. 그런데 회심한 이후에 능력이 놀랍게 개발되었습니다.

바로 얼마 전만 해도 너무 무식해서 글을 읽을 수 없고, 실수가 아니면 평생 '영문법' 같은 단어를 입에 올려 본 적도 없던 한 남자가 있었습니다. 더욱이 이웃 사람들까지도 그를 '멍청이'라고 불렀습니다. 그러나 그가 회심하고 처음으로 기도할 때 처음 몇 마디를 더듬거리며 시작했지만, 곧 그의 말하는 능력이 저절로 발달하기 시작했습니다. 그다음 그는 성경을 읽기 원했고, 수개월 동안 노력한 끝에 읽는 법을 배웠습니다.

그다음에 무슨 일이 일어났을까요?

그는 설교할 수 있다고 생각했습니다. 그래서 그는 집에서 조금씩 편안하게 설교를 했습니다. 그리고 나서 그는 '책을 몇 권 더 읽어야겠다'고 생각했습니다. 그래서 한 시골 마을 목사에서 하나님을 위해 수고하는 능력 있는 목사가 되기까지 그의 지식은 깊어졌습니다. 지금까지 그렇게 섬기고 있는 줄 믿습니다. 하나님에 관해 배우는 데 필요한 지성은 아주 조금만 있어도 됩니다.

만일 여러분이 자신에 대해 지혜가 부족하다고 느끼신다면 낙심하지 마시기 바랍니다. 위대한 스승이신 성령님께 오십시오. 그리고 거룩한 은혜를 구하십시오. 그가 여러분을 모든 진리 가운데로 인도하실 것입니다.

둘째, 진리에 동의하지 않는 형제를 대할 때 다음 한 가지 사실을 기억해야 합니다.

이는 그들과의 언쟁에 말려들지 말라는 것입니다. 그동안 많은 언쟁이 있었지만, 지금까지 유익한 언쟁이 있었다고 들어 보지 못했습니다. 저희는 세속주의사(Secularist)라 불리는 특정 사람들과 논쟁을 벌이곤 했는데, 그때마다 그들과 매우 격렬한 언쟁을 해야 했습니다. 그러나 심판날이 오면 그들과 다투어서 개선된 일은 거의 존재하지 않는다고 선포될 것이라 믿습니다. 내버려 두는 것이 낫습니다.

불이 번지도록 연료를 더해 줄 필요가 없습니다. 그들과 논쟁에 말려드는 것은 불 위에 장작을 놓는 것과 같습니다. 침례와 관련해 유아 세례를 주장하는 사람들과 싸우는 일도 헛수고일 뿐입니다. 차라리 우리가 진리의 하나님께 참된 교리를 깨닫게 해 주시도록 기도할 수 있다면, 그들은 논쟁에서 깨닫는 것보다 훨씬 더 쉽게 깨닫게 될 것입니다. 논쟁을 통해 배우는 사람은 거의 없습니다

왜냐하면, '억지로 설득된 사람은, 결국 설득되지 않은 사람과 마찬가지'이기 때문입니다.

진리의 성령님이 그들을 모든 진리 가운로 인도해 주시도록 기도해 주십시오. 여러분의 형제에 대해 분노하지 마시고 부르짖어 그들을 위해 기도해 주십시오.

그의 눈을 열어서 주의 법의 기이한 것을 보게 하소서(시 119:18).

셋째, 불신자는 자유롭게 되고 천국을 얻도록 진리를 깨달으십시오.
진리나 진리의 성령님에 무관심한 불신자들은 이렇게 말하곤 합니다.
"어느 쪽이 옳은가에 대해 신경 쓰지 않습니다. 우리는 진리를 몰라도 행복합니다."
가엾은 불신자 여러분!
만일 여러분이 하나님의 선물과 진리를 말씀하는 분이 누구인 줄 안다면(요 4:10), "상관없어요"라고 말씀하지 마십시오. 진리가 구원을 위해 얼마나 중요한지 아신다면, 하나님의 진리를 알고 계신다면 그렇게 말하지 않으실 것입니다.
하나님의 진리는 여러분이 비록 무가치한 죄인임에도, 믿기만 한다면, 어떤 공로와 상관없이 영원하신 하나님이 여러분을 사랑하시고, 구세주의 피로 사셔서, 하늘 법정에서 여러분을 의롭다 선포하시고, 머지않아 믿음으로 말미암아 성령님을 통해 여러분의 양심도 의롭다 선언할 것입니다.
여러분을 위해 확실히 천국과 면류관이 예비되어 있고, 결코 다시 밤이 있지 않을 것입니다. 그때 비로소 여러분은 "참으로 진리가 내 영혼을 위한 보배로구나"라고 고백하게 되실 것입니다.
이곳에 모인 분 가운데 하나님을 경외하지 않는 분이 계십니까?

자신을 구원할 수 있는 진리를 애써 제거해 버리려고 하시는 이유가 무엇입니까?

복음만이 여러분을 지옥에서 건져 올릴 수 있는데도 여러분은 그저 값없이 받는 위대한 은혜 진리를 거부합니다.

이 근본 교리만이 지옥 불에서 죄인을 구할 수 있습니다. 여러분이 지금 은혜 교리에 관해 관심이 전혀 없다 할지라도 그 교리가 전파되는 것을 볼 수 있기를 열망합니다. 여러분의 마음속에 진리를 깨달을 수 있게 해 주시기를 소원합니다. 성령님이 여러분을 모든 진리 가운데로 인도하시기를(요 16:13) 소원합니다.

만일 여러분이 진리를 깨닫지 못한다면, 오직 어두운 구덩이 속에서 슬피 울며 배울 수밖에 없다는 것을 기억하시기 바랍니다. 그곳의 유일한 빛은 지옥의 불꽃입니다.

이 땅에서 진리를 깨닫게 되시기를 바랍니다!

진리가 여러분을 자유롭게 할 것입니다(요 8:12).

성자 하나님이신 예수님이 여러분을 자유롭게 해 주실 때 참자유를 누리게 되실 것입니다. 예수님이 말씀하셨습니다.

> 내가 곧 길이요 진리요 생명이니(요14:6)

설령 여러분이 죄인 중의 괴수일지라도 예수님을 믿으십시오. 그분의 사랑과 자비를 신뢰하십시오. 그러면 여러분은 구원을 받게 될 것입니다. 왜냐하면, 성령 하나님이 믿음과 영생을 주시기 때문입니다.

Sermons on The Holy Spirit

제4장
성령님의 부으심
(The Outpouring of the Holy Spirit)[1]

베드로가 이 말을 할 때에 성령이 말씀 듣는 모든 사람에게 내려오시니 (행 10:44).

성경은 하나님의 계시에 관한 책입니다. 이방인들이 맹목적으로 간구해 왔고, 인간의 이성이 어둠 속에서 더듬어 찾고 있는 하나님은 거룩한 원저자께서 기록하신 그 책에 분명하게 계시되어 있습니다. 그렇기 때문에 의도적으로 피하거나 완고하지 않고, 신성한 위격에 대해 가능한 더 많이 배우기 원하는 사람은 오늘 말씀에서 배울 수 있습니다.

삼위일체 교리는 특별히 성경에서 가르치고 있습니다. 정확한 단어가 나오는 것은 아니지만 한 분 하나님의 세 위격이 자주 그리고 지속적으로 언급되고 있습니다. 성부, 성자, 성령이 각각 하나님이시나 삼신(Three

---

[1] 설교 No. 201.; 1858년 6월 20일 주일 아침, The Music Hall(Royal Surrey Gardens 소재).

Gods)이 아닌 한 분 하나님이시며, 그럼에도 각 위격은 참하나님이시며, 한 하나님 가운데 세 분이시고 세 분 가운데 한 분이신 그분이 바로 우리가 경배하는 여호와 하나님이라는 기독교 신앙의 위대한 진리를 우리가 모두 받아들이고 믿을 수 있도록 아주 조심스럽게 성경은 기록했습니다.

여러분은 성경이 창조 과정에서 거룩하신 세 위격이 모두 함께 역할을 감당하셨다는 것을 우리에게 얼마나 신중하게 확신시켜 주고 있는지 알고 계실 것입니다.

> 태초에 하나님이 천지를 창조하시니라(창 1:1).

그리고 성경의 다른 곳에서 하나님이 "우리가 사람을 만들고"(창 1:26)라고 말씀하셨습니다. 한 위격이 아닌 세 위격이 인간의 창조에 대해 의논하셨습니다. 우리는 성부 하나님이 기초를 놓으시고 하늘 빛 아치를 걸어 주실 견고한 빛의 기둥을 세우셨다는 것을 알고 있습니다.

마찬가지로 영원한 로고스이신 예수 그리스도께서 태초에 아버지와 함께 계셨다는 것을 우리는 확실하게 알고 있습니다.

> 지은 것이 하나도 그가 없이는 된 것이 없느니라(요 1:3).

성령님도 창조에 참여하셨다는 것을 확실히 알고 있습니다.

> 땅이 혼돈하고 공허하며 흑암이 깊음 위에 있고 하나님의 영은 수면 위에 운행하시니라(창 1:2).

성령님은 비둘기처럼 혼돈의 '알'을 품어 강력하고 공처럼 둥근 지구를 만들어 내셨습니다.

인간의 구원 사역에서도 하나님의 세 위격이 함께 일하셨다는 증거가 있습니다. 우리는 성부 하나님이 그 아들을 내어 주셨다는 것을 알고 있습니다. 성부 하나님은 세상의 기초를 놓으시기 전부터 자기 백성을 선택하셔서 그 구원 계획을 마련하셨고, 자기 백성의 구원에 관해 언제나 값없이, 기꺼이, 그리고 기쁘게 동의해 주셨다는 사실에 대한 풍성한 증거가 있습니다.

구원 사역에서 성자 하나님의 역할도 명백합니다. 우리를 위해 그리고 우리의 구원을 위해 하늘에서 내려오셨습니다. 죽을 수밖에 없는 인간의 몸으로 성육신하셨으며, 십자가에 못 박히시고, 죽으시고 장사되셨으며, 음부에까지 내려가셨고, 제삼일에 죽은 자 가운데서 부활하셨습니다. 그 후 하늘로 승천하셔서 하나님 우편에 앉으시고, 그곳에서 우리를 위해 중보하고 계십니다.

또한, 우리는 하나님의 영이 회심의 과정에 역사하신다는 것을 동일하게 확신합니다. 이는 우리가 성령님에 의해 거듭난다는 사실이 성경 곳곳에 기록되어 있기 때문입니다. 즉, 사람이 위로부터 다시 태어나지 아니하면 하나님의 나라를 볼 수 없다는 말씀이 계속해서 선포되고 있습니다(요 3:3).

기독교 신앙의 모든 미덕과 은혜는 성령의 열매로 묘사되고 있습니다. 이 열매는 성령님이 우리 가운데서 처음부터 끝까지 역사하시고, 크신 구속 사역 안에서 예수 그리스도께서 우리를 위해 먼저 이루신 사역을 완성하심으로 맺힙니다. 그 구속은 또한 성부 하나님께서 그분의 크고 예정하신 구원 전략 안에서 우리를 위해 계획하신 것입니다.

오늘은 여러분이 특별히 성령님의 역사에 주목하시길 바랍니다. 머나먼 타국에서 들려오는 새로운 좋은 소식이 있습니다. 성령님의 역사로 하나님의 온 백성이 환호하고 있습니다.

미국에서 대각성이 일어나고 있습니다. 그곳에 거주하는 온전한 정신을 가진 사람이라면 아무도 부인할 수 없을 것입니다. 가짜 열광주의가 다소간 섞여 있을 가능성도 있지만, 이 선하고 지속적인 역사는 분명하게 일어나고 있으며, 그 어떤 이성적인 사람도 부인할 수 없습니다.

지난해 12월 이후로 이백오십만 명의 사람, 즉 백만 명의 사 분의 일에 해당하는 많은 사람이 거듭났음을 고백했는데, 그들 모두가 믿음을 고백했고, 각 지역 교회에 등록했습니다. 이 거룩한 역사는 지금도 일어나고 있고, 오히려 이전보다 더 빠른 속도로 진행되고 있습니다. 제가 대각성 운동의 진실성을 믿을 수밖에 없는 사실은 그리스도의 거룩한 복음을 미워하는 원수들이 극도로 분개하고 있다는 데 있습니다.

마귀가 으르렁거린다면 선한 일이 일어나고 있기 때문임을 확신해도 됩니다. 마귀는 짖을 대상이 없으면 짖지 않는, 우리가 알고 있는 개와 같지 않습니다. 사탄이 울부짖는 것은 자신의 왕국이 위태로워져 두려워하기 때문이라고 믿어도 됩니다.

북미에서 일어나고 있는 이 위대한 역사는 위로부터 성령님의 부으심에 의한 것이 분명한데, 이는 그 역사를 주도한 목회자가 아무도 없었다는 사실이 뒷받침합니다. 복음의 일꾼들이 다 함께 서로 합력해 섬겼지만 어느 누구도 선두에 나서지 않았습니다. 하나님이 몸소 자기 군대의 대장이 되어 주셨습니다. 이 부흥은 기도 열망에서 비롯되었습니다.

하나님의 백성들은 기도하기 시작했고, 기도 모임에 과거보다 더 많이 참석했습니다. 그런 다음 가끔 정해진 시간 없이 기도 모임을 여는 것이 제안되었습니다. 여기에도 많은 사람이 참석하고 있으나, 지금도 필라델피아 도심에서 주중 매일 정오에 3천 명이 한 장소에 모여 있는 것을 볼 수 있습니다. 사업가들이 힘들게 일하는 중에도 기회를 놓치지 않고 그곳으로 달려와 기도하고 각자의 사업장으로 되돌아갑니다.

그렇게 미합중국 전역에서 크고 작은 기도회가 열렸습니다.

그리고 진정한 기도가 드려졌습니다!

여러 불신자가 기도회에 참석하고 자리에서 일어나 하나님의 사람들에게 기도를 요청했습니다. 그렇게 자신에게 그리스도를 향한 갈망이 있음을 세상에 공개하고 기도를 받았고, 교회는 하나님이 참으로 기도를 들으시고 응답하시는 것을 목격했습니다. 저는 유니테리언교회[2] 목회자들이 한동안 아무것도 눈치채지 못했다는 사실을 발견하게 되었습니다.

시어도어 파커(Theodore Parker)[3]가 이 대각성에 관해 엄청나게 으르렁거리며 격노하고 있지만, 그는 분명 어리둥절해하고 있습니다. 그는 신비를 이해하지 못하고 있고, 그것을 돼지 앞에 던져진 진주로 대하고 있습니다. 교회가 잠들고 활동이 대단히 미약한 틈을 타고 소시니안주의자들[4]이 강

---

2 유니테리어니즘(Unitarianism)은 18세기에 이신론의 영향을 받아 등장한 반삼위일체론 계통의 기독교 교회이며 단일신론(Unitheolism)을 주장한다. 유니테리언주의는 윌리엄 채닝(William Ellery Channing)에 의한 반칼빈주의적 교리에서 시작되었다(역주).

3 시어도어 파커(Theodore Parker)는 미국 초월주의자이자 단일교회(Unitarian Church)의 개혁 장관이었다(역주).

4 16세기 종교개혁 이후 등장해 17세기 초 폴란드에서 반삼위일체 교리 등을 주장하며 성행했던 기독교 이단이다(역주).

단에서 복음주의적 신앙행위와 관련된 무엇이든지 조롱했었습니다.

그러나 이제 대각성이 일어났고, 시어도어 파커는 겨우 잠에서 깨어난 것처럼 보입니다. 그는 눈을 뜨고 보고 있지만 그것이 무엇인지 알지 못합니다. 신앙의 능력은 언제나 유니테리언주의자인 그를 혼란스럽게 만들기에 적합한데, 이는 그가 그것에 관해 무지하기 때문입니다.

종교의 형태만큼은 어느 정도 인정할 수 있었기에 그리 크게 놀라지 않았습니다. 그러나 복음의 초자연주의 즉 신비, 기적, 권능, 설교와 함께 오는 성령님의 나타나심은 그런 자들이 이해할 수 있는 것이 아닙니다. 그들은 노려보며 놀라고 실컷 분을 내고 있지만, 불가사의한 어떤 것, 즉 그들의 철학을 뛰어넘는 정신적 현상, 자신들의 모든 학문과 이성으로 도달할 수 없는 어떤 것이 존재한다는 사실을 여전히 부인하고 있습니다.

이제 영국에도 같은 역사가 일어난다면, 우리가 간구해야 할 것이 한 가지가 있는데, 그것은 오직 성령님의 부으심입니다. 그리고 저는 오늘 아침에 제가 성령님에 대한 설교를 하면서 이 말씀이 성취될 수 있으리라 생각했습니다.

> 나를 존중히 여기는 자를 내가 존중히 여기고(삼상 2:30).

저의 간절한 소망은 이 아침에 성령님께 영광을 돌리는 것이며, 성령님이 화답으로 자기 교회를 영화롭게 하시는 것입니다. 이 소망을 성령님이 기뻐하신다면 저는 그분께 영원히 영광을 돌릴 것입니다.

> 베드로가 이 말을 할 때에 성령이 말씀 듣는 모든 사람에게 내려오시니 (행 10:44).

1. 성령님이 어떤 일을 하시는지 말씀드립니다

성령님의 역사는 기독교 신앙의 독특한 신비입니다. 대개 다른 것들은 거의 단순하지만, 이것은 불가해한 미스터리로 남아 있습니다. 이 미스터리를 풀려 함은 잘못입니다.

바람의 시작점을 누가 알 수 있습니까?

성령님이 바람 같은 분이시라면, 그분의 일하시는 방법을 누가 알 수 있겠습니까?

> 바람이 임의로 불매 네가 그 소리는 들어도 어디서 와서 어디로 가는지 알지 못하나니 성령으로 난 사람도 다 그러하니라(요 3:8).

성경은 성령님의 신비로운 역사를 몇 가지 특정 자연의 비밀에 비유해 언급합니다.

자녀 출산은 불가사의해 출산의 신비를 우리는 잘 이해하지 못합니다. 그런데 그리스도 안에서 새롭게 태어나고 창조되는, 더 비밀스럽고 감춰진 이 신비 대해서는 우리가 얼마나 무지하겠습니까?

그러나 누구도 이로 인해 충격을 받을 필요가 없습니다. 왜냐하면, 이것은 자연의 신비이기 때문입니다. 가장 지혜로운 사람이라면, 자연 속에 아무리 깊이 다이빙을 해도, 제아무리 높이 하늘을 날아올라도, 닿을 수 없는 곳이 존재한다는 사실을 가르쳐 줄 것입니다. 창조의 매듭을 풀어냈다고 말하는 사람은 실수하고 있는 것입니다. 자신의 황량한 무지와 어리석은 추측으로 그 매듭을 잘라내 버렸을지 모르지만, 매듭 그 자체는 하나님이 몸소 그 비밀을 밝혀 주실 때까지, 그것을 풀어내려는 사람의 힘이 닿지 않은 채로 남아 있을 것입니다.

인간이 제아무리 알려고 애를 써도 알아낼 수 없는 기이한 것들이 아직 존재합니다. 그중에서 많은 부분 밝혀낼 수 있었지만, 성령님이 역사하시는 방법에 대해서는 아무도 알 수 없습니다. 그러나 저는 성령님의 역사 방법에 관해 말씀드리지 못한다 하더라도, 그분이 어떤 일을 하시는지 말씀을 드릴 수 있습니다.

회심과 관련한 성령님의 역사는 두 가지가 있다고 생각합니다.

첫째, 성령님은 거듭나게 하는 위대한 사역에서 무엇보다 먼저 정신력을 일깨워 주십니다.

성령님은 결코 아무에게 새로운 정신력을 부여하시지 않는다는 사실을 기억해야 합니다. 이성을 예로 들겠습니다.

사람이 회심하기 이전에 이성을 소유하고 있기 때문에 새로운 이성을 주시지 않습니다. 성령님이 하시는 일은 우리의 이성을 바르게 가르치셔서, 올바른 길을 설정하고, 선과 악, 귀한 것과 사악한 것을 분별하는 고상한 목적을 위해 이성을 사용할 수 있게 하십니다.

성령님은 사람에게 의지를 새로 주시지 않습니다. 왜냐하면, 사람에게 이전부터 의지가 있었기 때문입니다. 다만 사탄에게 종노릇하던 의지를 자유하게 하신 후에 하나님을 섬기게 하십니다. 성령님은 생각할 능력이

나 믿음을 갖게 해 주는 기관을 사람의 몸 안에 만들어 주시지 않습니다. 왜냐하면, 이미 믿고 생각할 수 있는 능력이 있기 때문입니다.

그러나 성령님은 이미 옳은 것을 믿는 믿음을 주시고 바른 생각을 하려는 생각의 능력을 부여해 주셔서, 비정상적 사고를 하는 대신에 하나님이 원하시는 생각을 하고 하나님께서 계시해 주시는 진리의 발걸음을 따라 걸을 수 있기를 갈망하게 하십니다.

오늘 아침 이곳에 정치에 해박하신 분이 계실지도 모릅니다. 그러나 그분의 지식이 영적인 면에서는 어두울지도 모릅니다. 그리스도의 인격 안에 있는 아름다움을 전혀 보지 못할 지도 모릅니다. "거룩의 길"(사 35:8)에 전혀 매력을 느끼지 못하고 선이 아닌 악을 선택할 것입니다.

성령님이 새로운 이해 대신 그분의 묵은 이해를 깨끗하게 해 주시면 분별력을 갖게 됩니다. 그래서 "잠시 죄악의 낙"(히 11:25)을 누리고 "영원한 영광의 중한 것"(시110:3)을 놓치는 일은 어리석은 짓이라는 것을 발견하게 될 것입니다.

여러분 주위에 필사적으로 신앙생활에 반대하는 사람들이 있을 것입니다. 그런 사람들은 하나님께 나오려 하지 않고 우리와 같은 일들을 하려고 하지 않습니다.

우리는 그들이 마음을 바꿔 하나님을 향하도록 설득할 수 없습니다. 그러나 성령님이 그들 속에 새 의지를 만들어 주시지는 않으나, 옛 의지를 바꿔 악행이 아닌 옳은 일을 하려는 의지를 갖게 해 주실 것입니다. 그가 예수 그리스도에 의해 구원받기를 원하게 하시고, "주의 권능의 날에 즐거이 나아오게"(시 110:3) 만들어 주실 것입니다.

기억하십시오. 타락한 인간에게는 능력이 없지만, 성령님이 회복시킬 수 없는 능력은 존재하지 않습니다. 아무리 타락한 사람이라고 할지라도 단 한순간에 성령님의 권능으로 그 사람의 모든 능력이 깨끗해지고 정화될 수 있습니다. 판단이 흐려진 이성은 올바른 판단을 할 수 있게 되고, 완강하고 고집스러운 의지는 하나님 계명의 길로 즐거이 달려가게 될 것입니다.

성령님은 악하고 타락한 사람이 한순간에 방향을 바꿔 그리스도를 향하고, 악으로 오염된 욕망이 하늘을 향한 열망으로 대체되도록 하십니다. 마음에 대한 성령님의 역사는 그 모양을 새롭게 바꾸는 개조 작업입니다. 새로운 재료를 마음에 가져다주지 않으십니다. 즉, 그 사람 마음의 다른 부위에 새로운 구조를 세우십니다. 질서에서 벗어난 마음을 올바른 모양으로 만들어 주십니다. 무너진 기둥을 일으켜 궁전을 다시 세워 주십니다. 이것이 사람의 마음에 대한 성령님의 첫 역사입니다.

둘째, 성령님은 사람에게 이전에 없었던 능력을 주십니다.

말씀에 따르면 사람은 세 가지 부분으로 구성되어 있다고 생각합니다. 사람에겐 몸이 있습니다. 이 몸은 성령님에 의해 주님의 전이 됩니다. 그리고 사람에게는 마음(mind)이 있습니다. 마음은 성령님에 의해 성전의 제단처럼 만들어집니다.

자연인은 뛰어나지 않으며 단순하게 육체와 혼(soul)으로 구성되어 있습니다. 성령님이 오시면, 그에게 우리가 영(spirit)이라고 칭하는 세 번째 높은 원리(higher principle)를 불어넣어 주십니다. 사도 바울은 사람을 "영과 혼과 몸으로"(살전 5:23)묘사합니다.

현재 정신 관련 전문가들을 찾아보시면, 그들은 모두 사람에게 두 부분, 육체와 혼밖에 없다고 말할 것인데, 이 말은 퍽이나 옳은 말입니다. 그것은 거듭나지 않은 사람들에 관한 말이기 때문입니다.

그러나 동물의 몸보다 마음이 더 우월한 것처럼 거듭난 사람에게는 단순한 마음보다 훨씬 뛰어난 세 번째 요소가 존재합니다. 사람은 그 요소를 따라 기도하고 사랑하고 믿습니다. 또 그 요소가 사람의 마음에 작용해 행동을 수행하게 합니다. 그 요소가 마음을 사용하는 것은 사람의 마음이 몸을 사용하는 것과 꼭 같은 방식입니다.

내가 걷기를 원하면 다리가 움직입니다. 내 다리를 지배하는 것은 내 마음입니다. 내 영(성령님이 함께하시는)이 동일하게 작용합니다. 내가 기도하기를 갈망하면, 내 영은 내 마음이 기도를 생각하도록 다스리고 내 혼도 함께 다스립니다. 내가 찬양하기를 원하면, 찬양할 생각을 하게 하고, 내 영이 하나님을 향해 찬양을 올려 드리게 합니다.

영혼 없는 몸이 죽은 것 같이(약 2:26), 성령님이 계시지 않는 영혼은 죽어 있습니다. 성령님의 역사 가운데 한 가지는 죽은 영혼 안에 불꽃을 피우는 영을 불어넣어 주심으로 그를 살리시는 것입니다. 이렇게 기록되어 있듯이 말입니다.

> 첫 사람 아담은 생령이 되었다 함과 같이 마지막 아담은 살려주는 영이 되었나니(고전 15:45).

> 우리가 흙에 속한 자의 형상을 입은 것 같이 또한 하늘에 속한 이의 형상을 입으리라(고전 15:49).

즉, 우리가 회심하기 위해서는 성령님이 우리에게 주시는 살리는 생령이 반드시 필요합니다. 다시 말씀드리지만, 영은 마음이 가질 수 없는 능력을 갖고 있습니다. 그것은 그리스도와 교통하도록 하는 능력입니다. 영은 어느 정도 정신적 작용도 하지만, 영이 없는 정신 작용은 걸으려는 마음이 없는 상태에서 이루어지는 걷기 행위와 다를 바 없습니다.

성령님은 마음이 순종하고 수행하는 교통에 대한 생각을 제안하십니다. 영혼이 완전히 마음을 떠날 때도 있고, 땅의 모든 것을 잊어버릴 때도 있고, 생각, 이성, 판단, 저울질, 의지 따위를 거의 중단하는 때도 있습니다.

우리의 혼은 "암미나딥의 병거"(아 6:12)[5] 같아서 어떤 의지의 힘도 없이 전방으로 미끄러지듯 이끌려 갑니다. 우리는 예수님의 품에 기대어 신성한 환희와 천상의 희열 속에서 약속의 땅에 들어가기 전에 '에스골 포도송이'[6]를 따서 복의 땅 열매를 맛보게 됩니다.

저는 두 가지 점을 여러분 앞에 알기 쉽게 설명 드렸다고 생각합니다. 성령님의 역사는 사람이 이미 소유하고 있음에도 잠들고 작동하지 않는 능력을 일깨우는 것이며, 이전에 갖고 있지 않는 능력을 사람 안에 **넣어** 주시는 것입니다.

누구라도 쉽게 이해할 수 있도록 사람이 어떤 기계라고 가정해 보겠습니다. 이 기계는 모든 바퀴가 고장났습니다. 엔진 톱니가 서로 맞지도 않

---

5 KJV 참조, 한글성경 개역개정에는 "내 귀한 백성의 수레", 새번역에는 "왕자들이 타는 병거"로 번역됨(역주).
6 에스골은 성경에서 지명으로도 쓰이고(신 1:24; 민 13:24; 32:9 등), '포도송이'라는 뜻이 있다. 에스골 골짜기는 헤브론 북쪽 5 Km지점으로 12명이 정탐꾼이 이곳에서 포도송이를 발견했고 너무 커서 두 사람이 메고 날라야 했다(민 13:23-24)(역주).

고, 바퀴는 규칙적으로 회전하지 않고, 기어도 작동하지 않습니다. 이때 성령님의 역사는 먼저 바퀴들을 제자리에 맞추는 일입니다. 오른쪽 축을 오른쪽 바퀴에 넣고 두 바퀴를 나란히 맞춰 축에 맞게 한 다음 서로 작용할 수 있도록 하는 것입니다. 그렇지만 그것이 다가 아닙니다.

그 다음 일은 불과 증기를 넣어서 작동하게 하는 것입니다. 성령님이 새 바퀴를 달아 주시는 게 아니라, 기존에 존재하던 바퀴들을 맞춰 주십니다. 그 다음 몸체를 움직일 수 있는 동력을 넣어 주시는 것입니다. 성령님은 우리의 정신력이 올바른 질서와 조건을 갖추게 하신 다음, 살아 있는 생령을 주셔서 이 모든 것이 하나님의 법과 뜻에 따라 움직일 수 있도록 해 주십니다.

그러나 이것이 성령님이 하시는 일의 전부가 아니라는 것을 기억하십시오. 성령님이 이 일을 하신 뒤에 떠나 버리신다면, 우리 중 누구도 천국에 들어가지 못할 것입니다. 만일 어떤 사람이 제아무리 천국 가까이 가서 천국의 담장 너머 천사의 노랫소리를 듣고, 그 진주 문 안쪽을 들여다 볼 수 있다고 해도, 성령님이 그 마지막 걸음을 주장해 주시지 않으면 그는 결코 거기에 들어갈 수 없습니다. 모든 역사는 그분의 거룩하신 역사를 통해 일어납니다.

바퀴를 계속 움직이게 하시고 기계에 고장을 일으키는 우리 원죄의 오염물을 제거하시는 분은 성령님이십니다. 마침내 사람이 처음 창조되었을 때처럼 완벽한 피조물의 모습으로 오염된 땅에서 복된 땅으로 옮겨질 때까지 성령님이 오염물을 제거해 주시고, 기계가 손상 없이 계속 작동하게 하십니다.

다음 주제로 넘어가기 전에, 제가 말씀드린 모든 단계는 즉각적으로 일어난다는 점을 말씀드립니다. 하나님을 향한 회심은 한순간에 이루어집니다. 거듭남은 순간적으로 이루어지는 역사(instantaneous work)입니다. 회심과 거듭남의 열매는 우리 삶의 모든 부분에 영향을 끼침에도, 거듭남 그 자체는 한순간에 효력이 발생합니다. 사람이 하나님을 미워하면 성령님이 그가 하나님을 사랑하도록 만들어 주십니다.

사람이 그리스도를 대적하고, 복음을 이해하지 못하고 대적하며 받아들이려 하지 않을 때, 성령님이 오셔서 그의 어두워진 지식에 빛을 비추어 주시고, 그의 의지를 속박하는 사슬을 끊어 주시며, 그 양심을 자유하게 해 주시고, 그의 죽은 영혼에 생명을 주셔서 양심의 소리가 들려지게 하셔서 그가 그리스도 예수 안에서 새로운 피조물이 되게 하십니다.

이 모든 것이 사람의 아들들 가운데 역사하기 원하시는 성령 하나님의 조자연적 은혜에 의해 즉각적으로 이루어지는 일이라는 사실을 유념하시기 바랍니다.

2. 회심에는 성령님의 역사가 절대적으로 필요합니다

> 베드로가 이 말을 할 때에 성령이 말씀 듣는 모든 사람에게 내려오시니 (행 10:44).

사랑하는 성도 여러분!

성령님이 베드로에게 먼저 내려오셨습니다. 그렇지 않았다면 청중에게 임하지 않았을 것입니다. 만일 우리가 사람을 구원시키려고 한다면,

먼저 설교자 자신이 성령님의 은혜 아래 있어야 할 필요가 있습니다. 저는 가장 작고, 가장 중요하지 않은 사역에서도 성령님의 인도하심을 받을 수 있도록 계속해서 기도해 왔습니다. 왜냐하면, 영혼의 구원이 단순히 찬송가와 성경 구절의 선택에 좌우된다고 할 수 없기 때문입니다.

불신자 두 분이 저희 교회에 등록했는데, 그분들은 단지 제가 낭독한 찬송가 Jesus, lover of my soul[7](《예수, 내 영혼의 애인이시여》)의 가사를 듣고 거듭나게 되었다고 고백했습니다.

그들은 그 찬송의 다른 내용은 기억하지 못했으나 "예수, 내 영혼의 애인이시여"라는 가사에서 너무나 강한 인상을 받았고, 이후에도 며칠 동안 그 제목을 되뇔 수밖에 없었습니다. 그러다가 그들에게 한 가지 생각이 떠올랐습니다.

"나는 예수님을 사랑하는가?"

그리고 그들은 이런 생각을 하게 되었습니다.

'내가 예수님을 사랑하지 않는데도 예수님이 내 영혼의 애인이 되셔야 한다는 그 가사는 얼마나 이상하고 배은망덕한 표현인가!'

저는 성령님이 제가 그 찬송가 가사를 낭독하도록 인도해 주셨다는 것을 믿습니다. 많은 사람이 설교자가 전한 깜짝 놀랄 만한 말씀을 통해 회심했습니다.

그러나 왜 설교자가 그 말을 하게 되었을까요?

그것은 그때에 설교자가 성령님의 인도하심을 받았기 때문입니다. 사랑하는 여러분, 말씀의 어떤 부분이 여러분의 마음에 감동을 주셨을 때

---

7   이 찬송가의 한국어 찬송가 제목은 〈비바람이 칠 때와〉이다(역주).

는 주님이 그 말씀을 여러분에게 전하라고 지시하셨다는 것을 믿어도 됩니다.

만일 제가 지난 금요일에 전했던 설교를 오늘 다시 전한다면, 그때에는 효과적이었으나 지금은 어떤 말씀을 드려도 전혀 도움이 되지 않을 수 있는데, 그것은 성령님이 원하지 않으시기 때문입니다.

그러나 설교 주제를 정하면서 제가 진심으로 인도하심을 구했고, 말씀을 전하는 동안 저에게 임하신다면, 그 말씀이 주저 없이 청중이 당면한 문제에 적용될 수 있을 것입니다. 성령님은 설교자 위에 임하셔야 합니다.

설교자들이 가장 지혜로운 학자들에게서 모든 것을 배우고 데모스테네스[8] 혹은 키케로와 같은 최고의 웅변가라고 할지라도, 성령님이 설교 주제를 선택하고 말씀을 전하는 동안에 목회자의 마음을 인도해 주시지 않는다면 여전히 그 말씀은 축복이 될 수 없습니다.

성령님이 베드로 위에 임하셨는데도, 그 청중에게 임하지 않으셨다면 실패한 것일 것입니다. 이제 저는 사람의 회심에 관여하시는 성령님의 역사에 대해 나누겠습니다.

성령의 역사가 어떤 것인가를 기억해 봅시다. 그러면 우리는 다른 수단을 사용하는 것이 전혀 소용이 없음을 알게 될 것입니다. 사람이 물리적 수단으로 회심할 수 없다는 것은 아주 확실합니다.

---

8   Demosthenes(데모스테네스): 고대 그리스 아테네의 저명한 정치가이자 웅변가였다. 아테네의 지도자로 그리스의 여러 폴리스의 자립을 호소하며 패권을 추구하는 필리포스 2세에 대항해 반마케도니아운동을 전개했지만 뜻을 이루지 못하고 자살로 생을 마쳤다(역주).

로마 교회는 군대를 통해 사람을 개종시킬 수 있다고 생각했습니다. 그래서 나라들을 침략했고, 회개하고 종교를 받아들이지 않으면 전쟁과 학살로 위협했습니다. 그러나 그것은 거의 효과가 없었습니다. 사람들은 자신의 믿음을 버릴 바엔 죽기를 원했습니다.

그래서 로마 교회는 말뚝, 고문대, 지하 감옥, 도끼, 칼, 불과 같은 '아름다운' 도구를 써서 사람들을 개종시킬 수 있기를 바랐습니다. 곡괭이로 시계 태엽을 감으려고 했던 사나이에 대해 들어 보셨을 것입니다. 그 사나이는 너무도 '현명'해 물건으로 사람의 마음을 바꾸려는 사람으로 비유되어 왔습니다. 여러분이 발명하기 원하는 어떤 기계도 사람의 마음을 바꿀 수 없습니다. 초록 실로 천사의 날개를 묶고 쇠사슬로 하늘의 그룹들을 결박한 다음에라야 그것에 대해 말할 수 있습니다.

왜 그렇습니까?

이치에 맞지 않은 일은 이루어질 수 없기 때문입니다. 지금까지 어떤 왕의 군대 곧 탄약으로 무장된 병사들도 사람들의 마음을 바꿀 수 없었습니다. 마음은 물리적 도구로 정복할 수 없는 난공불락의 요새입니다.

그뿐만 아니라, 사람은 도덕적 논쟁을 통회해서도 회심할 수 없습니다.

"글쎄요, 저는 가능하다고 생각합니다. 목회자가 진지하게 설교하면, 사람들이 회심하도록 설득할 수 있습니다."

사랑하는 성도들이여!

그것은 뭔가 모르시는 말씀입니다.

멜랑히톤[9]도 그렇게 생각했지만, 그가 논쟁해 본 후에 어떻게 말했는지 아십니까?

"늙은 아담이 젊은 멜랑히톤에 비해 너무 강하다."

마찬가지로 논쟁으로 한 사람이라도 회심시킬 수 있다고 생각한다면, 결국 어떤 설교자도 같은 고백을 하게 될 것입니다. 비슷한 예를 말씀드리겠습니다.

에티오피아 사람이 자기 피부색을 바꾸도록 할 어떤 논리가 있습니까? 어떤 논리를 가지고 표범이 반점을 버리도록 할 수 있습니까?

악한 일을 일삼는 사람도 그 일을 잘하는 법을 배워야 합니다. 그렇지만 에티오피아 사람의 피부색이 변했다면, 그것은 초자연적 방법에 의해 이뤄진 일이 분명합니다. 그리고 표범의 반점이 사라졌다면, 그것은 표범을 만든 분만이 그렇게 할 수 있습니다. 마찬가지로 죄가 외부로부터 오는 외적인 것이라면 우리는 사람이 그것을 바꾸도록 설득할 수 있을 것입니다.

예를 들어, 여러분이 사람을 설득해 술 취함과 욕설을 그만두게 할 수 있을 것입니다. 왜냐하면, 그것들은 본성에 속한 것이 아니고 그들의 타락한 원죄 위에 더해진 악습들이기 때문입니다. 그러나 그 마음 안에 있는 숨어 있는 악은 어떤 도덕적 권면이 접근할 수 없는 것입니다.

저는 논쟁을 통해 사람이 스스로 목매달게 할 수도 있지만, 어떤 논쟁도 자신의 죄와 자기 의를 교수형에 처하고 십자가의 발아래 나오게 할 수 없다는 것을 믿습니다.

---

9 멜랑히톤(Phillipp Schwarzert Mehanchthon, 1497-1560)은 독일의 신학자이자 종교개혁가이다(역주).

왜냐하면, 그리스도의 신앙은 인간의 모든 본성과 정반대되는 것이기 때문이며, 그것은 마치 물의 흐름을 거슬러 헤엄쳐서 도달하려고 하는 것과 같습니다. 남자와 여자의 의지와 욕망은 예수 그리스도에 대한 신앙에 정면으로 대치됩니다. 이에 대한 증거를 원한다면, 제가 이 예배실에서 손가락 하나만 들어도 자리에서 일어나 증명해 주실 분이 수천 명이 될 것입니다.

저도 그것을 경험으로 깨닫게 되었습니다. 목사님, 저도 다른 사람들만큼 신앙생활을 싫어했습니다. 저는 그리스도와 신자들을 멸시했습니다. 그리고 오늘날 제가 하나님의 역사가 아니라면 어떻게 지금의 제가 되었는지 알 수 없습니다.

저는 한 남성이 그리스도의 교회와 연합하기 위해 제 앞으로 나아올 때, 그의 두 볼에 흘러내리는 눈물을 보았습니다. 그리고 그는 이렇게 말했습니다.

제가 오늘 이곳에 있다는 사실이 놀라울 따름입니다. 만일 1년 전에 저에게 누군가가 제가 지금 생각하고 있고, 느끼고 있는 대로 느껴야 한다고 말했다면, 저는 그에게 자기 고통을 위해 태어난 바보라고 했을 것입니다. 저는 절대로 독실한 체하는 감리교도가 되지 말아야지라고 생각하곤 했습니다. 주일은 즐기면서 보냈고, 왜 내가 누군가가 하는 말을 듣기 위해 하나님의 집에 몸을 숙이고 들어가야 하는지 그 이유를 몰랐습니다.

기도를 드렸느냐고 물으십니까?

아닙니다. 저는 세상을 위한 가장 선한 섭리는 튼튼한 두 손과 자기가 가진 것을 잘 지키는 것이라고 말하곤 했습니다. 누군가가 저에게 신앙에 관해 말하면, 저는 그의 면전에서 문을 쾅 닫고 이내 그를 밖으로 쫓아내 버렸습니다. 그러나 그때 사랑하던 것들을 이제는 미워하게 되고, 그때 미워하던 것들을 지금은 사랑하게 되었습니다.

제 안에서 일어난 변화가 어느 정도인지 다 보여 줄 수 없습니다. 이것은 하나님의 역사가 분명합니다. 제 자신이 만들어 낼 수 없는 일입니다. 제 마음을 변화시켜 주실 수 있는 분은 저보다 뛰어나신 어떤 분이 분명하다는 사실을 확신하게 되었습니다.

저는 이 두 가지가 우리가 자연적인 것 이상을 필요로 하는 증거라고 생각합니다. 물리적 수단으로 되지 않고 도덕적 권면이 결코 달성할 수 없으므로 성령님이 절대적으로 필요합니다.

그러나 다시 한번 잠시라도 생각해 보신다면, 그것을 이룰 수 있는 분은 하나님밖에 없다는 것을 깨닫게 되실 것입니다. 성경 안에서 회심은 종종 새 창조로 언급됩니다(고후 5:17). 만일 여러분이 자기 스스로 창조하기 원하신다면 먼저 날아다니는 파리 한 마리를 창조해 보라고 말하고 싶어집니다. 파리 한 마리를 창조해 보십시오. 모래알 하나를 창조해 보십시오. 그것을 창조한 다음 사람의 마음을 창조하는 것에 관해 논할 수 있습니다.

양쪽 다 불가능한 일입니다. 왜냐하면, 창조는 하나님의 역사이기 때문입니다. 그래도 만약 여러분이 먼지 한 톨을 창조할 수 있거나 심지어 세상을 모두 창조할 수 있다고 해도 그것은 기적의 절반도 되지 않습니다. 왜냐하면, 먼저 스스로 창조한 '무언가'를 찾아내야 하기 때문입니다.

그럴 수 있습니까?

여러분이 존재하지도 않으면서 어떻게 자기 스스로를 창조할 수 있습니까?

무(無)의 상태에서 어떤 것도 생겨나지 않습니다.

그렇다면 인간이 자신을 재창조(re-create)할 수 있는가에 대해 이야기해 봅시다.

첫째, 사람은 새로운 상태로 자신을 창조할 수 없습니다.

그가 아직 새로운 상태가 되지 않았다면 그것을 경험할 수 없습니다.

또한 창조의 역사는 부활과 다를 바가 없는 것이라고 합니다.

"우리는 죽은 자들 가운데서 살아났습니다."

그렇다면 죽은 사람들이 무덤에서 스스로 일어날 수 있습니까?

영혼을 회심시킬 수 있다고 생각하는 어떤 목회자에게 가서 죽은 사람을 일으켜 보라고 하십시오. 가서 공동묘지 한 곳에 서서 무덤들의 입을 활짝 열어 장사된 사람들이 일어날 수 있는 공간을 마련하고 말씀을 전하라고 해 보십시오. 아무 소용이 없을 것입니다.

그러나 만일 시신들이 일어난다고 해도 그것은 기적이 아닙니다. 죽은 자들이 스스로 살아나기 위해서는 죽은 시체 가슴속에 새로운 생명의 불꽃을 밝혀야만 하기 때문입니다.

그 역사가 부활, 새 창조의 사건이 되기 위해서는 그것이 사람의 능력을 뛰어넘는 것이어야만 한다고 생각되지 않습니까?

그것은 다름 아닌 하나님이 친히 그 사람의 속에 이루어 주셔야 하는 일입니다.

둘째, 우리가 사람이 자원하도록 만들 수 없습니다.
한 가지 더 고려해야 할 것이 있는데, 이것으로 이번 제목의 결론을 짓고자 합니다.

사랑하는 성도 여러분!

설령 인간이 자기 스스로를 구원할 수 있다고 해도, 그것을 얼마나 싫어하는지 기억해 보시기를 바랍니다. 우리가 오늘 말씀을 듣는 모든 성도가 기꺼이 구원을 사모하게 하려면, 전쟁을 치러야 할 것입니다.

"그런데 제가 구원받기 원해도 구원받지 못할 수 있습니까?"

이렇게 질문하는 여러분도 틀림없이 구원받을 수 있습니다.

그러나 한 가지 어려움이 있는데, 그것은 우리가 사람이 자원하도록 만들 수 없다는 것입니다. 그러므로 그것은 사람의 의지 위에 구속력이 있어야 한다는 것을 보여 줍니다. 주의 권능의 날에 즐거이 헌신할 수 있도록 하려면(시 110:3), 사람에게 있지 않는 어떤 영향력이 그들의 의지 위에 임해야 합니다.

그리고 이것은 기독교 신앙의 영광에 해당합니다. 기독교 신앙은 스스로 퍼져 갈 수 있는 내적 힘이 있습니다. 우리는 여러분이 먼저 자원하도록 요구하지 않습니다. 우리가 여러분에게 복음을 전할 때, 우리와 함께 역사하시는 성령님이 여러분을 자원하는 심령으로 만들어 주실 것을 믿습니다.

만일 기독교 신앙의 진보가 인류의 자발적 동의에 의존해 이루어지는 것이라면, 그것은 한 걸음도 진보하지 않을 것입니다. 다만 기독교 신앙이 그 내면에 사람들이 믿음을 가질 수 있도록 구속해 주시는 하나님의 전능하신 은혜가 존재하기 때문에, 지금도 기독교는 승리하고 반드시 승리할 수밖에 없습니다. '영광의 바다가 땅의 모든 해변에 이르기까지' 말입니다.

3. 성령님이 임하시도록 하기 위해 반드시 해야 할이 있습니다

사랑하는 성도 여러분!

성령님이 원하신다면, 이곳에 있는 모든 남성, 여성 그리고 어린이들이 지금도 회심할 수 있다는 것은 매우 확실합니다. 만일 전능하신 재판장이신 하나님이 그분의 영을 보내 주기를 기뻐하신다면, 이 백만 도시의 시민을 단번에 살아 계신 하나님께로 돌이킬 수 있을 것입니다. 어떤 도구(instrumentality)도 없고, 설교자도 없고, 책도 없고, 아무것도 없다고 해도 하나님께는 사람을 회심하게 하는 능력이 있습니다.

개인 사업가 몇 분을 알고 있습니다. 그들이 한번은 신앙에 대해 전혀 생각하지 않고 있을 때 마음속에 어떤 생각이 들어왔는데, 그 생각이 수많은 묵상의 계기가 되었습니다. 그 묵상 결과 그들은 그리스도께 인도되었습니다.

목회자의 도움 없이도 이처럼 성령님이 역사하셨고, 오늘날에도 제한을 받지 않으십니다. 극심한 변절자들이 몇 명 있을 수 있고, 쉬지 않고 그리스도의 십자가를 대적하는 사람들도 있을 수 있지만, 성령님은 동의 없이 강한 사람을 끌어내리시고 강력한 용사가 무릎 꿇게 만들 수 있습니다. 왜냐하면, 우리가 전능하신 하나님에 관해 이야기할 때, 그가 하시지 못할 만큼 큰일은 존재하지 않기 때문입니다.

그러나 사랑하는 성도 여러분!

하나님은 자신이 선택하신 도구를 크게 높여 주기를 기뻐하셨습니다. 원하신다면 사람 없이도 일하실 수 있지만, 하나님은 그렇게 하지 않으십니다. 이것이 제가 여러분과 나누고 싶은 첫 번째 생각입니다.

첫째, 성령님이 우리 가운데 일하시기를 원한다면 우리는 먼저 도구가 아닌 그분을 바라보아야 합니다.

예수 그리스도께서 설교하셨을 때 회심한 사람은 소수에 지나지 않았습니다. 그 이유는 성령님이 풍성하게 부어지지 않았기 때문입니다. 성령님이 예수님께는 한량없이 계셨으나, 다른 사람들에게는 아직 부어지지 않았습니다. 예수님이 말씀하셨습니다.

> 또한 그보다 큰 일도 하리니 이는 내가 아버지께로 감이라(요 14:12).

그리고 그리스도께서 사역하시는 동안 회심한 소수는 예수님 자신에 의해 개종한 것이 아니라 성령에 의해 회심했다는 점을 기억하시기 바랍니다. 나사렛 예수께서는 성령님의 기름 부음을 받으셨습니다.

그런데 우리 기독교 신앙의 위대한 창시자 예수 그리스도께서 성령님의 기름 부음을 받으실 필요가 있었다면, 우리 목회자들에게 그 필요성이 얼마나 더 있겠습니까?

그리고 하나님이 그 아들을 도구로 삼으시고 성령님을 대리자로 구별하셨다면, 작고 연약한 인간과 성령님 사이에서 우리는 얼마나 더 신중해야 하겠습니까?

"아무개가 정말 많은 사람을 회심케 했습니다"라는 말을 두 번 다시 하지 마십시오. 그렇지 않습니다. 누군가 회심했다면, 사람에 의해 회심한 것이 아닙니다. 택하심을 받은 도구가 사용되어야 하지만, 영광은 성령님이 받으셔야 합니다.

더 이상 사람에게 미신적 존경심을 표하지 말고, 하나님이 여러분의 계획과 집회에 매여 계신다고 생각하지 마십시오. 많은 도시 전도자가 그렇게 귀한 일을 해 낼 수 있다고도 상상하지 마십시오.

"그렇게 많은 설교자, 그렇게 많은 설교가 그렇게 많은 영혼을 구원 시키는 일을 했습니다."

"그렇게 많은 성경책, 그렇게 많은 전도지가 그렇게 귀한 일을 했답니다."

그런 말씀을 하지 마십시오. 그런 말씀을 하지 말고 전도자와 성경을 사용해 전도하십시오. 그러나 그런 것에 비례해 복이 오는 것이 아닙니다. 많은 사람이 모여든 것은 그만큼 성령님이 역사하신 것입니다.

둘째, 성령님의 임재를 원한다면 그분께 영광 돌려 드리기 위해 노력해야 합니다.

어떤 때는 예배실에 들어가도 성령님의 임재를 전혀 느끼지 못하는 때가 있습니다. 막달라 마리아가 말했습니다.

사람들이 내 주님을 옮겨다가 어디 두었는지 내가 알지 못함이니이다 (요 20:13).

그리스도인도 종종 이렇게 말할 수 있습니다. 왜냐하면, 설교가 끝날 때까지 주님에 대해 아무 언급도 하지 않고 축도로 예배를 끝내기 때문입니다. 그것마저 없으면 한 분 하나님 안에 세 위격이 계시다는 사실을 전혀 알지도 못할 것입니다. 우리 교회가 성령님께 영광을 올려 드리지 않는다면 우리는 결코 성령님이 충만하게 임하시는 것을 보지 못할 것입니다.

설교자는 항상 말씀을 전하기 전에 성령님께 대한 신뢰를 고백하십시오. 원고를 불태워 버리고 성령님만을 의지해야 합니다. 만일 성령님이 오셔서 도와주시지 않는다면, 그는 잠잠하고 성도들은 집으로 돌아가면서 성령님이 다음 주일에는 그 설교자를 도와주시기를 기도해야 합니다.

여러분은 집회 때마다 항상 성령님께 영광을 돌립니까?

우리는 때로 기도하지 않고 사경회를 시작할 때가 있는데, 그것은 정말 잘못된 것입니다. 우리는 반드시 성령님께 영광을 돌려야 합니다. 우리가 항상 성령님을 선두에 모시지 않는다면, 결코 우리로 승리의 면류관을 쓰게 해 주시지 않습니다.

성령님이 승리하실 것이며 오직 그분이 영광을 받으셔야 합니다. 우리가 영광을 돌리지 않을 때, 결코 특권과 성공을 허락하지 않으실 것입니다.

셋째, 성령님의 임재를 원한다면 함께 모여 간절하게 기다리며 기도해야 합니다.

우리가 구하지 않으면 성령님이 임하시지 않는다는 사실을 기억하십시오.

> 그래도 이스라엘 족속이 이같이 자기들에게 이루어 주기를 내게 구하여야 할지라(겔 37:36).

다음 주에 부흥을 위한 특별 기도회를 열려고 합니다. 지난 금요일 아침에는 브릭스턴(Brixton)에 있는 트리니티교회(Trinity Chapel)에서 첫 번째 기도회를 열었습니다. 오전 7시에 약 250명 정도가 모였다고 생각됩니다. 그것은 유쾌한 광경이었습니다.

기도 시간 동안에 9명의 형제가 차례로 기도했습니다. 그리고 저는 그곳에 기도의 영이 임했다는 사실을 믿습니다. 어떤 분은 특별 기도를 요청하면서 자신의 성함을 보내왔습니다. 그 기도가 응답될 것을 믿습니다.

우리는 월요일 아침에 파크 스트리트(Park Street)에서 8시부터 9시까지 기도회를 하려고 합니다. 그리고 나머지 주중에는 그곳에서 아침 7시에서 8시 사이에 기도회가 있을 것입니다. 월요일 저녁에 우리는 7시에 일반 기도 모임을 가지며, 더 많은 분이 참석하기를 바랍니다.

침례자 노엘(Baptist Noel)[10] 목사님이 아침저녁으로 기도회를 시작했는데, 노리치(Norwich)와 여러 지방의 소도시에서도 기도회를 열었다고 합니다. 그곳에서 사람들이 자원해 참석하고 있습니다. 저는 확실히 그렇게 이른 아침에 250여 명의 성도가 기도하기 위해 모이는 것을 기대하지 못했습니다.

저는 이것이 좋은 징조라고 믿습니다. 주님이 사람의 마음을 기도로 채우셨기 때문에 그들이 자원해 나왔던 것입니다.

> 나를 시험하여 내가 하늘 문을 열고 너희에게 복을 쌓을 곳이 없도록 붓지 아니하나 보라(말 3:10).

우리 함께 모여 기도합시다. 하나님이 우리 기도를 듣지 않으신다면 그것은 약속을 어기시는 첫 번째 사건이 될 것입니다.

자! 오셔서 성소로 나아갑시다.

주님의 집에 함께 모여 엄숙하게 간구를 올려 드립시다.

다시 말씀드리지만, 주님이 모든 사람 앞에서 능력의 팔을 펼치지 않으신다면, 이전에 행하신 모든 일과 상반될 것이며, 모든 약속과 상반될 것이고, 하나님 스스로와도 모순될 것입니다.

우리는 오직 주님께 간구해야 하는데 그 결과는 분명합니다. 우리가 오직 그분의 성령님을 의지해서 기도하기 위해 모일 때, 주님은 우리에게 복

---

10 침례자 라이슬리 노엘(The Reverend The Hounourable Baptist Wriothesley Noel, 1799-1873) 귀족 출신의 영국 침례교 목회자(역주)

을 주실 것이며, 땅의 모든 끝이 그분을 경외하게 될 것입니다(시 67:7).

오! 주님, 주님의 원수들 앞에서 높임을 받으소서,
주님의 가슴에서 능력의 오른팔을 펼치소서.
오! 주 우리 하나님이시여, 그리스도의 이름으로 아멘!

O Lord, lift up thyself because of thine enemies;

pluck thy right hand out of thy bosom,

O Lord our God, for Christ's sake, Amen

Sermons on The Holy Spirit

제5장
바람과 성령님
(The Holy Spirit Compared to the Wind)[1]

> 바람이 임의로 불매 네가 그 소리는 들어도 어디서 와서 어디로 가는지 알지 못 하나니 성령으로 난 사람도 다 그러하니라(요 3:8).

지금은 제가 온전하게 새 탄생이라는 주제를 시작하지 못합니다. 지금 저는 심신이 몹시 지쳐 있고, 그 위대하고 신비로운 주제에 관해 시도해 볼 수가 없습니다. 범사에 때가 있고 천하만사에 다 기한이 있기에(전 3:1), 머리가 아플 때 거듭남에 대해 나누는 것이나 마음이 심란할 때는 새로운 본성에 대해 논하는 것은 좋지 않습니다.

오늘 본문은 한 가지 위대한 장면에 집중하고자 하는 의도로 직접 고른 것인데, 그것은 저에게 매우 시사적 느낌을 주고 있어 주님의 도우심으로 여러분에게 유익이 되도록 잘 전하고 제 마음도 편안해질 수 있기 위한 것입니다.

---

1 설교 No. 630.; 1865년, Newington, Metropolitan Tabernacle.

여러분 모두에게 감히 말씀드리면 '영'과 '바람'에 대해 히브리어와 헬라어에서 각각 같은 단어를 쓴다는 것은 놀라운 사실이 아닐 수 없습니다. 그렇기 때문에 우리의 구원자께서는 질문자가 하나님의 깊은 것을 깨달을 수 있도록 소위 '바람의 날개 위에' 올라타시게 됩니다. 그가 진리를 정확히 깨달을 수 있도록 '바람'이라는 단어를 붙드신 것입니다. 동시에 말씀을 읽는 독자에게는, 교사가 적절한 단어를 찾아내 제자들이 가르침을 가장 잘 이해하고 기억하고 사용할 수 있도록, 언어를 잘 관찰 해야 한다는 것을 암시해 주십니다.

"바람이 불매"라고 하셨는데, 만일 주님이 '성령께서 임의로 불매'라는 뜻으로 말씀하셨다고 해도 정확히 똑같은 단어가 사용되었을 것입니다.

성령과 바람이 대단히 밀접하고 친밀한 유사성이 있다는 사실은 의심할 여지 없이 하나님이 의도하신 것입니다. 그렇지 않았다면 바벨의 혼잡함을 보이지 않게 다스리셨던 위대한 섭리의 통치자께서 사람의 언어를 하나의 단어가 두 가지 뜻을 의미하도록 만들지 않으셨을 것입니다. 언어는 자연과 함께 하나님의 지혜를 보여 줍니다.

우리가 보는 빛은 오직 그분의 빛 안에 있습니다. 성령님이 그분의 거룩하신 역사 가운데 기다리는 우리 모든 이의 마음속에 은혜로 자신을 기쁘게 계시해 주시기를 바랍니다. 우리는 하나님의 말씀에서 성령님이 사람의 아들들 위에 임하시고, 그들을 새로운 피조물로 만드신다고 배웠습니다.

그들은 성령님이 들어가시기 전까지 "허물과 죄로 죽었던"(엡 2:1) 사람들입니다. 그들은 하나님의 일을 분별할 수 없습니다. 그것은 신령한 진리는 영적이이므로 영적으로라야 분별할 수 있고(고전 2:14), 거듭나지 않은 사람은 육신에 속한 사람으로서 하나님의 깊은 것을 찾아낼 만한 능력이 없기 때문입니다.

하나님의 영으로 난 하나님의 자녀는 새로 태어난 영적 상태에서 영적 진리를 찾고 배우기 위해 나아옵니다. 그러나 사랑하는 여러분, 여러분이 성령을 받지 않았다면, 제아무리 쉬운 비유를 들어도 그분의 말씀을 깨달을 수 없습니다. 합당하게 영광 돌리지 않으면서 성령님의 성호를 언급하는 일은 없도록 합시다.

> 영원히 복되신 주님이시여!
> 영광스러운 성령님이시여!
> 성령님은 성부, 성자와 함께 영원히 동등하시며 공존하십니다.
> 하늘의 모든 천사가 성령님을 경배하게 하소서.
> 영원토록 영광을 받으소서.

1. 성령님은 어떤 면에서 바람에 비유될 수 있을까요?

성령 하나님은 이슬, 불, 기름, 물 등 기타 상징적 형태와 비교해 그분의 성품을 연구할 수 있도록 허락해 주시는데, 우리 주님은 특히 바람에 대한 은유를 사용하십니다.

여기서 신비에 관한 것 외에 가장 먼저 머릿속에 떠오르는 것은 무엇입니까?

우리 주님이 니고데모의 마음에서 제거해 주려고 하신 것은 신비에 대한 거부감이었습니다. 사실 니고데모는 이렇게 답변했습니다.

"저는 이해되지 않습니다.

어떻게 그럴 수가 있습니까?

사람이 늙었는데 어떻게 다시 태어날 수 있습니까?

그것이 하늘에서 온 보이지 않는 어떤 장치에 의해 일어납니까?

어떻게 그런 일이 있을 수 있습니까?"

예수님은 니고데모가 곧장 바람에 주의를 기울이게 하셨는데, 바람은 그 신비한 기원과 작용으로 인해 현실적이지 않으며 조종할 수도 없는 것입니다. 바람은 어디서 불어오는지 알 수 없습니다.

북쪽이나 서쪽에서 오는 것은 알수 있으나 그 경로를 어디에서 시작하는지 알 수 있습니까?

움직이던 바람은 어디에서 멈추게 됩니까?

동쪽이나 서쪽으로 불고 있다는 것은 알 수 있지만, 어디에서 잦아드는 것일까요?

그렇게 돌진하며 스쳐 가는 공기 입자가 어디에서 왔습니까?

대체 어디로 가고 있습니까?

어떤 법칙이 바람의 길을 인도하며 그 여정의 끝은 어디입니까?

강풍이 동쪽으로 불다가도 서쪽으로 100마일이나 멀리 불 수도 있습니다. 한 지역에서 바람이 북쪽에서 돌진하고 있는데, 멀지 않은 곳에서 남쪽으로부터 강한 바람이 불어올 수도 있습니다. 열기구를 타는 이들은 공중에서 교차 기류를 만난다고 이야기합니다. 바람이 한 방향으로 부는데 다른 층의 바람이 정반대 방향으로 붑니다.

이것이 어떻게 된 것입니까?

하늘을 관찰하다 보면 가끔 구름 떼가 급히 오른쪽으로 이동하고 있는데, 더 높은 곳에서 또 다른 구름 떼가 왼쪽으로 몰려가는 모습을 보신 적이 있을 것입니다. 서로 다른 방향으로 진행하는 두 기류의 마찰에 의해 천둥이나 번개가 발생하지 않는가 하는 것이 저의 추측입니다.

그런데 왜 한 기류가 이 방향을 향해 가고 있는데, 또 다른 기류는 완전히 다른 방향을 향해 가고 있는 것일까요?

먼 곳에서 두 기류가 다시 만나게 되는 것일까요?

물처럼 공중에도 소용돌이가 존재할까요?

공기의 소용돌이, 공기의 시내, 공기의 강, 공기의 호수가 있을까요?

전체 대기가 바다와 다름 없고, 단지 밀도가 낮은 물질로만 이루어진 것일까요?

그렇다면 대기의 깊숙한 곳을 휘젓고, 허리케인 속에서 우렁찬 소리를 내게 한 후에 잠잠하도록 하는 것은 무엇일까요?

과학자들은 태양이 적도를 가로지르는 동안 '무역풍'이 일정 간격으로 불고 있으며, 그로 인해 대기가 희박해져서 적도 방향으로 반드시 공기가 흘러가야 할 필요성을 증명하기 위해 가설을 내놓을 것입니다.

그렇지만 왜 오늘 아침 교회 첨탑에 있는 수탉 모양의 풍향계가 남서 방향에서 정동으로 방향이 바뀌었는지는 설명할 수는 없습니다. 왜 돛이 한 번에 바람으로 가득 차 있다가 몇 분 만에 느슨해졌을 때 앞으로 나아가려면 항해사가 방향을 바꾸어 운항해야 하는지 그 이유를 말해 줄 수 없습니다. 다채로운 공기의 움직임은 무한하신 여호와 하나님 외에 모든 사람에게 신비로 남아 있습니다.

사랑하는 형제자매 여러분!

성령 하나님의 역사에도 유사한 신비가 관찰되고 있습니다. 사람의 마음이 성령님의 위격과 사역을 이해할 수 없습니다. 그분이 오늘 밤 이곳에 계신다고 해도 여러분이 그분을 볼 수 없습니다. 그분은 한 사람의 마음에 말씀하시지만, 나머지 사람은 그 음성을 듣지 못할 수도 있습니다.

성령님은 거듭나지 않고 정화되지 못한 감각으로는 알아볼 수 없는 분입니다. 영적인 사람은 그분을 알아차리고, 느끼고, 말씀을 들으며, 그로 인해 즐거워하지만, 단순한 지혜나 배움만으로 그 비밀스러운 세계로 들어갈 수 없습니다.

신자는 때때로 성령님의 영광의 무게로 인해 엎드리게 되거나 그분의 위엄하신 날개 위로 들어 올려지기도 합니다. 그러나 심지어 이런 감정이 어떻게 생겨난 것인지 알지 못합니다. 거룩한 생명의 불이 때를 따라 신령한 위로의 숨결과 함께 잔잔하게 일어납니다. 혹은 성령님이 주시는 맹렬한 책망의 돌풍이 영적 존재의 깊은 바다를 일렁이게 합니다.

그러나 여전히 영원하신 하나님이 어떻게 모든 하늘을 충만하게 하시면서도 자기의 피조물인 인간의 유한한 마음과 접속하게 되셨는지, 동시에 어떻게 성전처럼 그 사람의 몸 안에 내주하시고 모든 공간을 차지하시면서도, 인간이라 불리는 가련하고 보잘것없는 피조물의 의지와 판단과 마음에 영향을 미치시는지, 더욱 불가사의한 신비가 아닐 수 없습니다.

우리가 질문한들, 누가 답변해 줄 수 있습니까?

우리가 찾으나 지존하신 주님의 은밀한 그곳으로 누가 우리를 이끌어 줄 수 있습니까?

성령님이 혼돈 위를 운행하신 후 질서를 만들어 내셨다면(창 1:2), 그 방법을 말해 줄 사람이 있습니까?

성령님은 동정녀 마리아를 덮으시고 성자 하나님을 위해 한 몸을 예비하셨습니다(눅 1:35).

그러나 누가 감히 그 비밀을 캐내려 하겠습니까?

성령님은 성도에게 기름 부으시고, 인치시며, 그를 위로하시고, 거룩하게 하십니다.

그러나 이 모든 일을 어떻게 역사하십니까?

성령님은 하나님의 뜻에 따라 우리를 위해 중보하고 계십니다. 우리 안에 거하시고, 우리를 모든 진리 가운데로 인도해 주십니다.

그러나 우리 가운데 누가 그분의 거룩한 일들이 이루어지는 과정을 설명할 수 있습니까?

하늘의 그룹 사이에서 빛나는 영광이 인간의 눈에 가려져 있지만, 우리는 성령님을 믿음으로써 그분을 봅니다. 그러나 만일 우리가 눈으로 뵈야만 믿음을 유지할 수 있다면, 차라리 믿음을 갖지 않는 편이 낫습니다.

신비 그 자체는 구세주께서 이 비유를 통해 가르치시는 모든 것과는 대단히 거리가 먼 것입니다. 분명 주님은 우리에게 성령님의 역사가 바람의 작용과 같다는 것을 보여 주려고 하셨습니다.

누가 바람을 창조할 수 있습니까?

아무리 야심찬 세상의 왕들도 바람을 만들어 보내거나 방향을 바꾸려고 하지 않을 것입니다. 폭풍우의 준마는 재갈도 없고 굴레도 없으며, 어느 누가 명령한다고 해서 따라오지도 않을 것입니다. 우리나라 상원 의

원들이 원하는 건 뭐든지 하지만, 바람에 대해 법을 제정할 정도로 정신 나간 짓들을 하지는 않을 것입니다. 이교도들이 올드 보리아스(Old Boreas)라고 부르는 바람의 신은 땅의 모루 혹은 대장장이의 풀무 안에 있는 쇠사슬에 묶이거나 용접되지도 않을 것입니다.

"바람이 임의로 불매"(요 3:8)라고 하신 것은 하나님이 바람의 방향을 지시하셔서 사람을 위해 머무르거나 사람의 아들들을 위해 지체하도록 하시지 않기 때문입니다. 하나님의 영도 마찬가지입니다. 그렇기 때문에 참된 성령님의 역사도 결코 그 어떤 사람의 노력으로 생기지 않으며, 언제나 하나님과 그분의 주권적 의지에 기인합니다.

부흥주의자들은 최선의 동기를 부여해 사람들의 흥분을 일으키고 마음을 달구어 울부짖게 하지만, 하나님의 역사가 아니라면 이 모든 것이 아무것도 아닌 것으로 끝납니다.

이 강단에서 제가 "자연이 회전시키는 모든 것은 풀어질 것입니다"라고 여러 차례 언급드렸던 것을 기억해 보시기 바랍니다.

자연이 기초 위에 세운 모든 입자는 나무, 풀, 짚으로 드러나고 불에 소멸할 것입니다. 오직 하나님의 집을 세우는 금, 은, 보석만이 견딜 수 있습니다(고전 3: 12이하). 여러분은 '위로부터 거듭나야' 합니다(요 3:7이하). 사람에 의해 거듭나는 것은 거짓말이기 때문입니다. 사람이 자신의 입으로 얇은 공기와 같은 작은 영향을 끼치면, 어리석은 마음의 풍차들을 움직일 수가 있습니다.

그러나 진실로 견고하고 영원한 진리로 인간의 마음을 움직이려면 천상의 바람이 필요한데, 그 바람은 오직 주님만이 보내 주실 수 있습니다.

우리 주님도 성령님의 역사에 대한 주권을 의미하지 않으셨습니까?

"바람이 임의로 불매"(요 3:8)라고 말씀하신 이유가 무엇이었을까요?

바람은 제멋대로입니다. 가고 싶은 대로 가고, 사람은 그 변화를 다스리는 법을 알지 못합니다. '바람처럼 자유롭다' 그리고 '제멋대로인 바람'이라는 말이 있습니다. 하나님의 강력한 역사도 마찬가지입니다. 우리 구원의 문제가 전적으로 그분의 손안에 있다는 사실은 우리를 겸손하게 만들어 주는 대단히 엄숙한 생각입니다.

오늘 밤 제 손에 나방이 한 마리 있다면, 제가 날개를 상하게 할 수도 있고, 그것이 아무리 벗어나려고 해도 제 마음대로 으깨어 버릴 수도 있습니다. 이처럼 모든 죄인이 절대적으로 하나님의 손안에 있습니다. 그들이 나방처럼 진노하시는 하나님의 손안에 있음을 기억해야 합니다. 단 한 가지 위로가 있다면, 그들이 예수님을 위해 죄인 중 괴수에게 자비 베풀기를 기뻐하시는 한 분 하나님의 손에 있다는 것입니다.

불신자 여러분!

하나님이 원하시면 여러분에게 성령님을 주실 수 있습니다. 그러나 하나님이 그를 버려두라고 하시면, 여러분의 운명은 봉인되고 여러분을 향한 저주는 돌이킬 수 없게 됩니다. 그래서 누군가는 '두려워서 온몸의 힘을 빠지게 할 만한' 생각이라고 말할 것입니다.

친애하는 여러분!

저는 하나님이 완전히 육신의 힘을 빼 주셔서, 육신을 말 그대로 죽은 나무 막대기같이 무력하게 만들어 주시기를 원합니다. 그것은 사람의 모든 힘이 끝났을 때 비로소 하나님이 그분의 진정한 능력을 보여 주시기 때문입니다. 여러분은 영적으로 관에 놓인 시체처럼 죽어 있다는 사실을 말씀드립니다. 아니, 무덤에서 썩고 있는 시체와 같습니다. 냄새나고 구역질 나는 무덤 속의 나사로와 같이 되었습니다.

여러분을 무덤 밖으로 불러낼 수 있는 하나의 음성이 있습니다. 그러나 그 목소리가 들리지 않는다면, 여러분은 공정하게 저주받고, 공정하게 망하였고, 공정하게 모든 소망에서 끊어진 자리에 있다는 것을 기억해야 합니다.

무슨 말을 하겠습니까?

이 말씀을 듣고 떨리지 않습니까?

"오! 하나님, 저를 불쌍히 여기소서."

통곡하며 울어야 하지 않습니까?

여러분의 부르짖는 소리에 응답하실 것입니다.

그것이 결코 미약한 소리가 아니었지만, 죄인이여!

여러분의 부르짖음이 하늘에 닿고 평강의 응답을 받았던 적이 있습니까?

옛적의 한 성인은 죽으며 오직 이렇게 말할 수 있었습니다.

"오! 주님, 제가 오직 연약한 믿음으로 의지합니다."

연약한 믿음만이 있다는 말입니다. 안타까운 일이지만, 그것은 안전한 고백입니다. 여러분은 오직 연약한 믿음으로만 그리스도를 믿을 수 있습니다. 그리하여 그리스도를 붙잡지도 못하고 그분의 옷 가에 손을 댔을 뿐이지만, 그럼에도 그것이 여러분을 구원할 것입니다(마 9:20; 마 14:36). 만일 여러분이 주님을 바라볼 수 있다면, 비록 멀찌감치 서서 바라보고 있다고 해도 그것이 여러분을 구원합니다.

지금까지도 여러분이 소망의 자리에서 주님께 애원할 수 있는 관계 안에 있다는 것이 얼마나 놀라운 위로입니까?

믿는 자는 누구든지 정죄를 받지 않을 것입니다(요 3:16).

그렇지만 결코 은혜의 날을 가벼이 여기지 말고, 자주 경고를 듣고도 그때마다 목이 곧아 "갑자기 패망을 당하고 피하지 못하게"(잠 29:1) 되지 않도록 하십시오. 그분이 닫으시면 그 누구도 천국에 여러분을 들어가게 할 수 없습니다. 그분이 여러분을 철창 속에 가두시면, 여러분은 스스로의 고집과 완고함 그리고 절망의 어둠 속에서 자기 망상의 희생자로 영원히 갇히고 맙니다.

죄인이여!

여러분이 구원을 받게 되면 하나님이 모든 영광을 받으실 것입니다. 왜냐하면, 주님이 뜻하시는 대로 행하실 권리가 있으시기 때문입니다. 왜냐하면, 주님이 이렇게 말씀하셨기 때문입니다.

> 내가 긍휼히 여길 자를 긍휼히 여기고 불쌍히 여길 자를 불쌍히 여기리라 (롬 9:15).

그러나 아직 제가 본문의 의미를 제대로 전해 드리지 못한 것 같습니다.

오늘 본문이 사람의 회심과 거듭남에서의 성령님의 다양한 역사방법을 보여 주기 위한 것으로 생각되지 않습니까?

> 바람이 임의로 불매(요 3:8).

이제, 각양각색 바람의 힘을 보십시오. 오늘 오후에 바람은 마치 모든 나무를 찢어 버릴 것만 같아 보였고 의심의 여지 없이 잎들이 무성했다면 그 많은 고귀한 숲의 왕자들이 땅 위에 발을 뻗고 쓰러져 버렸을 것입니다. 그러나 하나님이 돌보셔서 이 사나운 돌풍이 부는 시기에 잎이 다 떨어지게 하셨고, 나무를 뽑아낼 정도로 바람의 힘이 강하지 않게 하셨습니다.

그러나 바람이 언제나 이런 식으로 그렇게 불지는 않습니다. 여름날 해 질 녘에 바람은 너무나도 부드러워서, 심지어 춤추는 벼룩들도 방해받지 않고 고요한 장소에 머물러 있을 법합니다.

그렇습니다. 포플러나무는 가능한 잠잠한 것처럼 보이지만, 이 나무가 영원히 떨고 있다는 것을 여러분이 알고 계실 것입니다. 옛 전설에 의하면, 그것은 주님이 달려 죽으신 나무였기 때문에 죄에 대한 두려움으로 떨고 있다고 합니다. 이것은 전설일 뿐입니다.

때론 모든 것이 잔잔하고 고요해 바람을 거의 감지할 수 없을 때가 있습니다. 하나님의 성령도 마찬가지입니다. 어떤 사람들에게는 성령님이 "급하고 강한 바람"(행 2:2)처럼 오셨습니다.

그때에 영혼이 얼마나 많은 눈물을 흘렸습니까?

욥이 깊은 바다를 "솥의 물이 끓음", "백발" 같다고 말했는데(욥 41:31-32), 제 영혼은 거대한 파도로 출렁이는 바다 같았습니다.

그 바람이 제 영혼을 부수고 들어와서 저에게 남겨진 희망을 폭풍 한가운데 나무처럼 꺾어 버리고 말았습니다. 존 번연의 회심 이야기를 읽어 보십시오. 마르틴 루터 이야기를 읽어 보십시오. 같은 종류의 회심 이야기를 발견하게 될 것입니다.

이 외에도 하나님의 영이 이전의 모든 것을 토네이도처럼 쓸어 가시고, 하나님이 그 거센 바람 속에 계신 것을 느꼈던 사람들의 이야기가 기록된 수백 개의 자서전의 이름을 읊어 드릴 수도 있습니다.

어떤 이들에게는 성령님이 너무도 부드럽게 다가오셔서, 그들은 하나님의 영이 처음 오셨던 때를 기억하지 못합니다. 그들은 어머니가 형제자매와 함께, 죄 때문에 두 눈에 눈물을 머금은 채 잠도 안 자고 기도했던 밤을 회상할 뿐입니다. 또 주일학교 시절과 그곳의 주일학교 선생님을 기억합니다. 신실한 목회자들을 기억합니다.

그들의 마음을 하나님께 바쳤던 때를 정확히 말할 수 없고, 어떤 과감한 확신에 관해서도 말할 수도 없습니다. 종종 "한 가지 아는 것은 내가 맹인으로 있다가 지금 보는 그것이니이다"(요 9:25)라는 말씀에서 위로를 얻지만, 스스로의 회심 과정을 더 자세히 기억할 수 있기를 바랍니다.

그렇지만 그럴 필요가 없습니다. 그것은 언제나 성령님이 주권자로서 역사하시는 방법을 선택하시기 때문입니다. 성령의 바람이 분명하다면, 온화함을 통해 구원받는 것과 큰 두려움을 통해 구원받는 것에 차이가 없다는 사실을 기억하시기 바랍니다. 그리고 부드러운 호흡과 같은 바람의 힘으로 우리가 새 피조물로 변화되게 하는 것이 허리케인과 같은 힘으로 역사하실 때의 효과와 다를 바가 없다는 사실을 기억하시기 바랍니다. 하나님의 구원 방법을 두고 다투지 마십시오.

다만 십자가로 인도함 받았다면 그것으로 감사하십시오. 그리스도께서는 여러분이 그곳에 어떻게 도달했는지 개의치 않으실 것입니다. 만일 여러분이 주님은 "나의 모든 구원과 나의 모든 소원"(삼하 23:5)이라고 고백할 수 있다면, 성령 하나님의 인도하심을 확신해야 합니다. 그러므로 잘못된 길로 왔다고 생각하지 마십시오. 그것은 불가능한 일이기 때문입니다.

또 바람은 힘뿐만이 아니라 방향도 다릅니다. 바람이 언제든지 방향을 바꾼다고 여러 번 말씀드렸습니다. 아마도 정확히 같은 방향으로 부는 두 개의 바람은 존재하지 않을 것입니다. 나침반의 미세한 눈금을 읽을 수 있다면, 모든 기류가 조금씩 방향 편차가 있음을 알게 될 것입니다. 그럼에도 실제로는 특정 지점에서 바람이 함께 시작하는 것으로 항해사는 표시합니다. 하나님의 영이 서로 다른 방향에서 불어옵니다.

친애하는 성도 여러분!

여러분은 때때로 하나님의 영이 한 기독교 교단에서 강력한 힘을 발휘하시다가 돌연 떠나가신 것으로 보이고, 또 다른 그리스도의 몸을 일으켜 성령으로 충만하게 하시고 유용성을 갖추게 하신다는 것을 아주 잘 알고 계실 것입니다. 웨슬리와 횟필드의 시대에는 감리교인들을 제외하고 어디에도 성령님이 계시지 않았습니다. 지금은 그들이 하나님을 독점하지 않는다고 믿습니다. 그 거룩한 영은 다른 곳에서도 불고 있습니다. 때때로 한 사람을 사용하신 후에 다른 사람을 사용하기도 하십니다.

북아일랜드에 큰 부흥의 소식이 들려오다가, 점차로 남스코틀랜드에서 부흥의 소식이 들려옵니다. 오직 하나님이 원하시는 방향에 따라 이동하시며, 친애하는 성도 여러분도 잘 알고 계신 것처럼, 같은 교회 안에서 각각의 다른 부서를 통해 오시기도 합니다.

첫째, 하나님이 저의 설교 강단에 바람을 불게 해 여러분의 회심에 사용하십니다.

둘째, 귀한 자매 바틀릿 여사님(Mrs. Bartlett)의 성경 공부 시간에 역사하십니다.

셋째, 주일학교를 통해서 역사하십니다. 또한, 다른 말씀 공부 시간, 청년들의 설교 시간 또는 신자들의 개인적 노력을 통해 임하시기도 합니다.

하나님의 뜻대로 바람이 불게 하십니다. 하나님은 또한 성경 각각의 본문 말씀을 통해 역사하십니다. 성도님이 성경 한 구절을 읽고 회심하고 복을 받았습니다. 그러나 저에게 도움이 된 구절은 완전히 다른 구절입니다. 여러분 중에는 큰 두려움으로 그리스도께 나오신 분이 계십니다. 어떤 분들은 어떤 사랑 또는 감미로운 노래에 이끌려 오셨습니다. 바람은 하나님이 지시하시는 대로 붑니다.

자! 친애하는 성도 여러분!

여러분이 신앙 전기를 읽을 때마다 앉아서 "이제 내가 이 사람과 같은지 봐야 겠다"라고 말하지 마십시오. 그것은 말도 안 되는 소리입니다. 하나님은 결코 같은 일을 되풀이하지 않으십니다. 인간은 철을 다듬어 펜을 만듭니다. 수천 다스에 달하는 펜이 거의 비슷하지만, 깃펜의 경우 두 개가 정확히 같은 것은 존재하지 않는다고 말할 수 있습니다. 자세히 보면 곧 여러 가지 면에서 다르게 생겼다는 것을 발견하게 될 것입니다.

어떤 정원사들은 정원의 나무를 치즈 모양 등 여러 가지 인위적 형태로 자릅니다. 그러나 하나님의 나무는 그렇게 자라지 않습니다. 그대로 자라서 뿌리가 옹이지고 구불구불한 가지 모양입니다. 대가인 화백은 같은 그림을 다시 반복해서 그리고 또 그리지 않습니다.

저의 '거룩하신 대화백'께서 단 한 번도 같은 그림을 캔버스에 그리지 않으셨습니다. 모든 그리스도인은 하나님의 독특한 은혜의 작품으로 그 안에는 어느 정도 독창성이 있고 일정 부분 다른 모든 사람과 구별되는 점들이 있습니다. 저는 모든 역사를 획일화하려는 시도가 존재한다는 것을 믿지 않습니다.

리처드 왕 3세에게 곱사등이 있었다는 말이 있습니다. 그러나 그의 몸이 정말 굽어 있었는지, 역사가 그를 곱사등으로 만든 것인지는 알 수가 없습니다. 그렇지만 왕의 모든 시종이 그의 곱사등을 한 번도 본적이 없는, 세상에서 가장 아름다운 곱사등일 것으로 생각해 각자가 자기 곱사등을 만들려 했다고 합니다.

저는 영적 곱사등과 다를 바 없는 특유한 행동을 하는 목회자들을 알고 있습니다. 그들을 따르는 사람들 모두가 곱사등을 갖게 되었습니다. 즉, 같은 방식으로 말하고 생각하며, 같은 두려움과 의심을 갖고 있습니다.

지금은 그것이 효과가 없을 것입니다. 그것은 지존하신 하나님이 바람과 관련해 일하시는 방식이 아닙니다. 하나님이 나침반의 눈금 하나하나를 모두 선택하셔서 다양하게 사용하신다면, 우리는 그분의 이름을 송축하고 영광을 돌릴 수밖에 없습니다.

서로 다른 바람이 그 특성도 다양하지 않습니까?

우리 중 거의 아무도 동풍을 좋아하지 않습니다. 대부분은 바람이 남쪽에서 불어올 때 매우 기뻐합니다. 농부들은 남서풍을 많이 좋아하는 것 같습니다. 거센 북동풍은 모두 죽어 버릴 만큼 해롭습니다. 긴긴 북풍이 계속되면 온 땅을 꽁꽁 얼어붙게 할 수 있습니다. 서풍은 깊고 푸른 바다의 건강함을 가득 실어 오는 것처럼 보이지만, 환자들에겐 너무 강한 바람입니다. 그러나 서풍이 불 때 단 한 번도 좋지 않았던 때가 없었습니다.

고대인들은 다들 바람에 대해 나름대로 의견을 갖고 있었습니다. 즉, 일부는 건조했고, 일부는 비를 몰고 왔으며, 일부는 질병에 영향을 미치고, 일부는 이런 부분 혹은 저런 부분 사람들에게 영향을 주었습니다. 하나님의 거룩하신 성령님에게도 다양한 특성들이 있다는 것이 분명합니다. 아가서에서는 성령님이 달콤한 사랑의 숨결로 부드럽게 불어오십니다.

동일하신 성령님이 맹렬한 위협과 책망과 함께 불어오시기도 합니다. 그분이 "죄에 대하여, 의에 대하여, 심판에 대하여"(요 16:8) 세상을 책망하시는데, 이것은 차가운 북풍입니다. 어떤 때는 죄인에게 그리스도를 열어 보여 주시고 그에게 기쁨과 위로를 주십니다. 이것은 부드럽게 부는 남풍입니다. 그 바람은 그윽한 향기를 주며 가련하고 고단한 심령들이 그 안에서 기뻐하게 하십니다. 그럼에도 이 모든 일은 같은 한 성령이 행하십니다(고전 12:11).

사실 이 주제는 끝이 없기 때문에 이제 마무리하겠습니다.

바람이 부는 기간에 관해서도 어떻게 그것이 때때로 6주간 이 방향으로 불다가 다시 다른 방향으로 불기 시작하는지 여러분은 알고 있습니다. 성령님도 언제까지나 우리곁에 머물러 계신는 것이 아닙니다. 그분이 기뻐하시는 대로 일하시며 자유롭게 왕래하십니다. 우리가 한때는 성스럽고 행복한 환경 안에 있을지도 모릅니다. 그러나 때로는 우리가 이렇게 부르짖어야만 할 때도 있습니다.

생기야 사방에서부터 와서 이 죽음을 당한 자에게 불어서 살아나게 하라 (겔 37:9).

2. 성령님과 바람 영향은 어떤 면에서 유사할까요?

네가 그 소리는 들어도(요 3:8).

우리도 성령과 바람의 소리를 듣습니다!

바람은 때로 먼 바다에 나간 항해사들의 울음소리 혹은 그들을 위해 울어야 하는 미망인들의 탄식 소리처럼 울부짖습니다. 그리고 하나님의 영은 사람으로 하여금 죄에 대한 엄청나고 쓰라린 통곡으로 울부짖게 합니다. 그것은 마치 맏아들을 잃고 슬퍼하는 사람의 소리와 같습니다.

그 울음소리는 복된 소리입니다. 천사도 "죄인 한 사람이 회개하면"(눅 15:7) 기뻐합니다. 어떤 때에 바람은 승리의 함성과 함께 불어옵니다. 바람의 신이 창가에서 연주하던 에올리언 하프(Aeolian Harp)가 있다면, 그 연주 소리가 날아오르고, 휩쓸어 가고, 내려가고, 그 후에 다시 올라가고, 모든 가락을 만들고 환희가 넘치는 음정으로 들려질 것입니다.

성령님도 마찬가지입니다. 때론 우리에게 믿음을 주시고, 담대하게 하시며, 확신과 믿음, 기쁨과 평안으로 충만하게 하십니다.

우리는 사람의 영혼 안에 평안과 기쁨, 안식과 사랑으로 충만하게 하시는 강력한 성령님의 멜로디가 만들어 낸 아름다운 소리를 듣습니다. 때론 바람이 또 다른 소리를 내는데, 아마도 여러분이 오늘 오후에 그 소리를 들어 보셨을 것입니다. 지방에 거주하고 있는 저희도 더 자주 들을 것입니다.

그것은 거인들이 하늘에서 싸움하는 것만 같은 소리입니다. 두 대기의 바다가 맹렬한 분노와 함께 서로 으르렁거리며 만나고, 볼 수 없는 벼랑 끝에서 엄청난 소동을 일으키면 서로를 향해 돌진하는 것만 같은 소리입니다.

성령님은 때론 사람의 영혼 안으로 들어오셔서 육신에 대한 큰 싸움을 벌이십니다.

불신과 정욕과 교만과 모든 악한 것에 대해 얼마나 처절한 싸움을 벌여야 합니까?

신령한 경험을 안다는 것은 자신의 죄와 싸우기 위해 전진해야만 하는 때를 알고 있다는 것을 의미합니다. "뽕나무 꼭대기에서 걸음 걷는 소리를"(대상 14:15) 들을 수 있을 때 발분해 자신의 죄를 내려쳐야 합니다. 때때로 바람은 영원히 계속될 것처럼 모든 것을 쓸어 가며 불어옵니다. 나무 사이를 통과해 돌진하면서 썩은 나뭇가지를 휩쓸어 갑니다.

그리고 멀리 알프스 산맥을 넘어가며 눈사태를 일으키고 계속해서 전방으로 돌진합니다. 약하고 힘이 없는 모든 것을 쓸어 가고 계속해서 다른 목표를 향해 속도를 냈습니다.

이와 같이 때때로 성령님도 우리 가운데 곧장 불어오셔서 냉담함, 무모함과 그 이전의 모든 것을 쓸어 가시고, 우리의 보장된 미래인 영적 유산에 다다르게 해 주실 것입니다.

기도하지 않는 것을 한탄하지도 않고, 기도할 수 없다는 사실을 믿지도 않으며, "나는 무엇이든지 할 수 있어"라고 기뻐 외치는 소리도 바람의 날개에 쓸려 가게 될 것입니다.

> 네가 그 소리는 들어도(요 3:8).

저는 여러분이 자기 영혼이 성령님에 의해 휩쓸려 갈 때까지, 때때로 그 모든 강력하고 압도적인 은혜 가운데 이 말씀을 들으실 수 있기를 소망합니다.

그러나 소리 외에도 바람의 활동이 있으며 성령님도 이와 마찬가지입니다. 성령님은 역사하신 후에 분명한 결과를 나타내십니다. 오늘 밤에 부는 바람을 생각해 보십시오. 바람이 얼마나 많은지 가늠할 수 없습니다.

바다의 어떤 곳에는 거의 돛을 펼치지 않아도 질주하는 것이 가능하고 항해사는 출범을 위해 최선을 다합니다. 배가 멀리 가고 있습니다. 이제 돛대가 부러지고 말았습니다. 최대한 견뎌 보려고 최선을 다하지만 사나운 강풍을 거슬러 갈 수 없습니다. 배는 암초를 향해 돌진하고, 결국 파선하고 맙니다. 그리고 성령님은 거짓 소망과 육에 속한 확신에 대한 위대한 파괴자가 되십니다.

성령 하나님이 바다 한가운데 있는 배에 닥친 폭풍처럼 죄인을 향해 오시는 것을 본 적이 있습니다. 성령님은 돛대 꼭대기에 올라간 교만을 끌어내리셨고 육신의 확신을 하나도 남기지 않고 접어 버리셨습니다. 그 사람의 소망 자체가 끊어졌고 조금씩 나아가던 배는 결국 암초에 부딪혀 파선했습니다. 그 후 그는 감히 다시는 자기 공로를 의지하지 않았습니다. 그것이 바람에 파선하고 산산조각 나는 것을 보았기 때문입니다.

바람은 또한 대단한 평등주의자라는 사실을 기억하십시오. 바람은 언제든지 높은 곳에 위치한 모든 것을 겨냥합니다. 만일 낮은 길 위에 있다면 바람의 분노를 면할 수 있습니다. 런던대화재기념비(The Monument to the Great Fire of London)나 성바울성당의 꼭대기에 올라가면 바람을 느끼지 않을 수가 없습니다. 골짜기 아래로 들어가면 괜찮습니다. 낮은 곳에 있는 가지는 거의 움직이지 않으나 꼭대기에 있는 가지는 앞뒤로 흔들립니다.

성령님도 마찬가지입니다. 성령님은 사람이 높이 올라간 것을 결코 그냥 두지 않으시고 끌어내리십니다. 높아진 모든 생각을 주님의 능력의 위엄 앞에 무릎 꿇게 하십니다. 오늘 밤, 여러분에게 어떤 높아진 생각이 있다면, 하나님의 영이 오실 때 그것을 땅바닥만큼 낮춰 주실 것을 확신해도 됩니다.

그렇다고 해서 성령님을 무서워하지는 마십시오. 우리의 소망을 시험하며 흔드시는 것은 복된 일입니다. 그리고 육신적 신념이 흔들리는 것은 귀한 일입니다.

바람이 공기를 깨끗하게 해 주는 것은 얼마나 복된 일입니까!

스위스 계곡에는 공기가 무거워 지역 주민들의 건강에 악영향을 미칩니다. 사람들은 퀴닌을 복용하고 있는데 목이 많이 부어 있는 것을 볼 수 있습니다.

마르티니(Martigny)에서 브레타뉴(Bretagne)까지 거대한 계곡이 있는데 그곳의 수백 명의 사람이 병을 앓고 있습니다. 그 이유는 공기가 순환하지 않기 때문입니다. 이곳 주민들의 조상들이 들이마셨던 것과 같은 공기 또는 그 일부를 마시고 있습니다. 거대한 알프스 산맥의 두 지역 사이에 환기가 전혀 되지 않는 것처럼 보이며 기류가 거의 순환하지 않습니다.

그러나 큰 폭풍이 알프스의 골짜기를 휩쓸고 지나가면 그곳 사람에게는 큰 복이 아닐 수 없습니다. 이와 같이 성령님이 오셔서 우리의 악한 생각과 헛된 상상을 깨끗하게 씻어 주시고, 비록 허리케인은 선호하지 않지만, 우리 영혼에 영적 건강을 가져와 주십니다.

그리고 바람은 사물의 본질에 대한 훌륭한 시험자입니다. 지금 거리에 굉장히 세찬 바람이 불고 있습니다. 거리에 놓인 쓰레기더미 위를 쓸어 가고 모든 가벼운 지푸라기나 종이 등등 아주 가벼운 것들은 멀리 가지고 가는데, 바람의 소용돌이 치는 힘을 견뎌 낼 수 없기 때문입니다.

그러나 보십시오. 철판이나 바위 그리고 모든 무거운 것은 꿈쩍하지 않습니다. 때때로 시골에서 농부가 바람에 키질하면서 밀을 고르는 것을 보게 됩니다. 가벼운 밀 껍질이 모두 바람에 날아가는 반면, 무게가 있는 알곡은 곡식더미 위에 내려앉아 깨끗하게 모입니다.

성령님께도 마찬가지로 뛰어난 시험 능력이 있고 그 대상의 본 모습을 보여 줍니다. 한 위선자가 있습니다. 그는 지금까지 시험을 잘 통과해 왔고 스스로 진실하고 정직한 사람으로 여기고 있습니다. 그러나 강력한 하늘의 영으로부터 거센 돌풍이 불어오면 그 위선자는 자기 안에 무게가 없으며 자신이 공기보다 가볍다는 것을 깨닫게 됩니다. 그는 계속해서 바람에 날리고, 쉼을 얻지 못하며, 아무런 평안을 찾을 수도 없고, 여기저기 거짓 피난처를 서둘러 찾아다닙니다.

내 하나님의 말씀에 악인에게는 평강이 없다 하셨느니라(사 57:21).

그러므로 우리는 그들이 가진 교리를 시험하기 위해 성령님의 감동을 경험하도록 도와줍니다.

그들이 시험을 견딜 수 있을까요?

아니면 날아가 버릴까요?

여러분은 성령님의 임재 안에서 진리만을 의지할 수 있습니까?

오직 진리를 견고히 붙들고 시험이 와도 흔들리지 않을 수 있습니까?

이것이 모두가 조용하고 화창한 날에 즐기는 유쾌한 사색에 지나지 않습니까?

아니면 하나님의 영이 건강하게 만들어 주시는 은혜로 여러분을 정결하게 하실 때, 이 진리가 거칠고 무뢰한 역경을 견디게 해 줄까요?

참된 그리스도인과 건전한 교리는 내면에 무게 중심과 무게가 있어서 흔들리거나 휩쓸리지 않지만, 주님이 영의 호흡으로 불어 주시는 바람 앞에 공허한 교사나 속이 빈 교리는 겨와 같이 흩어집니다. 그러므로 여러분 자신을 살펴서 교리를 시험하고 그것이 하나님으로부터 온 것인지 확인해 보시기 바랍니다.

겨가 어찌 알곡과 같겠느냐 여호와의 말씀이니라(렘 23:28-29).

자기 안에 깊이 뿌리를 내리시기 바랍니다. 뜨거운 바람에도 시들지 않고 폭풍이 치는 날에도 휩쓸리지 않을 것입니다.

더구나 성령님은 또한 인격을 성장시키는 데 있어서 바람과 같지 않습니까?

먼지가 그림 전체를 덮고 있으면 그 아래 아름답게 채색된 고운 모양을 볼 수 없습니다. 그러나 먼지를 털어 내면 선명한 색의 그림이 나타나 다시 한번 화가의 실력에 감탄을 자아내게 됩니다.

섬세한 모자이크나 금속 판화 작품의 섬세한 선들이 모두 먼지로 덮여 잘 보이지 않는 경우를 보신 적이 있습니까?

먼지를 모두 제거한 후에야 비로소 작품에 감탄할 수 있을 것입니다. 하나님의 영도 마찬가지입니다. 그야말로 검은 흙으로 뒤덮일 때까지 흙 먼지 가득한 길가에 서 있는 사람들이 있습니다. 그러나 그들이 갈보리 언덕 위로 나와 그곳에 서 있을 때, 천국의 바람이 불어와 옷에 쌓인 모든 먼지를 제거해 줍니다. 비지니스에서 세속적 흐름에 대항하기 위해 성령님과 교통하는 것만큼 좋은 것이 없습니다.

온통 누런 먼지를 뒤집어쓴 사람들도 있습니다. 그들에게 돈 외에는 대화거리가 없습니다. 금, 금, 금이 거의 모든 생각을 차지합니다. 올바른 곳에 있는 돈에 대해 다투고 싶은 마음은 전혀 없습니다만, 저는 사람들이 돈에 빠져 사는 것은 보고 싶지 않습니다. 저 역시 돈을 모으는 것만을 위해 사는 비열하고 비참한 영을 물리치려고 노력해 왔지만 매번 성공할 수는 없습니다.

하나님의 영이 한 사람으로 하여금 자신의 잘못을 보게 하시고 돈을 올바른 위치에 두도록 하십니다. 그리고 그리스도인 인격의 은혜를 사람들에게 나타내 보이시고 그 인격 안에서 하나님께 영광 돌리게 해 주십니다. 결코 여러분의 비지니스의 특성과 전문적 기술이 여러분의 기독교 신앙을 흐리게 하거나 가리는 일이 없도록 하십시오.

혹시 그와 같은 경우에는, 하나님의 영이 오셔서 여러분을 밝혀 주실 것입니다. 그분은 여러분의 영혼을 사랑하시기 때문에 결코 이것들을 그대로 두지 않으실 것이며 반드시 여러분 안에 이루어진 하나님의 역사를 청결하게 윤이 나게 빛나게 해 주실 것입니다.

저는 또한 바람을 사용하기로 선택한 사람들에게 그것이 얼마나 유익한지를 깨닫게 되었습니다.

링컨셔주(Lincolnshire)[2]는 지대가 평평하고 해수면보다 낮은 곳으로, 풍차를 사용해 땅의 물을 배수하는 곳인데, 그 땅의 넘치는 물을 배출하기 위해 수백 개의 풍차가 돌아가는 모습을 볼 수 있습니다. 시골 지역 많은 곳에서 거의 모든 밀과 옥수수가 풍차에 의해 분쇄됩니다. 바람이 없었다면 주민들은 상당한 불편함에 놓이게 될 것입니다.

이와 같이 하나님의 영도 그분의 은혜를 바라는 모든 사람에게 강력한 도움을 주십니다. 여러분은 죄악의 홍수가 밀려오면 결코 그 거센 급류에서 벗어날 수가 없습니다. 그러나 성령님의 도우심으로 벗어날 수 있습니다. 성령님은 죄의 홍수가 점점 물러가게 해 주시고 여러분의 마음을 다시 한번 정결하게 하실 것입니다.

우리는 날마다 도움을 구해야 합니다. 새로운 죄가 날이 갈수록 소나기처럼 쏟아질 것입니다. 죄를 물리치기 위해 계속적으로 능력이 필요한데, 하나님의 성령 안에서 그것을 소유할 수 있습니다. 그분은 끊임없는 에너지로 죄와 대항해 싸울 수 있도록 도우실 것이며 정복자보다 뛰어나게 해 주실 것입니다. 그리고 죄에서 벗어난 후에 영적 양식을 준비할 힘

---

2 영국 잉글랜드의 주이며 주도는 링컨(Lincoln)이다(역주).

이 필요하다면 성령님이 최고의 것을 주실 것입니다.

동양에서는 두 사람이 앉아 작은 돌 절구에 옥수수를 빻습니다. 그러나 이렇게 하면 적은 양을 간신히 얻을 뿐입니다. 스스로의 힘으로 하늘 양식을 준비하려는 헛된 시도도 이와 마찬가지입니다. 겨우 적은 양, 그것도 거친 가루만 얻을 뿐입니다. 주석가들은 나름대로 좋습니다. 그렇지만 저는 성령님이 주시는 가르침을 받기 원합니다. 성령님은 성경 구절을 명확하게 밝혀서 가장 고운 가루를 먹게 해 주십니다.

우리가 거룩한 진리의 일부만을 깨닫는 일에 있어서도 얼마나 자주 전적 무능을 발견하는지 모릅니다. 하나님의 사람들에게 질문드렸고 약간의 도움을 받았습니다. 그러나 그 질문을 하늘 은혜의 보좌 앞으로 들고가 복되신 성령님의 가르침을 간구했을 때 비로소 만족할 만한 응답을 받게 되었습니다. 그때에 그 말씀이 너무나도 감미롭게 열려서 그것을 영적으로 먹을 수 있게 되었습니다. 그것은 더 이상 이해하기 어려운 껍질이나 깍지가 아니었고 먹기 좋은 떡이 되어 우리가 배부르게 먹을 수 있었습니다.

사랑하는 형제자매 여러분!

우리는 위로부터 임하는 지혜를 더 많이 사용해야 합니다. 그것은 바람같으신 성령님이 그 지혜를 우리 모두가 자신의 유익을 위해 사용할 수 있도록 열어 놓아 주셨기 때문입니다. 여기에서 저는 또한 모든 기독교 사역의 영역에서 이뤄지는 인간과 성령님의 협력에 관해 생각해 보게 됩니다.

친애하는 동역자 여러분!

우리 자신의 구원에 관한 일과 타인의 유익을 위한 모든 사역을 위해 우리가 하나님의 동역자가 된다는 아이디어는 그분을 기쁘시게 합니다.

잠시 동안 범선 '욘스테이트리바크'(Yon Stately Bark)를 보십시오. 돛이 배를 항해하게 하는 것은 아니지만, 돛이 없으면 배가 항구에 도달하지 못할 것입니다. 배를 전진하게 하는 것은 바람입니다. 로프와 쇠사슬이 모두 고정되어 있지 않거나 돛대가 세워져 있지 않으면 또는 돛이 모두 접혀 있으면 순풍에도 배는 정상적으로 움직이지 못할 것입니다.

그러나 이제 인간의 항해 기술로 최선을 다해 준비했을 때 얼마나 멋지게 질주하는지 보십시오. 배는 곧 그렇게 순조롭게 부는 질풍과 함께 항구에 도달할 것입니다. 가만히 서서 바람이 어떻게 배를 생명체처럼 다루는지 보십시오. 인간의 마음을 다룰 때도 마찬가지입니다. 성령님이 그런 은혜를 받을 준비가 된 영혼에게 오시면 평화의 항구에 마침내 도달해 안전하게 닻을 내릴 수 있을 때까지 그리스도의 은혜와 역사를 경험하도록 도와주고 모든 반대를 통과하게 하십니다.

그분 없이 우리는 아무것도 할 수 없지만, 우리가 없으면 성령님이 역사하지 않으실 것입니다. 우리는 모든 피조물에게 복음을 전파해야 합니다. 또한, 누군가는 심고 어떤 이는 물을 줄 것입니다. 그리고 하나님이 자라게 하십니다(고전 3:7). 우리는 우리 자신의 구원을 온전히 이루어야 합니다(빌 2:12).

그리고 성령님이 우리로 하여금 자원하는 마음으로 주님이 기뻐하시는 일을 행하게 하십니다. 칼과 창을 들고 우리는 좋은 땅을 차지하러 올라가야 합니다만, 왕벌이 적을 몰아내기 위해 앞서갈 것입니다(출 23:28).

여리고는 하나님이 놀랍게 간섭하심으로 함락될 것이지만, 수양의 뿔조차도 제 역할을 찾아야 하며 반드시 사용되어야 합니다. 미디안 사람들은 살육을 당하게 될 것입니다. 그러나 우리는 "여호와와 기드온의 칼이여"(삿 7:20)라고 외쳐야 합니다. 모든 영광을 하나님께 돌려야 합니다. 그럼에도 도구가 사용됩니다. 요단 강물은 아람 사람 나아만처럼 씻김 받기를 원하는 사람들이 찾는 곳입니다(왕하 5:1 이하). 무화과 반죽이 히스기야왕과 같은 이들을 위해 사용되어야 합니다(왕하 20:7).

그러나 결국 성령님이 자기 백성 이스라엘의 위대한 정화자와 치유자가 되십니다. 교훈은 분명합니다. 즉, 바람이 인간이 만든 풍차를 돌리고, 인간이 만든 돛을 밀어냅니다. 성령님이 인간의 노력에 복을 주시고, 우리의 수고와 노동에 대해 성공으로 관을 씌워 주십니다. 두 손으로 일하는 사업을 세워 주십니다.

> 사람의 부귀는 부지런한 것이니(잠 12:24)

> 누구든지 일하기 싫어하거든 먹지도 말게 하라(살후 3:10)

바람과 인간의 노력과 관련해 제 마음에 또 한편으로 생각하게 됩니다. 그것은 바로 바람이 사람을 의지하는 것에 비하면 인간은 바람을 전적으로 의존한다는 사실입니다. 바람이 부는 시간, 세기 그리고 방향이 전적으로 사람이 아닌 바람에 달려 있습니다. 제가 바람의 주권에 대한 생각을 이미 다룬 적이 있습니다.

그러나 여기에서 좀 더 실제 형태가 나타납니다. 증기선은 거의 어디든지 가고 싶은 곳을 갈 수 있으며, 언제든지 항해를 떠날 수 있습니다. 그러나 범선은 바람에 따라 경로를 바꿔야 하고, 바람이 고요할 때는 잔잔히 일어나기를 기다려야 합니다.

  물레방아와 증기 방아는 밤이나 낮이나 일할 수 있지만 바람에 의존하는 풍차는 바람이 부는 시간을 따라야 하고, 공기 흐름의 방향에 맞춰서 풍차 돛을 돌려야 합니다. 우리도 같은 방식으로 성령님의 기뻐하시는 뜻을 기다려야 합니다. 강이나 바다. 호수 등 물이 고인 곳 어디든지, 원하는 때마다 들어가서 마음대로 일할 수는 없습니다. 그것이 가능하다면, 우리는 지금보다 더욱 하나님을 망각하게 될 것입니다.

  바람에 의존하는 항해사는 바람의 방향이 어떻게 바뀌는지 보기 위해 바람개비가 있는 돛대 정상을 애타게 올려다봅니다. 하늘도 면밀히 살펴보며 날씨를 확인합니다. 선원에게 증기 동력이 있었다면 바람에 전적으로 의지하던 때처럼 신경 쓸 필요가 거의 없습니다. 원한다면 폭풍을 정면으로 거슬러서도 항해할 수 있습니다.

  하나님은 도움을 주시는 때와 방법에 대해 전적으로 그분을 의지하게 하셔서 우리가 끊임없이 하늘을 올려다보게 하십니다. 모든 것을 맡겨드리고 고요한 만족 가운데 하나님의 손을 바라보며 그분을 기다리는 것은 복된 일입니다.

  사랑하는 형제자매 여러분!

  우리의 역할을 충성되게 감당하도록 합시다. 돛을 모두 펼치고, 사람의 기술과 지혜로 할 수 있는 한 완벽하게 만든 다음, 인내하며 계속해서 선을 행하고, 성령님의 순적한 바람을 기다려야 합니다. 더뎌지는 것을 불평하지 않으며, 성령님이 그분의 주권적 기쁨 가운데 임하셔서 보시기에 선한 것을 행하시는 때를 알지 못하는 일이 없도록 해야 합니다.

오늘 밤 저는 이 주제에 대해 힌트만 드렸습니다. 여러분 스스로 해답을 찾아낼 수 있습니다. 바람에 관한 말씀을 들으면서, 여러분이 바로 지금 제가 줄 수 있는 것보다 더 많은 설교를 할 수 있습니다. 이 주제는 더 할 나위 없이 무궁무진하지만, 목회자는 이 주제에 대해 모든 것을 다 말하지 않아야 한다고 생각합니다. 어떤 분은 특정 목회자가 가장 불공평한 설교자라고 말씀하신 적이 있는데 그것은 그가 항상 한 가지 주제에 대해 다 말해 다른 사람이 할 말을 남겨 주지 않았기 때문입니다.

저의 경우에는 절대로 그렇게 말하지 않을 것이며, 그렇게 하지도 않으려고 합니다. 목회자는 생각의 싹을 제시하고 새로운 길을 열어 주며, 가능하다면 절반은 말하지 않아도 사람들이 이해할 수 있도록 이끌어 주는 방식으로 진리를 제시해야 합니다.

사랑하는 성도 여러분!

제 설교를 자주 들으시든 오늘 처음 들으시든 상관없이, 여러분께 이 질문을 드리기 원합니다.

"여러분은 성령님을 알고 계십니까?"

만일 성령을 받지 않으셨다면 여러분은 그분의 소유가 아닙니다.

네게 거듭나야 하겠다(요 3:7).

"네, 주님, 반드시(Must) 거듭나야 한다고 하셨나요?"

"거듭나도 된다(may)가 아니었습니까?"

아닙니다. '반드시'입니다.

"네가 거듭날 수 있다(You can be)라고 말씀하신 것 아닙니까?

그렇지 않습니다. '반드시'입니다. 사람이 '반드시'라고 말했을 때는, 말하는 화자의 신분이 누구인가에 달려 있습니다. 하나님이 '반드시'라고 말씀하시는 것은 그것이 확실하다는 것이며 의심의 여지가 없다는 것입니다.

지옥의 불은 존재합니다.

여러분은 그 지옥 불에서 벗어나길 원하십니까?

여러분은 반드시 거듭나야 합니다.

스스로 빛나는 하늘 영광이 존재합니다.

여러분이 그 영광을 누리기 원하십니까?

여러분은 반드시 거듭나야 합니다. 신자의 평안과 기쁨이 있습니다.

그것을 갖기 원하십니까?

여러분은 거듭나야 합니다.

뭐라고요?

그것이 없으면, 상에서 떨어진 부스러기가 한 조각도 없습니까?

(마 15:27; 막 7:28; 눅 6:21)

그렇습니다. 한 조각도 없습니다. 거듭나지 않았다면 타는 혀를 서늘하게 식혀 줄 한 방울의 물도 받지 못할 것입니다(눅 6:24). 이것이 영원히 변함없는 단 하나의 조건입니다. 하나님은 절대로 바꾸지 않으시며 앞으로도 그렇게 하지 않으실 것입니다. 여러분은 반드시, 반드시, 반드시 거듭나야 합니다.

어떤 것을 원하십니까?

여러분의 뜻이 서야 합니까?

하나님의 뜻이 서야 합니까?

오! 하나님의 '반드시'가 여러분의 뜻 위에 서게 하십시오. 그리고 엎드려 말하십시오.

"오! 주님, 반드시, 반드시 그래야 합니다. 그러면 제가 그렇게 하겠습니다. 오늘 밤에 반드시 그렇게 되어야 합니다. 오늘 밤에 제가 반드시 거듭나야 합니다!"

"그리스도를 제게 주십시오. 그렇지 않으면 저는 죽습니다."

여러분은 자비 문고리를 붙잡았습니다. 반드시 그 문을 열어야 합니다. 여러분이 복을 받지 않으시면, 나는 결코 여러분을 보내 드리지 않을 것입니다.

주님이 '반드시'라고 하셨고 우리도 역시 '반드시'라고 말해야 합니다.

"네가 반드시, 네가 반드시 거듭나야 하리라."

하나님이 예수 그리스도를 위해 여러분의 모든 문제 가운데 '반드시'를 성취해 주소서. 아멘!

Sermons on The Holy Spirit

제6장
시들게 하시는 성령님의 역사
(The Withering Work of the Spirit)[1]

> 말하는 자의 소리여 이르되 외치라 대답하되 내가 무엇이라 외치리이까 하니 이르되 모든 육체는 풀이요 그의 모든 아름다움은 들의 꽃과 같으니 풀은 마르고 꽃이 시듦은 여호와의 기운이 그 위에 붊이라 이 백성은 실로 풀이로다 풀은 마르고 꽃은 시드나 우리 하나님의 말씀은 영원히 서리라 하라 (사 40:6-8).
>
> 너희가 거듭난 것은 썩어질 씨로 된 것이 아니요 썩지 아니할 씨로 된 것이니 살아 있고 항상 있는 하나님의 말씀으로 되었느니라 그러므로 모든 육체는 풀과 같고 그 모든 영광은 풀의 꽃과 같으니 풀은 마르고 꽃은 떨어지되 오직 주의 말씀은 세세토록 있도다 하였으니 너희에게 전한 복음이 곧 이 말씀이니라(벧전 1: 23-25).

제가 지금 읽어 드린 이사야서 본문은 죽을 수밖에 없는 인간의 운명(필멸)에 대한 아주 유창한 설명으로 사용될 수 있습니다. 인간 본성의 연약함, 인생의 짧음 그리고 죽음의 확실성에 대한 설교 본문으로 이만큼

---

[1] 설교 No. 999.; 1871년 7월 9일 주일 아침, Metropolitan Tabernacle(Newington 소재).

적합한 본문은 또 없을 것이라는 데 많은 사람이 동의할 것입니다. 그러나 저는 감히 그런 담론이 참으로 선지자의 정확한 핵심을 간과하는가 하는 의문이 듭니다.

이사야서 본문에는 물질적 육체의 부패 그 이상의 어떤 의미가 담겨 있습니다. 즉, 성령님이 자기 선지자에게 이 말씀을 선포하게 하셨을 때에는 '육신의 생각', '다른 의미의 육신'이라는 의미를 의도하셨습니다(롬 8:7). 제가 보기엔 문맥상 이 부분에서 단순히 인류의 죽을 수밖에 없는 운명을 언급할 필요가 없습니다.

그렇게 되면 본문을 둘러싼 장엄한 계시와 발을 맞추지 못하고, 다소 중심 주제부터 멀어지게 됩니다. 여기에서 단순하게 인간의 죽을 수밖에 없는 운명을 다시 기억해야 하는 개념은 서두에 읽어 드린 본문 말씀인 베드로전서의 신약 주해와도 맞지 않습니다. 이 구절에는 '모든 인간이 반드시 죽어야 한다'라는 위대하고 대단히 명백한 진리 이상의 더 영적인 의미가 담겨 있습니다.

본문이 기록된 이사야서 40장 전체를 주의 깊게 보십시오.

그 주제가 무엇입니까?

그것은 시온을 향한 하나님의 위로입니다. 시온은 전쟁으로 이리저리 시달렸고 쓰라린 죄의 결과를 경험하고 있었습니다. 주님은 시온의 슬픔을 없애 주시기 위해 여러 선지자에게 오랫동안 기다려온 구원자가 오실 것이라는 것과 전쟁의 종결 그리고 모든 죄악에 대한 용서를 선언하게 하셨습니다. 이것이 예언의 중심 주제라는 데 의심의 여지가 없습니다.

또한, 이어서 메시아의 선구자로서 세례 요한이 올 것에 관해 예고하는 다음 내용에 대한 어떤 질문도 존재하지 않습니다. 이 구절을 설명하는 데 전혀 어려움이 없습니다.

> 너희는 광야에서 여호와의 길을 예비하라 사막에서 우리 하나님의 대로를 평탄하게 하라(사 40:3).

왜냐하면, 신약성경은 몇 번이고 세례 요한과 그의 사역에 관해 이 구절을 참조하고 있기 때문입니다. 세례 요한이 온 목적과 그가 예고했던 메시아의 사명은 하나님 영광의 현현입니다. 5절을 잘 읽어 보십시오.

> 여호와의 영광이 나타나고 모든 육체가 그것을 함께 보리라 이는 여호와의 입이 말씀하셨느니라(사 40:5).

그렇습니다.

그다음은 무엇인가요?

여기에서 문맥상 인간의 죽을 수밖에 없는 운명을 언급해야 할 필요가 있습니까?

저는 그렇게 생각하지 않습니다. 하지만 우리가 의미를 더 깊이 생각해 보면 이어지는 구절에 훨씬 더 적절한 의미가 있음을 알 수 있습니다.

이런 뜻이 아닐까요?

그리스도 예수 안에 있는 하나님의 영광과 구원을 나타내시기 위해 인간이 스스로 자랑하는 모든 영광이 시드는(wither: 본문에서 '마르다'로 해석) 과정이 오게 된다는 것입니다. 육체는 그 본질상 썩고 사망하는 것으로 보아야 하며, 하나님의 은혜만이 높임을 받으셔야 합니다. 이것이 세례

요한의 사역에서 먼저 나타나게 될 것이었으며, 어느 시대이든지 성령님의 영광을 드러내고 인간의 교만을 영원히 무너지게 하시기 위해 사람의 마음을 준비시키시는 역사가 일어나야만 합니다.

성령님이 육체 위에 불어오시면, 활기차게 보였던 것들은 약해지고 아름다워 보였던 것들은 썩게 됩니다. 육신의 참본성은 이렇게 발견되고, 그 속임이 벗겨지며, 그 힘은 소멸합니다. 그리고 영존하시는 말씀, 진리와 영의 말씀을 가지신 큰 목자의 통치를 위한 세대가 들어설 수 있는 여지가 생겨나게 됩니다(히 13:20). 구원을 이루기 위한 파종과 이식을 위한 준비 과정으로서 성령님에 의해 시들게 하시는 역사가 일어납니다.

파종 전 시들게 하는 것은 세례 요한의 설교를 통해 놀라운 모습으로 성취되었습니다. 가장 적절하게도 그는 사막에서 사역을 수행하고 있었는데, 이는 영적 사막이 사방에 펼쳐져 있었고, 자신이 바로 광야의 외치는 소리였기 때문입니다. 심는 것보다 넘어뜨리는 것이 그의 사역이었습니다.

당시 유대인의 육신적 종교가 전성기를 구가하고 있었습니다. 바리새인들은 한껏 으스대며 거리를 활보하고 있었습니다. 사람들은 외적 종교의식에만 안주하고, 영적 신앙은 상상치 못할 지경으로 떨어졌습니다. 곳곳에 시므온과 안나와 같은 사람들이 또 있었을지 모르지만, 대부분은 영적 신앙에 관해 전혀 아는 바가 없었습니다. 그들은 마음속으로 "아브라함이 우리 조상이라"(눅 3:8)고 말했고, 이것으로 충분했습니다.

세례 요한이 당시 위세가 당당하던 바리새인들을 독사의 자식들이라고 했을 때 얼마나 큰 충격이었을까요!

그가 "이미 도끼가 나무뿌리에 놓였으니"(마 3:10; 눅 3:9)라고 선언했을 때, 이스라엘에는 얼마나 큰 동요가 있었을까요!

엘리야처럼 강직한 세례 요한의 사역은 높아진 산들을 고르게 하고, 높아진 모든 생각을 낮아지게 하는 것이었습니다(사 40:3-4; 눅 3:5). "회개하라"는 말은 자기 의의 푸른 잎을 마르게 하는 바람이었고, 예배가 자신들을 지켜 줄 것으로 확신했던 유대인들에게 무시무시한 폭격과 같은 비난이었습니다.

세례 요한의 옷과 의복은 금식과 애통함을 촉구하는 것이었습니다. 그의 사역의 외관상 특징은 자기에게 오는 사람들을 요단 강물에 장사 지내고, 사망을 선포하는 설교를 외치는 것이었습니다.

"오실 그분도 죽으시고 장사됨으로써 구원하실 것과 마찬가지로, 너희도 죽어서 장사되어야 한다."

이것이 무리 앞에 보여준 세례 요한의 상징적 행위의 의미였습니다. 그의 전형적 행동은 자신의 말과 철저한 가르침이었습니다. 그럼에도 마치 그것만으로는 충분하지 않은 것처럼, 선지자는 무리를 향해 성령과 불 세례를 받기 위해 더 구하고 노력해야 할 것과 자기 마당을 깨끗이 쓸어 버리기 위해 손에 키를 들고 계신 그분이 오실 것에 대해 경고했습니다(마 3:12; 눅 3:17).

세례 요한 안에 있는 성령님은 거센 북풍처럼 오셔서 그를 육신적 종교의 헛된 영광을 무너뜨리는 자가 되게 하시고 영적 신앙을 일으키게 하셨습니다.

우리 주님이 실제로 나타나셨을 때는, 영광이 모두 떠나 시들어 버린 땅이었습니다. 옛 이새의 줄기는 앙상했고, 우리 주님은 그 뿌리에서 난

결실한 가지였습니다(사 11:1). 실로가 오셨을 때, 유다의 규가 떠나고 통치자의 지팡이가 그 발 사이에 서 있지 않았습니다(창 49:10).

다윗의 보좌에 한 이방인이 앉아 있었고 로마는 약속의 땅을 자기 소유로 삼았습니다. 예언의 등불이 완전히 꺼지지는 않았고 희미하게 타오를 뿐이었습니다. 근래에는 백성을 위로해 줄 이사야도 없고 이스라엘의 배교를 두고 애가를 불러 줄 예레미야도 없었습니다. 유대 세계는 전반적으로 옷과 같이 낡고 헐었으며 사라져 가고 있었습니다. 제사장 직분도 질서를 잃어버렸습니다.

복음서 저자인 누가는 안나스와 가야바가 그 해 곧 같은 해에 두 사람의 대제장직을 언급하고 있습니다(눅 3:2). 이것은 모세의 율법으로 볼 때 특이한 설정이었습니다. 바울이 말한 '세상에 속한' 성소로서 눈에 보이는 장소 주변에 모였던 모든 시대는 곧 막을 내리고 있었고 우리 주님이 사명을 완성하셨을 때, 성전의 휘장은 둘로 갈라지고, 제사는 폐지되었으며, 아론의 제사장직은 잊혀지고 성령님이 영적인 것들을 계시해 주셨기 때문에 육신에 속한 계명은 폐지되었습니다.

참제사장이 되실 그분이 오셨을 때는 "전에 있던 계명은 연약하고 무익하므로 폐하고"(히 7:18), "육신에 속한 한 계명의 법을 따르지 아니하고 오직 불멸의 생명의 능력을 따라"(히 7:16) 우리 죄를 확신시켜 주셔서 우리 스스로에게 밝히 보여 주심으로, 육신은 아무런 유익이 없고, 우리의 타락한 본성이 부패 그 자체라는 사실과 "육신에 있는 자들은 하나님을 기쁘시게 할 수 없느니라"(롬 8:8)를 깨닫게 해 주십니다.

우리는 이전에 허용된 육신적 삶에 대한 사형 선고를 자각하고, 성령님에 의해 심겨진 하나님의 썩지 아니할 말씀의 씨가 우리 안에 있게 되었습니다(벧전 1:23). 또 영원히 거할 수 있게 되었습니다.

오늘 아침의 주제는 사람의 영혼을 시들게 하시는 성령님의 역사이며, 지금까지 말씀드려 왔지만, 시들게 하시는 역사 다음에 항상 일어나는 '이식 사역' 대한 몇 마디 말씀으로 결론을 지으려고 합니다.

1. 성령님은 육신에 속한 것을 완전히 시들게 역사하십니다

오늘 말씀의 화자 자신도 틀림없이 하나님께 직접 말씀을 들었음에도 부르짖도록 명령을 받았을 때 "제가 무엇을 부르짖어야 합니까?"라고 질문했습니다. 하나님의 백성을 위로하기 위해 준비하는 자가 먼저 와야 한다는 사실을 자신도 깨닫지 못했습니다.

하나님의 복음을 전하는 많은 설교자가 율법이 사람을 그리스도께로 인도하는 초등 교사(갈 3:24-25)라는 점을 기억하지 못했습니다.

그들은 경작되지 않은 휴경지에 씨를 뿌리면서, 쟁기로 흙덩이를 고르게 해야 한다는 사실을 망각한 것입니다. 죄의 확신을 위한 성령님의 날카로운 바늘도 없이 바느질하려고 하는 것을 너무 많이 보았습니다. 설교자들은 스스로 부자이자 재산이 많다고 여기는 사람들이 그리스도를 존귀히 여기도록 만들기 위해 애를 써 왔습니다.

그러나 그것은 헛된 일이었습니다. 스스로를 의롭게 여기는 죄인에게도 복음을 전하는 것이 우리의 본분이지만, 자기 스스로에 대해 높은 자긍심을 붙들고 있는 한, 그들은 결코 그리스도를 영접할 수 없다는 것이 분명합니다.

오직 환자가 의사를 환영합니다. 사람에게 죄를 확신하게 하는 일은 성령님의 역사이며, 죄를 확신한 후에라야 예수 그리스도로 말미암는 하나님의 의를 구하게 될 것입니다. 저는 어떤 영혼이든지 그 안에 실제로 은혜의 역사가 일어난다면, 무너뜨리는 것부터 시작된다는 것을 확신합니다. 성령님은 옛 기초 위에 새것을 세우시지 않기 때문입니다(롬 15:20). 나무, 풀과 짚은 성령님이 집을 세우시기에 충분하지 않습니다(고전 3:12).

성령님이 불로 오셔서 모든 교만한 자연의 바벨탑을 태우실 대화재를 일으키실 것입니다. 우리의 활을 부수고 창을 산산조각 내며 병거를 불태울 것입니다. 모든 모래로 된 기초가 무너지는 그때 비로소, 성령님은 하나님이 선택하신 우리의 영혼 가운데에 큰 초석을 깔아 주실 것입니다. 깨닫게 된 죄인은 하나님이 그에게 자비를 베풀어 주시기를 간구할 때, 즉각적으로 평안을 누리는 대신, 하나님의 진노를 감지하고 자신의 영혼이 자기 안에서 엎드려 있다는 것을 발견하고 깜짝 놀라게 될 것입니다. 당연히 그는 질문합니다.

"이것이 제 기도에 대한 응답입니까?

주님께 제 자신과 죄로부터 저를 구해 주시기를 기도했습니다.

"그런데 이것이 주님이 저를 다루시는 방법입니까?"

제가 "저를 치료하소서"라고 기도했습니다.

그 후에, 보십시오. 저는 잔인하게도 상처투성이가 됩니다.

저는 "저를 입혀 주소서"라고 기도합니다.

그런데 보십시오. 그분은 저를 감싸고 있던 몇 안 되는 누더기까지 벗겨 버리셨고, 저의 알몸이 제 얼굴을 빤히 쳐다보게 하십니다.

"저를 씻겨 주소서"라고 기도했습니다.

보십시오.

심지어 제 옷이 저를 혐오할 때까지 저를 더러운 도랑에 밀어 넣어 두십시오.

"이것이 은혜의 방법입니까?"

죄인이여, 설령 그렇다고 해도 놀라지 마십시오.

여러분은 그 이유를 알고 계시지 않습니까?

교만한 육신이 여러분의 상처 속에 들어 있는데 어떻게 치료받을 수 있습니까?

그것을 먼저 몸에서 잘라내야 합니다. 이것이 바로 영구적으로 치료할 수 있는 유일한 방법입니다. 상처 부위를 싸매고 살을 치료하면서 뼛속에 나병을 남겨 두는 것은 어리석은 짓입니다. 위대한 의사는 그의 예리한 메스로 썩은 살을 도려내실 것입니다. 그렇게 해야만 확실한 치료가 속에서부터 이뤄질 수 있기 때문입니다.

새 옷을 입으려면 먼저 입은 옷을 벗어야 하는 것이 지혜가 아니겠습니까?

속에 더러운 누더기를 숨기고 겉으로 어떤 직공이 만든 것보다 희고 깨끗한 그리스도의 의의 옷을 입게 된다면 어떻게 되겠습니까?

안됩니다. 형제여!

더러운 누더기를 벗어버려야 합니다!

자기의 것은 한 올도 남겨 두지 말아야 합니다. 하나님이 깨끗하게 하실 때는 먼저 여러분의 더러움을 어느 정도 보게 하십니다. 만일 무엇보다도 먼저 우리 스스로가 총체적으로 불결한 존재라는 사실을 깨닫고 탄식하게 되지 않는다면, 모든 죄로부터 정결케 하여 주시는 보혈을 결코 소중히 여기지 않을 것이기 때문입니다.

  성령님의 죄를 확신하게 하시는 역사는 장소를 불문하고 예상치 못한 과정으로 진행되어 하나님의 자녀에게도 종종 당황스럽게 느껴집니다. 우리는 성령님이 무너뜨리신 것을 다시 세우려고 합니다. 우리는 성령으로 시작했지만 육체로 마치려는 듯이 행동합니다(갈 3:3). 그때 스스로 잘못 세운 건물은 다시 땅바닥으로 무너지고, 우리는 처음 두 눈에 비늘이 벗겨졌을 때와 거의 비슷한 정도로 깜짝 놀라게 됩니다(행 9:18). 그것은 존 뉴턴이 이렇게 기록했을 때의 상황과 비슷합니다.

> 나는 주님께 간구했네 자라날 수 있도록
> 믿음과 사랑과 모든 은혜 안에서
> 주님의 구원을 더 알 수 있도록
> 주님의 얼굴을 더욱더 간구할 수 있도록
> 주님이 내게 기도를 가르쳐 주셨고
> 내가 믿을 때 응답하셨다네
> 그러나 그것은 사실 머나먼 길이었고
> 거의 절망에 가까운 시간 동안
> 은혜의 때를 기다릴 때
> 단번에 응답하셔서
> 사랑이 가득한 그분의 권능으로
> 내 죄를 정복하시고, 안식을 주시기를
> 그러나 그 대신 내가 깨달은 것 한 가지
> 그것은 내 마음속에 숨어 있는 악이 있다는 것

그리고 내 안에 있는 지옥의 권세가
내 온몸을 찌르고 있었다는 것을 알게 하셨네

> I asked the Lord that I might grow
> In faith and love and every grace,
> Might more of his salvation know,
> And seek more earnestly his face.
> Twas he who taught me thus to pray,
> And he, I trust, has answered prayer;
> As almost drove me to despair.
> I hop'd that in some favour'd hour,
> At once he'd answer my request,
> And by his love's constraining power
> Subdue my sins, and give me rest.
> Instead of this, he made me feel
> The hidden evils of my heart;
> And let the angry powers of hell
> Assault my soul in ev'ry part.

아! 놀라지 마십시오.
주님은 이와 같이 자기 백성에게 응답을 주십니다.

너희는 위로하라 내 백성을 위로하라(사 40:1).

이 말씀은 그 백성이 먼저 외치는 자의 소리를 듣게 하신 후에 그 목적을 이룹니다.

모든 육체는 풀이요 그의 모든 아름다움은 들의 꽃과 같으니(사 40:6).

첫째, 시드는 것은 하나님이 일하시는 일반 순서 다음에 시작됩니다.
하나님의 길을 살펴보면, 하나님은 자기 백성과의 관계를 시작하실 때 의로우시면서도 대단히 두려운 일들(terrible things in righteousness)을 행하십니다.

세상을 창조하신 방법을 살펴봅시다. 제가 감히 지질학 이론을 다룰 수는 없지만, 사람의 거주지로 최종 정리가 되기 이전에 이 세상은 여러 번 세워지고 파괴되고, 다시 세워지고 다시 파괴되었을 가능성이 매우 큽니다.

태초에 하나님이 천지를 창조하시니라(창 1:1).

이후에 긴 시간적 간격이 있었고 정해진 시간에, 즉 7일 동안 주님은 인류를 위해 땅을 준비하셨습니다. 대건축자께서 일을 시작하셨을 때 물질의 상태가 어떠했을지 생각해 보십시오.

태초에 무엇이 있었습니까?
원래는 아무것도 없었습니다.
주님이 지구를 창조하시기 위해 명령하셨을 때 상태가 어땠습니까?

> 땅이 혼돈하고 공허하며 흑암이 깊음 위에 있고 하나님의 영은 수면 위에 운행하시니라(창 1:2).

대건축자의 일을 위해 다른 누군가 개입할 계획은 전혀 존재하지 않았습니다.

> 그가 누구와 더불어 의논하셨으며 누가 그를 교훈하였으며 그에게 정의의 길로 가르쳤으며 지식을 가르쳤으며 통달의 도를 보여 주었느냐(사 40:14).

대건축자께서는 '성전'의 건축을 위해 누군가로부터 기둥 하나 기부받지 않으셨습니다. 땅은 히브리어로 말하자면 '토후'와 '보후' 곧 무질서와 혼란의 상태인 카오스 상태였습니다(창 1:2).
　새 창조도 마찬가지입니다. 새 창조의 일을 하실 때에는 옛 사람에게 아무것도 빌리지 않으시고 만물을 새롭게 하십니다(계 21:5).
　하나님은 우리의 타락한 본성 옛집에 부속 건물을 지어 주시거나 수리하지 않으시며, 다만 홀로 찬양받으실 새 성전을 건축하십니다. 우리는 영적으로 혼돈하고 공허하며 우리 심령의 표면 위에는 흑암이 덮여 있었습니다. 그러나 그분이 "빛이 있으라"(창 1:3) 하시면 빛이 임하고, 장수와 모든 귀한 것이 뒤따라옵니다.
　하나님의 방법 중 또 하나의 실례를 들어 봅니다.
　사람이 타락했을 때, 주님이 언제 그에게 복음을 가져다주셨습니까?
　잘 알고 계시는 대로, 이것이 복음의 첫 속삭임입니다.

> 내가 너로 여자와 원수가 되게 하고 네 후손도 여자의 후손과 원수가 되게 하리니 여자의 후손은 네 머리를 상하게 할 것이요 너는 그의 발꿈치를 상하게 할 것이니라 하시고(창 3:15).

자기를 지으신 분의 임재 앞에 두려움으로 떨고 있는 인간을 향해 이렇게 속삭여 주신 것입니다. 더 이상 변명할 말이 없었고, 다만 주님 앞에 죄를 깨닫고 서 있을 뿐이었습니다.

주님이 우리 조상 아담과 하와에게 옷을 입혀 주신 때는 언제입니까? 먼저 이 질문을 하신 후에 옷을 입혀 주셨습니다.

> 누가 너의 벗었음을 네게 알렸느냐(창 3:11).

무화과 잎이 완전히 마르기도 전에 주님은 희생 제물의 가죽을 가져오셔서 그들의 몸을 감싸 주셨습니다.

인간을 향한 하나님의 행위를 따라가 보면 동일한 것을 반복해서 발견하게 되실 것입니다. 하나님은 노아의 방주 안에 놀라운 형태의 구원을 주셨습니다. 노아는 방주 안에서 죽지 않고 구원을 받았습니다. 그는 스스로 무덤에 갇힌 채로 살아남았고, 배 밖의 모든 세상은 멸망하고 말았습니다. 노아의 다른 소망은 모두 사라졌습니다.

방주가 물 위에 떠올랐습니다.

이스라엘 백성이 애굽에서 어떻게 구원받았는지를 기억해 보십시오. 그들은 가장 비참한 곤경에 처해 있을 때 구원받았습니다. 종살이로 인한 그들의 부르짖음이 하늘에 닿았습니다. 구원해 주는 팔이 없을 때, 주님은 능한 손과 펴신 팔로 자기 백성을 이끌어 내셨습니다(신 9:29; 11:2; 대상 8:42; 대하 6:32). 구원이 임하는 곳에서는 피조물이 겸손하게 되고 인간의 소망이 전복됩니다.

아메리카 대륙 오지에 있는 숲에서 농작물을 경작하고, 도시를 세워 문명을 발전시키고 상업 활동을 하려면, 우선 도끼로 벌목을 해야 했습니다. 그래서 수백 년 된 위풍당당한 나무들이 쓰러지고, 나무의 뿌리는 불타고 기이한 자연 세계가 훼손당했습니다. 이처럼 새것이 오기 위해선 낡은 것이 가야 합니다. 그래서 주님도 새것을 세우시기 위해 처음 것을 제거하십니다.

처음 하늘과 처음 땅은 지나가지 않으면 새 하늘과 새 땅이 세워지지 않습니다(계 21:1). 이제는 외면적으로 일어난 그 역사가 우리 안에서도 일어나기를 기대해야 합니다. 시들고 변화되는 일이 영혼 안에서 일어날 때 우리는 이렇게 고백할 수밖에 없습니다.

> 이는 여호와시니 선하신 소견대로 하실 것이니라(삼상 3:18).

둘째, 오늘 본문 말씀은 성령님이 역사하시는 모든 사람의 마음에 보편적으로 일어나는 과정을 알려 줍니다.

시든다면 무엇이 시든다는 것입니까?

육체의 일부입니까?

아니면 육체의 일부 성향입니까?

말씀을 보십시오.

> 모든 육체는 풀이요 그의 모든 아름다움은 들의 꽃과 같으니(사 40:6).

가장 좋은 것과 최고의 시점이 시든다고 말씀하십니다.

> 들의 꽃과 같으니(사 40:6).

풀은 어떻게 됩니까?
그중에 어떤 것이 살 수 있습니까?

> 풀은 마르고(사 40:7).

모든 풀이 시들게(withereth, KJV) 됩니다.
꽃은 살아야 하지 않습니까?
꽃은 참으로 아름다운데 영원히 죽지 않아야 하는 것 아닙니까?
아닙니다. 꽃도 시듭니다. 완전히 지고 맙니다. 그러므로 하나님의 영이 사람의 영혼 위에 숨 쉬는 곳은 어디든지, 육에 속한 것이 시드는 과정이 있습니다. 그리고 육신적 생각이 곧 사망이라는 것을 알게 됩니다. 물론 우리는 모두 은혜의 역사가 있는 곳에 육신의 기쁨이 반드시 파괴되어야 한다는 사실을 알고 고백하고 있습니다.

하나님의 영이 불어오실 때, 달콤했던 것이 쓰게 되고 밝았던 것이 흐릿해집니다. 사람이 죄를 사랑하면서 동시에 하나님의 생명을 소유할 수는 없습니다. 자신이 한때 즐기던 육신적인 쾌락을 아직도 즐거워한다면, 그 사람은 아직도 여전히 변화받지 못한 사람입니다. 그의 생각은 육에 속한 것입니다.

결국, 그는 육신을 좇아가 죽게 될 것입니다. 세상과 세상의 정욕은 거듭나지 않은 사람들에게는 꽃으로 뒤덮인 봄날의 푸른 초원처럼 아름답습니다. 그러나 거듭난 사람에겐 광야와 소금땅이며 버려진 땅에 지나지 않습니다. 한때 즐기던 것들에 관해 우리는 이렇게 말합니다.

헛되고 헛되며 헛되고 헛되니 모든 것이 헛되도다(전 1:2).

우리는 땅이 주는 독약과 같은 쾌락으로부터 구원받기 위해 부르짖고 그것을 혐오하고, 어떻게 지난날 거기에 빠져 들어갔던 것인지 의아해합니다.

친애하는 성도 여러분!

시들게 하는 것이 무엇을 의미하는지 아십니까?

육신의 정욕과 그 자랑과 쾌락이 모두 눈앞에서 시들어 버리는 것을 본 적이 있습니까?

그것을 반드시 경험해 보아야 합니다.

그렇지 않았다면 하나님의 영이 찾아오지 않으신 것입니다.

그렇지만 하나님의 영이 오시면 어디에서나 육신의 꽃과 아름다움을 파괴해 버린다는 사실을 기억하시기 바랍니다. 다시 말해서, 우리 자신의 의가 죄와 마찬가지로 시들어 버린다는 것입니다. 성령님이 오시기 전에 스스로가 최고에 버금가는 사람이라고 생각합니다. 그리고 오만하게 질문합니다.

> 이 모든 것을 내가 지키었사온대 아직도 무엇이 부족하니이까(마 19:20; 눅 18:21).

"우리가 도덕적이지 않았습니까?"
"우리가 신앙이 깊지 않았습니까?"
몇 가지 잘못했을 수도 있다고 고백하지만, 용서를 받을 수 있는 대수롭지 않은 것들로 여깁니다. 그러나 우리는 지독한 교만 때문에 결국 하나님의 말씀으로 자신을 돌아보아야 할 만큼 악하지 않다고 생각합니다.

친애하는 성도 여러분!

성령님이 육신의 고운 것 위로 불어오실 때 그 아름다움은 잎처럼 시들게 될 것입니다. 그리고 자신에 대해 전혀 다른 견해를 가지게 될 것이며, 자신의 과거 인격을 묘사할 수 있는 정확한 표현을 찾아내지 못할 것입니다.

자신의 깊은 동기를 살펴보고 스스로 행동의 이면을 철저하게 따져 본다면, 끔찍하고 흉악한 악을 보게 될 것입니다. 그리고 세리처럼 부르짖게 될 것입니다.

> 하나님이시여 불쌍히 여기소서 나는 죄인이로소이다(눅 18:13).

우리의 의를 완전히 시들게 하셨어도 이는 절반의 완성일 뿐입니다. 아직도 소멸해야 할 것들이 많은데, 그중 하나가 우리가 자부하는 결단력입니다. 대부분의 사람이 결심만 하면 언제든지 하나님께로 돌아갈 수 있다고 생각하며 이렇게 말합니다.

"저는 정말로 마음이 강한 사람이기 때문에, 제가 신앙생활을 하기로 결심만 하면 아무런 문제가 없을 것입니다."

또 변덕스러운 한 영혼이 말합니다.

"저는 조만간 과거의 잘못을 바로잡고 새로운 삶을 시작할 수 있다고 믿습니다."

친애하는 성도 여러분!

육신의 결단도 역시 시들어야 합니다. 하나님의 영이 찾아오시면, 우리에게 설령 의지가 있다 해도 어떻게 행할지 모른다는 것을 발견하게 됩니다. 그렇습니다. 우리에게 있는 의지가 모든 선하심을 대적한다는 것과 자연적 상태에서는 생명을 얻기 위해 그리스도께 나아가야 하는데 그러지 않는다는 사실을 발견하게 됩니다.

성령님의 빛 가운데 비춰 볼 때 사람의 결심이라는 것이 얼마나 형편없이 깨지기 쉬운 것입니까?

그래도 이렇게 말할 것입니다.

"어쨌든, 저를 올바르게 인도해 줄 깨달은 양심과 지성이 제 안에 있다고 믿습니다. 저는 자연적 빛을 사용할 것입니다. 그리고 약간 헤맨다고 할지라도 다시 돌아가는 길을 찾게 되리라 의심하지 않습니다."

보십시오.

바로 그 자연적 꽃에 해당하는 여러분의 지혜는 어리석음에 지나지 않는다는 사실을 알지 못합니까?

회심하지 않고 변화 받지 못한 여러분은 하나님이 보시기에 어린 들나귀만큼도 지혜롭지 못합니다. 예수님의 발 앞에 나아가 어린아이처럼 자기 자긍심을 겸손히 낮추고 부르짖으십시오.

> 내게 가르치소서(욥 34:32).

시들게 하시는 성령님의 바람이 육신의 마음 위에 운행하실 때, 모든 종류의 사망, 특히 선을 향한 능력의 사망을 드러내 주십니다. 이때 비로소 우리는 주님의 말씀을 깨닫게 됩니다.

> 나를 떠나서는 너희가 아무 것도 할 수 없음이라(요 15:5).

제가 주님을 찾던 시절에 저는 하나님의 도움 없이 기도할 수 없다는 사실을 믿었을 뿐만 아니라, 그 사실을 제 영혼 속에서 느꼈습니다. 그때 저는 심지어 원하는 만큼 느낄 수도, 슬퍼할 수도, 신음조차 할 수 없었습니다. 그리스도를 더 갈망할 수 있기를 갈구했습니다. 그러나 심지어 그리스도가 필요하다는 사실조차도 제대로 느낄 수가 없었습니다. 저의 마음은 무덤에서 썩어 가는 시신처럼 죽은 듯이 굳어 있었습니다.

눈물을 흘리게만 해 줄 수 있다면 무엇이든 줄 수 있었을 것입니다!

회개하고 싶었지만 할 수가 없었습니다.

믿기를 갈망했지만 그렇게 할 수가 없었습니다. 저는 묶인 바 되고, 방해받고, 마비되었다고 느껴졌습니다. 이는 성령님이 저를 겸손하게 하시는 계시로 필요한 것이었습니다. 육신적 믿음은 택함 받은 자의 믿음이 아닙니다. 영혼을 의롭게 하는 믿음은 하나님의 선물이며 우리 스스로에게서 나오는 것이 아닙니다.

육신의 역사에 의한 회개는 그 자체가 회개되어야 할 필요가 있습니다. 육신의 꽃은 반드시 시들어야만 하며 성령님의 씨앗만이 완전에 이르는 열매를 맺을 것입니다. 하늘의 상속자는 혈통으로나 육정으로나 사람의 뜻으로 나지 않고 오직 하나님에게서 난 자들입니다(요 1:13).

우리 안에서 일어난 역사가 성령님의 역사가 아니라면, 그것을 통해 가장 간절히 보호받기를 원할 때 풀이 죽고 사멸해 버릴 것입니다. 그리고 그 끝은 오늘 있다가 내일 아궁이에 던져지는 들풀과 같을 것입니다(마 6:30; 눅 12:28).

셋째, 우리 안에서 시들게 하시는 성령님의 역사는 완전합니다.

풀은 어떻게 됩니까?

축 쳐지게 됩니까?

그렇지 않습니다!

시들게 됩니다.

초원의 절정인 꽃은 고개를 약간 떨구게 됩니까?

아닙니다. 이사야 선지자는 꽃은 "시드나"(사 40:8)라고 하였으며, 베드로 사도는 꽃은 "떨어지되"(벧전 1:24)라고 합니다. 비가 와도 다시 살아나는 일은 없으며, 그것으로 끝나게 됩니다. 이와 같이 심지어 변화 받은 사람들도 자신의 육신에 선한 것이 없다는 것을 깨닫게 되었습니다.

하나님의 종들의 내면에 어떤 죽음과 시들게 하는 역사가 일어났습니까?

존 번연을 보십시오.

그가 자신의 경험을 『죄인의 괴수에게 넘치는 은혜』(*Grace Abounding to the Chief of Sinners*)에 묘사하고 있습니다. 성령님은 존 번연을 천국 순례자로 만들기 위해 그의 옛 사람에 대한 사망 선언문을 완성하시느라 수개

월, 심지어 수년을 노력하셨습니다. 우리는 모두 그와 같은 시련을 오래 견뎌 내지 못합니다. 그러나 하나님의 모든 자녀는 반드시 죄와 율법 그리고 자기에 대한 죽음을 경험해야 합니다.

그리고 그것은 그리스도 안에서 온전하게 되어 천국에 들어가기 전에 반드시 완전하게 성취되어야 합니다. 썩는 것은 썩지 않는 것을 유업으로 받지 못하고(고전 15:50), 영으로써 몸의 행실을 죽이면 살게 됩니다(롬 8:13).

그러나 육신의 생각은 나아질 수 없는 것입니까?
결코 나아지지 않습니다.

> 육신의 생각은 하나님과 원수가 되나니 이는 하나님의 법에 굴복하지 아니할 뿐 아니라 할 수도 없음이라(롬 8:7).

옛 성품을 개선할 수 있습니까?
아니오. 개선할 수 없습니다. 주님이 이렇게 말씀하셨습니다.

> 거듭나야 하겠다(요 3:7).

신령한 것들을 배울 수 없습니까?
예, 배울 수 없습니다.

> 육에 속한 사람은 하나님의 성령님의 일들을 받지 아니하나니 이는 그것들이 그에게는 어리석게 보임이요, 또 그는 그것들을 알 수도 없나니 그러한 일은 영적으로 분별되기 때문이라(고전 2:14).

옛 본성으로는 아무것도 할 수 없습니다. 그것은 무덤 속에 장사되어야 합니다. 그것은 반드시 죽고 장사되어야 하며, 그렇게 되었을 때 썩지 아니할 씨앗이 영원히 살고 거하며, 영광스럽게 자라날 것이며, 새 탄생의 성숙한 열매를 맺어 하나님의 은혜가 영광 가운데 높임을 받으시게 될 것입니다.

옛 본성은 결코 개선되지 않으며, 여전히 세상적이고 육신적이며 마귀적이어서 80세가 된 성도라고 할지라도 그가 처음 그리스도 앞에 나아왔을 때처럼 변함 없을 수도 있습니다. 그것은 개선되지 않으며, 개선될 수도 없고, 하나님 앞의 원수 그 자체입니다. 그 마음으로 생각하는 모든 계획이 항상 악합니다(창 6:5).

> 육체의 소욕은 성령님을 거스르고 성령님은 육체를 거스르나니 이 둘이 서로 대적함으로 너희가 원하는 것을 하지 못하게 하려 함이니라(갈 5:17).

옛 본성은 육체의 소욕으로 불리며 성령과 육체 사이에 결코 평안이 있을 수 없습니다.

넷째, 영혼의 이 모든 시들어 가는 작업은 매우 고통스럽습니다.
이 구절의 어조가 상당히 장송가 같다고 생각되지 않으십니까?

> 이르되, 모든 육체는 풀이요 그의 모든 아름다움은 들의 꽃과 같으니(사 40:6).

이것은 마음 아픈 일이지만 반드시 경험해야 하는 일입니다. 저는 그리스도께 처음 나올 때 이것을 많이 경험한 사람은 감사해야 할 큰 이유가 있다고 생각합니다. 앞으로 그들의 인생 행로는 아마도 훨씬 더 밝고 행복할 것이기 때문입니다.

아주 쉽게 개종을 경험하고 자기 자신의 타락에 대해 상대적으로 많이 깨닫지 못한 채 그리스도께 나아온 사람은 이후로 계속 알아 나가야 하고, 오랜 시간 동안 그리스도 안에서 영적 유아로 남아 있을 것입니다. 더 힘겹고 깊은 역사를 처음으로 대면함에도 불구하고 흔들리지 않는 성숙한 사람을 보고 당황스러워하게 됩니다.

신사 숙녀 여러분!

은혜가 여러분의 영혼 안에 쌓이기 시작할 때 자기 신뢰의 낡은 벽을 조금이라도 남겨 두었다면, 그것은 조만간 무너져야 합니다. 그것들이 남아 있다는 사실을 자축할 수도 있지만, 그것은 거짓된 것이며 자기 영광을 구하는 것입니다.

저는 그리스도께서 결코 낡은 옷에 생베 조각을 붙이지 않으시고, 낡은 부대에 새 술을 넣지 않으신다고 확신합니다(마 9:16-17). 마침내 낡은 옷은 더 많이 찢어질 것이고, 낡은 부대도 터져 버릴 것이라는 것을 주님은 아십니다. 자연에서 회전하는 모든 것은 풀어져야 합니다. 자연이 세운 건물과 그 외벽, 회 반죽 지붕 그리고 기초는 모두 무너져야 합니다.

그리고 우리는 반드시 "손으로 짓지 아니한 집"(히 9:11)을 소유해야 합니다. 런던 시에 대화재가 나서 전염병의 온상이던 낡은 건물들을 모두 치우고, 훨씬 더 건강한 도시가 세워지게 된 것은 큰 은혜가 아닐 수 없습니다.

마찬가지로 하나님이 우리 자신의 의와 힘을 모두 쓸어내 버리시고 나는 아무것도 아니며 아무것도 될 수 없다는 것을 느끼게 하시고, 그리스도께서 모든 것 가운데 주재가 되셔야 하며, 성도의 유일한 힘은 다만 항상 복되신 성령님의 영원한 능력에서 나옴을 고백하게 해 주시는 것은 큰 은혜입니다.

대개 비지니스 빌딩은 낡은 시스템을 여러 해 동안 유지해 오면서, 여러 가지 혼란을 야기하고 많은 부정을 허용했습니다. 여러분이 새로운 매니저로 부임해 완전히 새로운 계획을 채택한다면 기존의 시스템에 여러분만의 방식을 접목해 보십시오.

그런데 그것이 얼마나 골칫거리입니까!

해가 갈수록 여러분은 이렇게 중얼거리게 됩니다.

"도저히 불가능하구나. 시스템 전체를 쓸어버리고 처음부터 새로 시작했더라면 10분의 1도 문제가 되지 않았을 텐데."

하나님은 부패한 본성 위에 은혜의 체계를 접목하거나 새 아담을 옛 아담에게서 자라게 하지 않으십니다.

> 이는 너희가 죽었고 너희 생명이 그리스도와 함께 하나님 안에 감추어졌음이니라(골 3:3).

구원은 육신이 아니라 오직 주님으로부터 옵니다. 육으로 난 것은 기껏해야 육이요 성령으로 난 것만이 영입니다(요 3:6). 성령님이 전 과정에 역사해 주셔야 합니다. 그렇지 않으면 하나님이 받으시지 않습니다.

사랑하는 형제자매 여러분!

이것이 고통스럽지만 불가피함을 유념하시기 바랍니다. 저는 분명하게 옛 사람을 제거하는 것이 얼마나 중요한지를 보여 드렸습니다. 그러나 옛 성품은 그 자체가 부패했기 때문에 죽을 수밖에 없다는 사실에 대해 좀 더 나누겠습니다.

왜 풀이 시듭니까?

그것이 시들 수밖에 없는 것이기 때문입니다.

"뿌리가 땅 밖으로 나오면 반드시 죽게 된다."

어떻게 땅에서 나온 것이 불멸할 수 있습니까?

그것은 영원히 시들지 않는 꽃 아마란스[2]가 아닙니다. 아마란스는 낙원에 피는 꽃이 아니라 저주가 떨어진 땅에서 자랍니다. 사람의 자아에서 자라나는 모든 좋은 것은 여러분 자신과 다를 바 없이 모두 필멸의 존재이며 반드시 죽어야 합니다. 부패의 씨앗은 인간이 키워 낸 나무의 모든 열매 안에 들어 있습니다. 에덴의 꽃송이처럼 아름다워 보이지만 썩을 수밖에 없습니다.

그뿐만 아니라, 내 형제여!

우리 구원 안에 육신적인 어떤 것과 동시에 성령님의 어떤 것이 공존하는 일은 결코 있을 수 없는 일입니다. 만일 그렇게 된다면, 영광이 나뉘게 될 것이기 때문입니다. 하나님을 찬송하는 것 아니면 나 자신을 찬송하는 것입니다.

---

2   아마란스(Amaranth, Amaranthus. L)는 비름과의 붉은 꽃으로 관상용 식물의 한 종류이다. 이름의 유래는 전설에 등장하는 영원히 시들지 않는 꽃이지만 실제 1년생으로 그 씨앗은 곡물에 해당한다(역주).

만일 일부는 제가 행한 일을 통해서, 또 일부는 그리스도께서 행하신 일을 통해서 천국을 얻게 된다면, 그리고 저를 거룩하게 만든 힘이 어느 정도는 제 자신의 힘임과 동시에 어느 정도 하늘의 힘이라면, 일이 나뉘었으니 보상도 나뉘어야 하고 천국의 찬송도 일부는 여호와께 드리고 일부는 피조물에게 주어야 할 것입니다. 그러나 그렇게 되지 않을 것입니다.

교만한 육신이여, 내려오라!

내가 명령하노니, 내려오라!

제아무리 깨끗하게 정화한다고 해도, 지칠 때까지 노력해도 중심에서부터 썩어 있으면, 나무로 지어도 탈 것이며 짚으로 지어도 재가 될 것입니다(고전 3:12). 자신에 대한 자긍심을 포기하십시오. 일이, 공로가, 영광이 있어야 할 그곳 오직 하나님께만 있게 하십시오. 그때 이 모든 시들게 하는 역사가 일어나야 한다는 것은 불가피한 일입니다.

다섯째, 오늘의 말씀은 듣는 모든 분에게 위로가 될 것입니다.

저는 회심하지 않은 사람들이 아주 비참하게 되었다는 소식을 들을 때 매우 기뻐합니다. 왜냐하면, 성령님이 역사하셔서 비참하게 되는 것은 언제나 행복의 전주곡이 되기 때문입니다. 그것은 시들게 하시는 성령님의 역사입니다. 저는 본문 말씀에 대한 우리 번역을 좋아합니다.

여호와의 기운이 그 위에 붊이라(사 40:7).

Because the breath of the Lord blows on them(Is 40:7, KJV).

그것은 이렇게 번역되어도 되기 때문입니다.

"여호와의 바람이 그 위에 붊이라."

여러분도 알고 계시듯이, 히브리어로 '바람'과 '기운'(성령)은 동일한 단어이고 헬라어로도 마찬가지입니다. 그렇지만 여기에서 본문의 실제 의미를 고려해 기존의 번역을 계속 사용하겠습니다. 성령님은 육체를 시들게 하십니다.

나의 의를 죽인 것은 마귀가 아닙니다.

자발적으로 자기 비하를 해 제 자신을 겸손하게 만든 것도 마귀가 아니었습니다. 만일 그랬다면 두려움에 빠졌을 것입니다. 성령님이 겸손하게 하셨습니다. 육신으로 온전하게 될 바에는 하나님의 영으로 부서지는 편이 낫습니다.

주님이 어떻게 말씀하십니까?

"내가 죽이노라."

그러나 그 다음은 무엇입니까?

"내가 살리노라."

그분은 결코 죽지 않은 자를 살려 내시지 않습니다. 나를 죽이실 때, 긴 칼로 나의 공로와 자기 신뢰의 배를 가르실 때에도 나를 살리실 것이기 때문에 성령님을 송축합니다.

"나는 상처를 입히고, 치료하노라."

성령님은 상처 입지 않은 사람을 치료하시지 않습니다. 그러므로 상처 주시는 그 손을 찬양 드립니다.

계속해서 내게 상처를 주소서.

자르고 찢으소서.

가장 추한 모습을 드러내시고, 내 자신에 대해 절망하게 하소서.

그리고 하나님의 값없는 은혜를 주셔서 가련하고 죄 많으며 길을 잃고 무력하며 완전히 실패한 모습으로 그 은혜를 받게 하소서.

그러므로 하나님만이 모든 것을 주시며, 그리스도께서 모든 것이며, 성령님이 모든 것 위에 역사하시고, 인간은 토기장이의 손 위에 올려진 진흙일 뿐이라는 사실을 깨닫고 전능하신 그분의 품에 저를 내던지게 하소서.

그리하여 다만 주님이 기뻐하시는 대로 저를 빚어 주시기를 원하나이다.

친애하는 형제여!

기뻐하십시오.

제아무리 낮은 곳으로 끌려 내려가더라도, 성령님이 낮추실 때는 어떠한 악한 뜻으로 그러신 것이 아니라, 여러분의 영혼에 무한한 선을 선사하려 하시는 것입니다.

2. 성령님은 썩지 않는 것을 심는 역사를 하십니다

베드로전서에서 육체는 풀과 같고 풀은 '시들고'(개정개역에는 '마르고'로 번역됨) 꽃은 떨어진다고 합니다. 그러나 하나님의 자녀 안에는 시들지 않는 다른 어떤 것이 있습니다.

> 너희가 거듭난 것은 썩어질 씨로 된 것이 아니오 썩지 아니할 씨로 된 것이니 하나님의 살아 있고 항상 있는 말씀으로 되었느니라(벧전 1:23).

> 오직 주의 말씀은 세세토록 있도다 하였으니 너희에게 전한 복음이 곧 이 말씀이니라(벧전 1:25).

복음은 사람으로부터 기원한 것이 아니기 때문에 우리에게 유익을 줍니다. 육신에서 비롯된 것은 우리를 육신 너머로 안전하게 발 디딜 수 있게 해 주지 못합니다. 그러나 예수 그리스도의 복음은 초-인간적이며 신성하고 영적입니다. 하나님께 속한 것이며 위대한 선물입니다. 구세주 그분도 하나님의 선물이며 그분의 모든 가르침에 신성이 충만합니다.

만일 성도 여러분이 여러분 자신을 위해 고안해 낸 복음이나 인간의 두뇌에서 나온 철학적 복음을 믿고 있다면, 그것은 육신에 속한 것이며 시들게 됩니다. 그래서 그것을 믿으면 길을 잃고 죽게 될 것입니다. 복되고 영혼의 씨앗이 되어 줄 유일한 말씀은 영원하신 성령님의 살아 있고 썩지 않는 말씀이어야 합니다(벧전 1:23).

여기에 썩지 않는 말씀이 있습니다.

말씀이 육신이 되어 우리 가운데 거하시매(요 1:14).

곧 하나님께서 그리스도 안에 계시사 세상을 자기와 화목하게 하시며 그들의 죄를 그들에게 돌리지 아니하시고(고후 5:19).

썩지 않는 말씀이 또 있습니다.

예수께서 그리스도이심을 믿는 자마다 하나님께로부터 난 자니(요일 5:1).

그를 믿는 자는 심판을 받지 아니하는 것이요, 믿지 아니하는 자는 하나님의 독생자의 이름을 믿지 아니하므로 벌써 심판을 받은 것이니라(요 3:18).

하나님이 우리에게 영생을 주신 것과 이 생명이 그의 아들 안에 있는 그것이니라(요일 5:11).

형제자매 여러분!
이것이 그 씨앗입니다. 그러나 성령께서 여러분의 영혼 안에 심어 주셔야만 이 복음이 자라날 수 있습니다.
오늘 아침에 그 씨앗을 받으셨습니까?
그러면 성령님이 그 씨앗을 여러분의 영혼 안에 심어 주십니다. 여러분은 기뻐 뛰며 이렇게 말할 것입니다.

"제가 그것을 믿습니다. 제가 그것을 가졌습니다. 성육신 하신 하나님께 제 소망을 둡니다. 그리스도께서 대속 제물이 되시고 온전한 대속을 이루신 것을 모두 확신합니다. 저는 예수님의 피로 하나님과 화목하게 되었습니다."

이제 여러분은 영혼에 살아 있는 씨앗을 소유하게 되었습니다.

그 결과는 무엇입니까?

그렇다면 왜 생명 말씀이 내주하신 결과 새로운 생명이, 본문에 기록된 대로 우리 안으로 들어오며 우리가 그로 인해 거듭나게 되는 것입니까?

더 선한 것을 내보내는 것은 옛 본성이 아니라 새로운 생명입니다. 옛 아담은 스스로를 단련하거나 순결하게 할 수 없으며, 더 나은 무언가로 자라나지도 않습니다.

그렇습니다. 육신은 시들고 꽃은 지게 된다고 앞서 말씀드리지 않았습니까?

그것은 완전히 새로운 생명입니다. 거듭날 때에 여러분은 마치 이전에 아예 존재하지 않았던 것처럼, 처음으로 창조된 것처럼, 새로운 피조물이 되는 것입니다.

> 이전 것은 지나갔으니 보라, 새것이 되었도다(고후 5:17).

하나님의 자녀는 다른 사람들을 초월하고 우위에 놓입니다. 다른 이들은 하나님의 자녀가 받은 생명을 소유할 수 없습니다. 그들은 이중 구조로 몸과 혼을 소유하고 있습니다. 하나님의 자녀는 삼중 구조로서 영과 혼과 육(spirit, soul, and body)을 소유합니다. 새로운 원리, 신성한 생명의 불꽃이 혼 위에 내렸으므로, 그는 더 이상 자연적이거나 육신적이지는 않으며, 영적인 것을 이해하게 되었고, 나머지 인류가 가진 어떤 것보다 뛰어난 생명을 소유한 영적인 사람이 되었습니다.

사람의 혼 안에 있는 육에 속한 모든 것을 시들게 하신 하나님이시여! 말씀으로 말미암는 새 탄생을 속히 허락해 주소서.

이제, 마무리를 위해, 이 새 생명이 말씀을 통해 나오는 곳은 어디든지, 그것은 썩지 아니할 것이며 영원히 살고 거한다는 사실을 주목해 주시기 바랍니다. 세상과 지옥이 진실한 신자의 마음에서 좋은 씨앗을 빼내고 그의 안에 새롭게 된 본성을 파괴하려 했지만 단 한 번도 성공한 적이 없습니다.

푸른 하늘에서 태양을 떼내어 보십시오. 그렇게 한다고 해도 거듭난 사람의 마음에 심긴 은혜를 빼앗아 갈 수 없을 것입니다. 그것은 "살아 있고 항상 있는"(벧전 1:23) 것이라고 오늘 본문이 말해 줍니다. 그것은 스스로 부패할 수도, 부패될 수도 없습니다.

그도 범죄하지 못하는 것은 하나님께로서 났음이라(요일 3:9).

내가 그들에게 영생을 주노니 영원히 멸망하지 아니할 것이요 또 그들을 내 손에서 빼앗을 자가 없느니라(요 10:28).

> 내가 주는 물을 마시는 자는 영원히 목마르지 아니하리니 내가 주는 물은
> 그 속에서 영생하도록 솟아나는 샘물이 되리라(요 4:14).

여러분에게 자연적 생명이 있습니다. 그런데 그 생명은 육체에 속한 것이므로 죽게 됩니다. 그리고 여러분에게 영적 생명도 있습니다. 주님이 말씀하셨습니다.

> 무릇 살아서 나를 믿는 자는 영원히 죽지 아니하리니 이것을 네가 믿느냐
> (요 11:26).

이제 여러분 안에는 가장 고상하고 참된 불멸의 영혼이 존재합니다. 이제 하나님이 사시는 것처럼 평강과 희락과 행복 가운데 살아야 합니다.

그렇지만, 성도 여러분!

만일 여러분이 이것을 소유하지 못했다면, "영생을 보지 못하고"(요 3:36)라고 하신 말씀을 기억해야 합니다.

그렇게 되면 어떻게 됩니까?

진멸되어야 합니까?

그렇지 않습니다. "도리어 하나님의 진노가 그 위에 머물러 있느니라"(요 3:36)라고 말씀하셨습니다. 존재해도 생명은 없을 것입니다. 생명은 그리스도 예수 안에 있는 하나님의 선물이기 때문에, 생명에 관해 아무것도 알지 못하게 될 것이며, 고통과 고뇌로 가득 찬 영원한 사망을 물려받는 비참한 상속자가 될 것입니다.

도리어 하나님의 진노가 그 위에 머물러 있느니라(요 3:36).

그 다음에는 어떻게 됩니까?
불 못에 던져질 것입니다.

둘째 사망 곧 불못이라(계 20:14).

거기에서는 구더기도 죽지 않고 불도 꺼지지 아니하느니라(막 9:48)

하나님과 영원히 복되신 성령님이 여러분을 찾아가 주시길 원합니다.
만일 지금 성령님이 여러분 안에서 씨름하고 계신다면, 그분의 거룩한 불을 소멸하지 마십시오.
여러분에게 있는 거룩한 생각을 사소하게 여기지 마십시오.
오늘 아침에 거듭나지 않았다는 것을 고백해야 한다면, 겸손한 태도를 가지시기 바랍니다. 가서, 주님의 자비를 구하십시오.
은혜를 베풀어 주시고, 구원해 주시도록 성령님께 간청하십시오. 달빛만을 받으며 그것을 소중히 여기던 사람들이 오랜 시간 뒤에 태양 빛을 받게 될 것입니다.
모든 것 가운데에서도, 썩지 않고 살리는 씨앗이 무엇인지를 잊지 마시고, 영원한 말씀이 담긴 설교 말씀을 들을 때 경의를 표하십시오.

너희에게 전한 복음이 곧 이 말씀이니라(벧전 1:25).

그것을 존경하십시오.

그것을 받으십시오.

썩지 않고 살리는 씨앗이 이 하나의 구절 안에 모두 들어 있다는 사실을 잊지 마십시오.

주 예수 그리스도를 믿으십시오. 그리하면 구원을 받을 것입니다.

> 믿고 세례를 받는 사람은 구원을 얻을 것이요, 믿지 않는 사람은 정죄를 받으리라(막 16:16).

예수님의 이름을 위해 주님이 여러분에게 복 주시길 기원합니다. 아멘!

Sermons on The Holy Spirit

제7장
오순절의 바람과 불
(The Pentecostal Wind and Fire)[1]

> 홀연히 하늘로부터 급하고 강한 바람 같은 소리가 있어 그들이 앉은 온 집에 가득하며 마치 불의 혀처럼 갈라지는 것들이 그들에게 보여 각 사람 위에 하나씩 임하여 있더니 그들이 다 성령님의 충만함을 받고 성령님이 말하게 하심을 따라 다른 언어들로 말하기를 시작하니라(행 2: 2-4).

초기 교회에 있었던 성령 강림 사건으로부터 현재 성령님의 역사에 관해 배울 점을 찾을 수 있을 것입니다. 교회가 시작할 때 임하셨던 성령님은 지금까지 조금도 변함이 없으시다는 사실을 기억하십시오. 하나님이 영원토록 변함없으신 분이시기 때문입니다. 그때에 행하셨던 모든 것을 지금도 행하실 수 있습니다. 능력이 결코 감소되지 않았기 때문입니다. 선지자 미가가 말합니다.

---

1 설교 No. 1619.; 1881년 9월 18일 주의 날, Metroplitan Tabernacle(Newington).

> 너희 야곱의 족속아 어찌 이르기를 여호와의 영이 성급하시다 하겠느냐 (미 2:7).

오늘날 성령님의 강한 능력이 처음보다 약해졌다고 생각한다면, 성령님이 크게 근심하십니다. 비록 우리가 성령님의 선물과 함께 임하는 물리적 기사와 이적을 기대하거나 갈망하지 않는다 할지라도, 그 기사와 이적이 의도하고 상징하는 것에 대해서만큼은 기대하고 갈망할 수 있을 것입니다. 그리고 오늘날 우리 가운데 유사한 영적 기사가 일어나기를 기대할 수 있을 것입니다.

오순절은 유대인들의 신앙에 의하면 율법이 주어졌던 절기입니다. 그리고 율법이 주어질 때 시내산에서 놀라운 권능이 나타났다면, 복음이 주어졌을 때에는, 그 사역이 훨씬 더 영광스러운 것이기 때문에, 하나님의 특별한 임재가 있어야 했습니다.

복음이 나타날 때 성령님이 큰 표적과 기사로 역사하시는 것을 목격했다면 그것이 지속될 것을 기대해야 하지 않습니까?

아니, 오히려 시대가 갈수록 그분의 권능이 더 크게 나타날 것으로 기대해야 하지 않겠습니까?

율법은 사라졌지만 복음은 결코 사라지지 않을 것입니다. 복음은 완전한 천년왕국이 오기까지 점점 더 빛나게 될 것입니다. 그러므로 저는 물리적 기사를 제외하고 성령님이 강림하셨을 때 성령님에 의해 일어난 모든 역사가 세대를 넘어 계속해서 일어날 것을 기대할 수 있다고 생각합니다.

오순절이 첫 열매를 드리던 맥추절이라는 사실을 잊지 말아야 합니다(출 23:16 이하). 이 절기는 처음 익은 곡식을 하나님께 바치는 날이었습니다.

만일 복음의 추수가 시작될 때 성령님의 권능을 뚜렷하게 목격했다면, 복음의 추수가 진행되고 있을 때 그리고 수없이 많은 곡식단을 거두고 있는 이때 더 한없는 성령님의 권능을 기대해야 하지 않겠습니까?

만일 오순절이 그렇게 놀라운 일이었다면 실제 추수가 그보다 더욱 놀라운 일이라고 결론 내려야 하지 않겠습니까?

오늘 아침 저의 목표는 성령 강림을 역사의 한 조각으로 논하려는 것이 아닙니다. 다만 이 시간 그것을 우리, 이 말세에 진리를 증거하도록 부르심 받은 우리와 더욱 관련이 있는 사실로서 살펴보기 위한 것입니다. 성부 하나님은 위로자를 보내시고 주님이 다시 오실 때까지 성령님이 우리 가운데 거하시도록 해 주셨습니다.

성령님은 한 번도 되돌아가신 적이 없습니다. 우리 구세주의 기도 응답으로 우리와 영원히 함께 거하시기 위해 오셨기 때문입니다. 위로자 성령님의 은사는 일시적인 것이 아니었습니다. 또한, 그 능력의 나타나심도 단회적인 것이 아니었습니다. 성령님은 지금 여기에 계십니다. 그분이 우리 가운데 거룩하게 역사하실 것을 기대해야 합니다.

만일 그렇지 않다면, 그것을 가로막는 것은 무엇인지, 우리 안에 성령님을 괴롭게 하는 어떤 것이 그분의 능력을 제한하는 것은 아닌지, 무엇이 과거와 같은 역사가 일어나지 못하게 하는지 스스로를 살펴봐야 합니다. 하나님이 오늘 아침의 묵상이 성령님 안에서 우리의 믿음을 성장시키도록 해 주시고 그분을 향한 갈망이 타오르게 해 주셔서, 우리가 초기 교회처럼 그분이 사명을 완성하시는 것을 바라보게 해 주시기를 소망합니다.

1. 오순절 때 두드러진 성령님의 임재 상징은 '급하고 강한 바람 소리'와 '불의 혀같이 갈라지는 것' 두 가지입니다

상징을 하나씩 따로 살펴보겠습니다.

첫째, 신성의 상징인 바람을 보겠습니다.

종종 구약성경에서 하나님은 '바람'이나 '호흡' 상징을 통해 자신을 계시하셨습니다. 사실, 거의 다 아시겠지만 '바람'과 '영'은 히브리어로 같은 단어입니다. 그리고 신약성경에 사용된 헬라어도 마찬가지여서, 예수님이 니고데모에게 하시는 말씀을 번역할 때 '영'을 말씀하시는지 '바람'을 말씀하시는지 번역가로서도 구분하기 쉽지 않았을 것입니다.

사실 어떤 번역가는 가장 정확하게도 '바람'으로 번역했지만, 나머지 다수는 여러 가지 이유로 '영'이라 번역했습니다. 원어로 보면 두 가지 중 하나 또는 두 가지 다를 의미합니다. 바람은 모든 물질 가운데 외관상 가장 영적인 물질에 해당합니다. 바람은 눈에 보이지 않고 공기와 같으며 신비롭기 때문에 사람들이 영과 가장 유사한 것으로 주목해 왔습니다.

에스겔의 환상에서 선지자가 마른 뼈의 골짜기를 보았을 때 성령님은 생기를 주는 바람으로 묘사되었고, 선지자가 예언했을 때 마른 뼈들이 살아날 때까지 그 위로 바람이 불어왔음을 우리가 다 알고 있습니다.

성경이 하나님의 역사 또는 자기 종들을 가르치시는 장면을 묘사할 때 바람이 언급됩니다.

여호와의 길은 회오리바람과 광풍에 있고(나훔 1:3)

그때에 여호와께서 폭풍우 가운데에서 욥에게 말씀하여 이르시되 (욥 38:1).

오순절에 불어온 바람은 소리 즉, 급하고 강한 바람과 같은 소리를 동반하고 있었다는 사실을 주목해 주시기 바랍니다. 비록 하나님의 영은 침묵 가운데 일하실 수 있으나 구원하시는 활동에서 종종 소리를 사용하십니다.

시종일관 거룩한 침묵만이 유지되는 집회의 가치를 외면하고 싶지 않습니다. 왜냐하면, 저는 우리가 침묵에 대해 좀 더 존중할 수 있기를 바라기 때문입니다. 그리고 고요함 속에서 오히려 내적 생명이 양분을 얻을 수 있습니다. 그러나 성령님은 하나님 나라의 진보를 위해 침묵으로만 역사하지 않으십니다. 그것은 믿음은 들음에서 나기 때문입니다(롬 10:17). 복음이 선포되고 말씀이 모든 열방에 전해질 때 급하고 강한 바람 같은 소리가 들려집니다.

만일 주님이 사람에게 귀와 혀를 주지 않으셨다면, 침묵 예배가 적합할 뿐만 아니라 필수적인 것이 되었을 것입니다. 그러나 우리에게 귀가 있는 한 주님은 우리가 반드시 무언가를 듣고, 우리에게 혀가 있는 한 우리가 반드시 말을 하도록 하셨습니다.

조용한 것을 좋아하는 분이 계실 것입니다. 그러나 복음이 자유롭게 뻗어 나가는 곳에는 반드시 어느 정도의 소음과 소요가 있습니다. 이런 경우 의심의 여지 없이 소리는 회중에게 어떤 일이 일어날 것인지 관심을 갖게 하고, 그들을 일깨우고 경외심으로 채웠습니다. 급하게 일어나는 바람에 대해 설명할 수 없는 엄숙한 무언가가 있습니다. 그것은 영혼으로 하여금 신성한 권능의 숭고한 신비 앞에 무릎 꿇게 합니다.

엄숙하게 부는 급하고 강한 바람보다 성령님의 역사 보조자로서 더 적합한 것이 무엇이겠습니까?

이 경외감을 일으키는 강한 바람 소리와 함께 그것이 하늘로부터 왔다는 사실을 가리키는 분명한 조짐이 있었습니다. 평상시 바람은 하늘의 이쪽 혹은 저쪽에서 불어오는데, 이 바람은 하늘 그 자체로부터 내려왔습니다. 위에서 내려오는 하강 외풍과 같았습니다.

이것은 참영이신 성령님이 이쪽저쪽에서 오시는 것이 아니며, 사람의 권세가 성령님을 조종하고 지시할 수도 없으며, 다만 그분의 역사가 항상 위로부터 곧 오직 하나님 자신으로부터 임한다는 사실을 보여 줍니다. 성령님의 역사는 하나님의 호흡이며 그분의 능력은 특별한 의미에서 하나님이 직접 발하시는 권능에 해당합니다.

그러므로 이 신비로운 바람은 위에서 내려와 제자들이 모여 있는 실내로 들어가서 그곳을 가득 채웠습니다. 일반적인 급하고 강한 바람이었다면, 그 바람이 건물을 향해 불어 닥칠 때 실외에서부터 느껴졌을 것이며 집을 무너뜨리고 그 안의 사람들을 다치게 했을 것입니다. 그러나 하늘에서 내려온 이 급한 바람은 실내를 가득 채웠지만 방을 파괴하지 않았으며 기다리던 무리를 전복시키지도 않았습니다. 다만 복을 주었습니다.

호흡, 공기, 바람은 사람의 생명을 상징합니다. 마찬가지로 하나님의 영은 영에 속한 사람의 생명(The life of spiritual man)을 상징합니다. 성령님이 우리를 살리시고 그 후에도 우리가 살아 있게 하시며, 우리의 내적 생명을 자라게 하시고 온전하게 하십니다. 하나님의 사람의 코에 있는 호흡이 성령님입니다. 이 거룩한 호흡은 사람을 다시 살릴 뿐만이 아니라 활력을 주기 위한 것입니다.

우리가 지금 이처럼 무거운 공기 가운데 앉아 있는데, 산들바람이 불어온다면 얼마나 행복하겠습니까?

거센 산들바람이나 시원한 바닷바람이 불어오면 우리가 기쁘게 환호하지 않겠습니까?

땅 위의 바람이 그렇게 상쾌하다면, 천국에서 부는 바람은 얼마나 상쾌할까요?

그 급하고 강한 바람은 곧장 땅에서 생겨난 모든 습기와 증기를 깨끗이 날려 버렸습니다. 그 바람은 제자들을 불러일으켰고, 더 많은 주님의 사역을 위해 전열을 가다듬게 해 주었습니다. 제자들은 위대한 천국 생명의 거센 바람을 들이마심으로 생기 있고 흥분되고 동요했습니다. 성령으로 충만하게 되었기 때문에, 거룩한 열정이 그들 위에 임했습니다. 그리고 힘을 받았고 그전에는 알지 못하던 더 고귀한 삶의 형태 안으로 들어가게 되었습니다.

의심의 여지 없이 바람은 성령님의 저항할 수 없는 권능을 보여 주기 위한 도구로 사용되었습니다. 그것은 공기가 단순하고 이동성이 있고 겉보기엔 약하지만, 그것이 활동하게 되면 여러분 가운데 어떤 생명체가 있는 것처럼 느껴지기 때문입니다. 그 활동 속도가 더 빨라지면, 잠에서 깬 거인의 가만히 있지 못하는 힘과 같이 가늠할 수 없습니다.

보십시오. 그것은 폭풍이 되고, 사나운 비바람이 되고, 허리케인과 토네이도 그리고 태풍이 됩니다. 바람이 한껏 거세게 일어날 때 더 이상 강력한 것은 없습니다.

그래서 사람들이 하나님의 영을 무시하고 그분의 존재 자체도 믿지 않는다고 해도, 충만한 능력으로 역사하셔서 그분의 능력이 무엇인지 눈으로 목도하게 해 주십니다. 성령님이 꽃들을 어루만지는 잔잔한 미풍과 같은 숨결로, 얇은 날개를 가진 곤충이 바람에 밀려가지 않을 만큼 부드럽게 불어오실 때, 우리의 마음은 위로를 받습니다.

성령님이 휘젓는 강풍처럼 오실 때, 우리는 다시 살아나 더욱 활기차고 부지런하게 되고, 돛을 높이 올리고 질풍 속으로 나아갑니다. 성령님이 더욱 강력하게 임하실 때, 거짓 자신감과 거짓 도피처를 와르르 무너뜨리는 권능의 천둥소리를 들으며, 티끌 가운데 엎드립니다.

바위 같아 보였던 육신적 인간의 견고한 의지가 얼마나 철저하게 쓰러지게 됩니까?

참나무 뿌리 같아 보였던 인간의 소망이 강력한 성령님의 호흡 앞에 뿌리부터 뽑히지 않았습니까?

무엇이 그분을 대적해 설 수 있습니까?

이 말세에, 레바논의 백향목을 꺾어 버리는 급하고 강한 바람이 그 권능을 대적하는 모든 것을 휩쓸어 버리는 모습을 볼 수 있기를 원합니다.

둘째, 오순절의 두 번째 상징인 불을 살펴보겠습니다.

불은 종종 신성을 상징합니다. 아브라함은 '타는 횃불'(창 15:17), 모세는 '타는 떨기나무'(출 3:2-4)를 보았습니다. 솔로몬이 거룩하고 아름다운 성전을 지었을 때, 하나님이 그 성전에 임재하심을 보여 주기 위해 하늘에서 희생 제물 위에 불이 내려와 봉헌이 이루어졌습니다(대하 7:1-3).

그것은 주님이 성전으로 대체되기 이전의 장막에 계실 때에 낮에는 구름 기둥, 밤에는 불 기둥 가운데 자신을 계시하셨기 때문입니다.

우리 하나님은 소멸하는 불이심이니라(히 12:9).

그러므로 불은 성령님의 적절한 상징입니다. 성령님을 사랑하고 경배합시다. 각 사람의 머리에 앉았던 불의 혀는 선택받은 각 사람의 마음과 영혼을 개별적으로 찾아오실 것에 대한 징조입니다. 불은 그들을 태우기 위해 온 것이 아닙니다. 불의 혀가 아무도 상하게 하지 않았기 때문입니다.

주님이 찾아오시기로 예비하신 사람들에게 가까이 오실 때에는 전혀 위험할 것이 없습니다. 그들은 하나님을 봅니다. 그리고 불에 닿지만 타지 않고 생명이 보존됩니다. 이것이 하나님과의 교제를 위해 정화되고 예비된 자들에게만 허락된 특권입니다.

이 상징이 의도한 것은 불이 빛을 발하는 것과 마찬가지로 성령님이 제자들을 조명해 주실 것을 보여 주기 위한 것이었습니다.

그가 너희를 모든 진리 가운데로 인도하시리니(요 16:13).

제자들은 더 이상 훈련되지 못한 이스라엘의 어린아이들이 아니라, 이스라엘의 교사요, 장차 열방을 그리스도의 제자 삼을 훈도가 될 것이었습니다. 이런 이유로 빛 되신 성령님이 그들에게 임한 것이었습니다. 그러나 불은 빛을 밝히는 것 이상의 일을 합니다. 불은 타오르게 합니다. 불꽃은 모든 사람의 머리 위에 내려앉았고, 제자들은 강한 열정의 사랑으로 불붙고 자기희생으로 불타고 있었습니다.

그래서 사람들에게 나아가 이해하기 어렵고 논리적인 차가운 언어가 아닌, 열정으로 불타는 언어로 말하고 그들이 그리스도께 나아와 생명을 얻을 수 있도록 설득하고 간청했습니다. 불은 성령의 감동을 의미했습니다. 하나님은 곧 제자들이 거룩한 은혜 아래 말하도록 성령님이 주시는 것을 말하게 해 주실 것이었습니다.

모든 주의 종들의 머리 위에 임했던 불의 혀가 상징하는 복된 의미를 우리가 모두 완전하게 경험할 수 있게 주시기를 소망합니다. 우리 안에서 계속해서 죄를 태워 주는 불, 우리 자신을 하나님께 드려지는 온전한 번제물로 만들 수 있는 거룩한 제사의 불꽃, 하나님을 향해 결코 꺼지지 않는 열정의 불꽃 그리고 십자가를 위한 헌신이 있게 하시기를 소망합니다.

불의 상징뿐만 아니라, 불의 혀 상징도 존재한다는 사실을 유념하시기 바랍니다. 그것은 하나님은 말씀을 전하는 교회, 즉 실제 칼을 갖고 싸우는 교회가 아니라 그 입에서 나오는 칼을 가지고 싸우는 교회, 오직 예수 그리스도에 대한 복음을 선포하는 것이 유일한 무기인 교회를 세우기를 원하셨기 때문입니다.

저는 제가 알고 있는 설교자들이 오순절을 경험했을 때 그 은혜가 꽃의 혀 모양으로 내려앉았다고 말했던 사실을 재고해 보지 않을 수 없습니다. 그러나 사도들이 경험한 오순절은 그냥 꽃이 아니라 불꽃이었습니다.

오늘날 우리는 얼마나 세련된 설교를 듣습니까?

설교에 얼마나 많은 새로운 생각과 시적 표현이 담겨 있습니까?

그러나 그것은 성령님의 방식이 아닙니다. 매끄러운 설교는 부드럽고 온화하게 흐르면서 인간의 존엄, 세기의 위엄과 함께 죄의 심판에 대한 희석, 마귀 대장을 포함한 모든 잃어버린 영혼의 회복 가능성에 대해 말합니다. 그것은 사탄적 사역으로 뱀처럼 교묘하고 하와를 유혹했던 말처럼 애매합니다. 성령님은 우리가 이런 식의 설교를 하지 말라고 명하십니다. 불, 치열함, 열의와 열정은 원하는 만큼 있을 수 있습니다.

그러나 다듬어진 문장과 미사여구의 효과만을 목표로 하는 것은 지존자의 메시지를 전하는 사람보다는 사람을 속이는 말을 하는 자들에게 더 적절합니다. 성령님이 일하시는 방식은 진리를 가장 강력한 방식으로 마음에 전달하는 것입니다.

그것은 꾸밈없으나 불처럼 타오르고 단순하지만 태우는 방식입니다. 성령님은 성경 전체에 단 한 번도 냉담한 시대를 기록하신 적이 없으며, 단 한사람을 통해서도 생명이 없는 말씀을 하신 적이 없고 오히려 불의 혀를 주시고 복을 주십니다.

이제 두 가지 상징을 통해 성령님이 어떻게 우리를 가르치시는지 주의 깊게 관찰하시기 바랍니다. 성령님이 성부 하나님으로부터 그 아들 예수 그리스도께로 오실 때 비둘기처럼 오셨습니다. 노동으로 자신의 생애를 채우고 고난으로 자신의 삶을 끝내게 되실 고난당하는 귀하신 그분의 머리 위에 평화가 임했습니다.

예수님의 기름 부으심은 평화의 기름 부으심입니다. 그분의 온몸이 이미 사랑으로 불붙었기 때문에 불의 혀가 필요하지 않았습니다. 성자 하나님에 의해 성령님이 호흡처럼 제자들에게 주어졌습니다.

> 그들을 향하사 숨을 내쉬며 이르시되 성령님을 받으라(요 20:22).

생명으로 풍성한 삶을 사는 것은 주 예수 그리스도를 섬기는 종들에게 있어서 무엇보다도 필요하기 때문에(요 10:10) 성령님이 우리를 찾아오십니다. 이제 우리는 그리스도께서 보내 주신 성령을 내적 생명으로 받았으며, 성령님도 우리를 사용하시고 복 주시기 위해 임해 주십니다. 이것이 성령님이 찾아 오시는 방식입니다. 즉, 성령님은 우리가 하는 말을 보내 주는 바람처럼, 우리가 선포한 진리를 위해 길을 만드는 불처럼 오십니다.

이제 우리의 말은 성령님의 호흡 안에 있는 생명과 불꽃으로 충만하게 되어 불꽃처럼 사람들의 영혼 위에 떨어져서 하나님을 향한 열망으로 타오르게 합니다. 만일 성령님이 저와 여러분 혹은 우리 모두에게 임하셔서 사역을 위한 자격을 갖추게 하시려면 이렇게 임하실 것입니다. 말하자면, 단순히 우리 자신의 삶을 위한 것이 아니라 다른 이들의 생명을 살리기 위한, 불처럼 타오르는 능력의 사역을 위한 것입니다.

오 지금도 오소서. 급하고 강한 바람과 불의 혀로 오소서.

세상은 주님이 너무도 필요합니다. 세상은 죄의 열병으로 생명을 잃어 가고 있으며 치유의 바람이 필요합니다. 칠흑 같은 어둠으로 덮여 있습니다. 세상은 진리로 타오르는 횃불이 필요합니다. 성령님이 주시지 않는다면 생명도 빛도 없습니다.

오! 복되신 성령님이시여!
오소서.
하나님의 백성을 통해 이 세상 위에 임해 주소서.

이제 두 가지 상징을 합쳐 볼 것입니다. 다만 여러분은 관심 있는 대상을 염두에 두십시오.

바람과 불을 합쳐 보겠습니다.

지금까지 저는 이 두 가지를 따로 떼어 보았고, 각각의 능력을 알려 드렸습니다.

그렇다면 이 두 가지가 합쳐진다면 무엇이 될까요?

강하고 급한 바람만 분다면 그것은 얼마나 두려운 것일까요?

아무도 이길 수 없을 것입니다. 용맹한 배들이 서로 돌진하는 것과 삼림의 왕자인 떡갈나무가 꺾이는 모습을 보십시오.

불이 홀로 역사한다면 그것 또한 얼마나 두려운 것이겠습니까?

불이 소리도 없이 양을 집어삼킬 때 누가 반항할 수 있겠습니까?

그러나 바람과 불이 서로 연합해 일한다면 어떻게 되겠습니까?

런던의 구 도시를 기억해 보십시오. 처음에 화염이 시작되었을 때, 바람이 화염에 공기를 불어넣어 주었고, 그 후에 건물들이 화염 기둥 앞에 무너졌기 때문에 소화 작업이 전혀 불가능했습니다. 대초원에 불을 질러 보십시오. 소낙비가 내리고 대기가 고요할 때 초원의 불은 멈출 것입니다. 그러나 바람이 불어 불꽃이 살아나게 합니다. 그리고 불의 혀가 높이 자란 풀을 핥고 지나가는 동안 그 포식자가 어떻게 휩쓸고 가는지 보십시오. 저희는 최근 신문에 산림화재에 관한 기사를 읽었습니다.

얼마나 엄청난 광경입니까?

건장한 나무들이 화염 속에 어떻게 쓰러지는지 들어보십시오.

무엇이 그것을 저항할 수 있겠습니까?

불은 산들도 불타오르게 할 수 있습니다.

얼마나 엄청난 연기가 하늘을 검게 합니까?

대낮도 어둡게 만듭니다. 언덕과 언덕이 차례로 번제물이 되어 타오를 때, 겁먹은 사람들은 주의 큰 날이 임한 것을 상상하게 됩니다. 만일 우리가 그 장관과 같은 영적 대화염을 눈으로 볼 수 있다면, 그것은 우리가 간절히 염원해 마지않는 대종말일 것입니다.

오! 하나님, 우리에게 이와 같이 성령님을 보내 주십시오.

생명의 호흡과 정복할 수 없는 열정의 불을 주셔서 열방이 차례로 나아와 예수님의 통치 앞에 무릎 꿇게 하소서.

우리의 하나님이시여!

불로서 응답하소서, 우리가 기도합니다. 바람과 불로 함께 응답하소서. 그리하시면 우리가 참으로 주님이 우리 하나님이심을 보게 될 것입니다. 주의 나라는 오지 않고 그 역사는 쇠약해 가고 있습니다.

오 주님, 불과 바람을 보내 주소서.

우리가 모두 하나로 일치하고, 모든 것을 믿으며, 모든 것을 소망하며, 기도를 통해 모든 준비가 되었을 때, 주님은 역사하실 것입니다.

주님, 우리가 항상 성령님을 기다리는 자들이 되게 하소서.

2. 성령 강림은 두 가지의 즉각적 효과가 있습니다

바람과 불 상징은 공연히 보내진 것이 아닙니다. 두 가지의 즉각적 효과를 기대했습니다.

첫째, 성령 강림은 즉각적으로 충만하게 합니다.

> 그들이 앉은 온 집에 가득하며(행 2:2).

> 그들이 다 성령님의 충만함을 받고(행 2:4).

성령님이 강림하심으로 단순히 집을 가득 채운 것이 아니라, 사람들을 충만으로 채웠습니다. 제자들이 일어나서 말하기 시작했을 때, 무리 가운데 이것을 눈치채고 상스러운 말로 조롱하는 사람들도 있었습니다.

> 그들이 새 술에 취하였다(행 2:13).

물론 "새 술에"라는 말을 추가했지만, 그들이 '충만함'이라는 이 한 가지를 감지했다는 것은 분명합니다. 우리는 본성상 가련하고 공허한 존재들이며 그런 상태에 있는 동안에는 쓸모가 없습니다. 그래서 우리에게 성령 충만이 필요합니다. 어떤 분들은 성령님이 말씀만 전해 주신다고 믿고 있는 듯합니다. 그들은 거룩에 대한 성경의 가르침은 비교적 중요하지 않다고 여깁니다.

이런 세상에!

우리가 그런 이론을 따라 살게 되면 어떤 문제가 생깁니까?

빈 수레가 얼마나 요란하게 달그락거리는 소리를 내는지 알고 계시지 않습니까?

이런 사람들은 아무 의미 없는 말을 놀라울 만큼 많이 합니다. 그 말에 불을 지르면 아무것도 남지 않습니다. 저는 시종일관 끝없이 말만 하는 그런 종류의 부흥을 두렵게 생각합니다. 가르침을 맡은 자로 세워진 사람들은 주님에게 직접 배워야 합니다.

주님으로부터 받지 않은 것을 어떻게 전할 수 있습니까?

참으로 성령님이 역사하시는 곳에서는 먼저 성령 충만하게 하신 후에 말하게 하십니다. 이것이 그분의 방식입니다. 지금 이 순간, 여러분과 제가 성령 충만해질 수 있기를 소원합니다.

충만!

충만 이후에 그들은 우리가 때로 그런 것처럼 식고, 죽고, 생명을 잃어버렸습니다.

충만!

이 충만 후에 그들 가운데 다른 것이 들어갈 여지가 존재하지 않았습니다. 그들은 하늘 권능에 의해 전적으로 점령되었기 때문에 육신의 정욕이 차지할 공간이 전혀 없었습니다. 두려움은 사라졌으며 사소한 동기는 모두 쫓겨났습니다. 하나님의 영이 제자들의 존재를 채우고 넘쳐 다른 것들을 모두 몰아내 버렸습니다.

이전에 그들에게는 많은 과실과 허물이 있었지만, 그날 그들이 성령으로 충만하게 되었을 때 더 이상 찾아볼 수 없게 되었습니다. 그들은 이전과 다른 사람이 되었습니다. 하나님으로 충만한 사람은 자기 자신으로 충만한 사람과 반대입니다. 비어 있는 사람과 충만한 사람의 차이는 상당한 것입니다.

목마른 사람에게 빈 그릇을 주었다고 생각해 봅시다.

그릇을 넘겨받을 때 요란한 소리가 있었음에도 물을 마시려 그릇에 입을 대면 얼마나 우스운 일이 생기겠습니까?

그러나 그 그릇이 신선한 물로 채워져 있다면, 그 그릇을 받을 때 더 조용할 수도 있습니다. 왜냐하면, 물이 가득 한 그릇은 조심스럽게 다뤄야 하기 때문입니다. 그러나 그때 사람이 그 그릇으로 물을 마시는 것은 얼마나 놀라운 복인지 모릅니다. 그는 그릇에 가득한 물을 단숨에 마셔 버릴 것입니다.

충만한 교회를 통해 세상이 구원받게 될 것입니다. 결코 충만하지 않은 교회가 세상을 구원할 수 없습니다. 교회로서 우리가 가장 사모하는 것은 성령 충만입니다. 말씀에 대한 은사는 당연히 따라오게 될 것입니다. 사람들이 저에게 묻습니다.

자매들이 어디에서든 말씀을 전할 수 있습니까?

예배 시간에 안 되면 더 작은 모임에서는 전할 수 있지 않습니까?

자매들이 성령 충만하다면 저는 "예" 하고 허락해 줍니다.

형제가 말씀을 전해도 됩니까?

물론입니다. 그가 성령 충만하다면 가능합니다.

평신도가 설교할 수 있습니까?

저는 제가 성직자가 아니라는 것 외에는 평신도라는 것에 대해서는 아무것도 알지 못합니다. 다만 그가 성령 충만하다면 저는 누구든지 설교하도록 허락해 드립니다.

우물물아 솟아나라(민 21:17).

만일 그것이 생수의 우물이라면 누가 막겠습니까?

누가 막을 수 있습니까?

가득 찬 사람이 흘려보내게 해야 합니다. 아무것도 들어 있지 않은 사람이 쏟아내도록 하지 말아야 합니다. 목회자가 자신의 공적 직업을 핑계로 말도 안 되는 긴 시간 동안 쏟아 놓고, 쏟아 놓고, 쏟아 놓지만 아무것도 나오지 않습니다. 그러나 저는 확신합니다. 그는 성령님에 의해 일하는 것이 아니라 자기 자신의 허영심을 따라 일하는 것입니다.

둘째, 성령 강림은 즉각적으로 말을 하게 합니다.

성령님이 제자들을 충만하게 하시자마자 그들은 즉시 말하기 시작했습니다. 사람들이 모이기 전에 말하기 시작한 것으로 보입니다. 내면의 힘이 말하도록 요구했기 때문에 그들은 말하지 않을 수가 없었고, 말을 해야만 했습니다. 성령님이 실제로 어떤 사람 위에 임하실 때, 그는 원하는 규모의 청중이 모일 때까지 기다리지 않으시고 두 번째 기회를 포착하십니다. 성령님은 한 사람에게 말하고, 두 사람에게 말하고, 세 사람에게 말하고, 누구에게든지 말합니다. 그 사람은 가득 채워져 있기 때문이며 말해야만 하고 쏟아내야 합니다.

성령님이 한 사람을 충만하게 하시면, 그는 알아듣기 쉬운 말을 하게 됩니다. 군중은 각기 다른 방언으로 말했고, 성령으로 말하게 된 제자들은 군중의 방언으로 무리를 향해 말했습니다. 이것이 성령님이 말하게 하시는 하나의 표적입니다. 만일 먼곳에서 온 제 친구가 라틴어로 동료 상인들에게 말한다면, 이 일은 성령님과는 아무 상관이 없음을 제가 보증합니다.

만일 한 박식한 학자가 멋진 웅변으로 회중의 머리 위에 불을 토한다고 합시다. 그가 원한다면, 키케로나 데모스테네스와 같은 웅변술을 따랐을 것입니다. 그렇지만 그것을 성령님이 하신 일이라고 하면 안 됩니다.

왜냐하면, 성령님의 방법을 따른 것이 아니기 때문입니다. 성령님은 알아들을 수 있도록 말씀하십니다. 모호한 부분이 있다면 어떤 언어를 사용하셨는지에 달려 있습니다.

무리는 말씀을 이해한 것만 아니라 강한 감정을 느꼈습니다. 이 성령강림절 설교 말씀에는 예리한 날이 있었고 청중은 "마음에 찔려"(행 2:37) 괴로워하였습니다. 진리가 사람들에게 상처를 입혔고, 많은 사람이 급소에 찔림을 받았습니다. 도망칠 수 없었습니다. 이전에도 설교자들이 말하는 것을 들은 적이 있지만 이번에는 완전히 달랐습니다. 제자들이 말할 때 불꽃이 튀었습니다.

그리고 한 사람이 듣고 있다가 동료에게 외치며 물었습니다.

"이것이 무엇입니까?"

설교자들은 불을 내뿜고 있었고, 그 불은 무리를 놀라고 당혹하게 했습니다.

이것이 성령님의 두 가지 효과입니다.

첫째, 사역과 교회가 성령으로 충만하게 되는 것입니다.

둘째, 불의 사역, 불타는 교회가 주변 사람들이 느끼고 이해할 수 있도록 말하게 되는 것입니다.

분명한 원인은 분명한 결과를 낳습니다. 그리고 이 바람과 불의 사역은 곧바로 시작된 것입니다.

이 소리가 나매(행 2:6).

물론 강하고 급한 바람 같은 소리가 있었기 때문에 소리를 들은 것입니다. 모든 사람이 함께 모였고 소동했습니다. 하늘에서 큰바람이 세차게 불어왔기 때문에 자연스럽게 동요가 일어난 것입니다. 모두가 깜짝 놀랐습니다. 어떤 이들이 믿음으로 무슨 일인지 질문하는가 하면 다른 사람들은 조롱하기 시작했습니다.

불은 나누는 성질이 있습니다. 불이 일할 때 늘 그렇듯이, 값진 것과 불순물을 나누어 버린 것입니다. 우리는 참된 부흥이 시작할 때 사람들 가운데 소리와 동요가 있는 움직임을 관찰하게 됩니다. 그런 일들은 한쪽

구석에서 일어나지 않습니다. 도시들은 하나님의 임재를 깨닫게 될 것입니다. 그리고 군중은 이 사건에 이끌리게 될 것입니다.

지금까지 성령 강림절 기사의 즉각적 역사를 말씀드렸고, 이제 세 번째 요점으로 넘어가겠습니다. 그것은 이와 같습니다.

3. 성령 충만 받은 제자들이 전한 말씀의 주제는 '구원'입니다

우리가 예정론이나 자유의지와 같은 해묵은 주제들에 대한 논의를 재현해야 합니까, 하지 말아야 합니까?

그럴 필요가 없습니다. 그 주제들은 다루기에 민감한 면이 있고, 대부분의 논객에게도 쉽지 않거나 논의가 끝났습니다.

우리가 전천년설이나 후천년설의 도래에 대해 많은 말씀을 들어야 하지 않습니까?

그렇지 않습니다. 저는 성령님이 분명하게 밝혀지지 않는 때와 시기에 대한 대화나 몽상을 하시는 경우를 보지 못했습니다.

우리가 진보주의 신학에 관한 유식한 논문을 더 봐야 하지 않습니까? 그렇지 않습니다.

신사숙녀 여러분!

마귀가 교회에 영감을 주면 우리는 현대 신학을 갖게 됩니다. 그러나 하나님의 영이 우리 가운데 계시면 그런 쓰레기 같은 신학은 견디지 못하고 쫓겨나게 됩니다.

그렇다면 이 제자들은 무엇을 설교했습니까?

청중은 이렇게 말했습니다.

> 우리가 다 우리의 각 언어로 하나님의 큰 일을 말함을 듣는도다(행 2:11).

첫째, 그들의 설교 주제는 '하나님의 크고 놀라운 일'이었습니다.
오! 이것이 제가 죽는 날에 제 영혼의 오직 한 가지 주제가 되길 원합니다. 제자들이 구원, 즉 하나님의 크고 놀라운 일에 관해 전했기 때문입니다.

베드로의 설교는 구원에 대한 설교를 어떻게 해야 하는가에 대한 표본입니다. 그는 사람들에게 예수님이 하나님의 아들이시며, 그들이 예수님을 십자가에 못 박아 죽였으나, 예수님은 인간을 구원하러 오셨고, 그분의 고귀한 보혈을 통해 구원받는다고 말했습니다. 베드로는 구속을 설교한 것입니다.

오! 성령님이 우리와 함께 계실 때, 어떻게 하면 이 땅에 "구원, 구원, 구원, 보혈의 구원"의 메아리를 계속해서 울려 퍼지게 할 수 있을까요?

그것은 불의 혀를 위한 가장 좋은 연료입니다. 그것은 신성한 바람이 두둥실 날려 보내 줄 가치가 있는 것입니다.

> 곧 하나님께서 그리스도 안에 계시사 세상을 자기와 화목하게 하시며 그들의 죄를 그들에게 돌리지 아니하시고(고후 5:19).

> 그 아들 예수의 피가 우리를 모든 죄에서 깨끗하게 하실 것이요(요일 1:7).

이것은 우리가 아무리 자주 언급해도 부족한 하나님의 크고 놀라운 일 가운데 하나입니다.

둘째, 제자들은 분명히 하나님의 크고 놀라운 일, 즉 거듭남에 대해 말했습니다.

초기 교회 당시 성령님의 사역은 아무것도 감춰진 것이 없었습니다. 전면에 드러났습니다. 베드로가 말했습니다.

> 그리하면 성령님의 선물을 받으리니(행 2:38).

오순절의 설교자들은 성령님의 권능에 의한 회심, 회개, 갱신, 믿음, 성화 등의 역사에 관해 이야기했습니다. 이 주제들에 관해 자유롭게 말했고, 그들의 주 되신 거룩하신 성령님께 영광을 돌렸습니다. 만일 성령님이 우리에게 다시 한번 충만하고 불같은 역사를 선사해 주신다면, 우리는 "네게 거듭나야 하겠다"(요 3:7)라는 말씀이 분명하게 선포되는 것을 듣게 될 것입니다.

우리는 혈통으로나 육정으로나 사람의 뜻으로 나지 아니하고 오직 하나님께로부터 난 자들(요 1:13), 곧 하늘에서 온 능력으로 다시 태어난 자들이 나아오는 것을 보게 될 것입니다. 성령님이 함께하시는 사역은 성령님 자신에 대해 그리고 마음에 대한 그분의 거룩한 역사에 대해 침묵할 수 없습니다.

셋째, 하나님의 놀라운 업적, 즉 죄의 용서에 대해 매우 분명하게 설교 했습니다.

그것이 베드로가 깊이 찌른 무리들의 급소였습니다. 무리는 회개하고 죄 용서를 받아야 했습니다.

이것은 얼마나 복된 메시지입니까?

반역의 무기를 내려놓고 자신이 나무에 못 박았던 분의 발 앞에 엎드릴 때, 극악무도한 죄의 용서, 예수님의 보혈로 사신 용서, 값없는 용서, 완전한 용서, 돌이킬 수 없는 용서가 죄인들의 괴수에게 주어집니다. 만일 우리가 하늘의 은혜 아래 있다는 것을 증명하려고 한다면, 돌아온 탕자에 대한 아버지의 용서의 은혜로운 메시지를 계속해서 들려주어야 합니다.

그 이상 더 행복한 이야기가 무엇이겠습니까?

성령님이 강력하게 역사하실 때 땅 위에 다시 살아날 교리는 구속, 거듭남, 죄의 사면입니다.

친애하는 형제자매 여러분!

여러분의 수고 위에 성령님이 임하신다면, 이 세 가지를 항상 선두에 내세우십시오. 그리고 모든 사람이 자신의 언어로 하나님의 크고 놀라운 일을 듣게 해 주십시오.

4. 성령 강림의 '영광스러운 결과'는 깊은 찔림입니다

상세한 내용이 다소 길더라도, 제 말씀을 인내하고 들어 주시기 바랍니다. 성령님이 바람과 불로 오시고, 충만하게 하시고, 말하게 해 주셨던 역사의 결과는 청중이 깊은 찔림을(deep feeling) 갖도록 하는 것이었습니다. 아마도 죽을 수밖에 없는 사람의 언어로 그날 예루살렘에 모인 무리 가운데 일어난 그런 흥분은 결코 이 세상에 존재하지 않을 것입니다.

여기에 한 무리, 저기에 한 무리, 모든 사람이 하나님의 크고 놀라운 일에 대한 동일한 이야기를 들었고, 모두가 동요되고 영향을 받았습니다. 하늘의 바람과 불이 설교와 함께 나갔기 때문에 그 권능을 느끼지 않을 수가 없었기 때문입니다.

마음에 찔림을 받았다고 했습니다. 그들은 고통스러운 감정을 느꼈고, 자신들의 적대감을 소멸시키는 아픔을 느꼈습니다. 하나님의 말씀은 존재의 중심을 내려쳤습니다. 급소를 찌른 것입니다.

세상에!

오늘날 사람들이 설교를 들으려고 예배실에 들어올 때 친구들은 이렇게 질문합니다.

"목사님을 얼마나 좋아하세요?"

누가 목사님을 얼마나 좋아하는지 알아보라고 시켰습니까?

하나님의 종을 그런 식으로 대하면 실제 유익이 무엇입니까?

비판을 받기 위해 우리가 여러분에게 보냄을 받았습니까?

아직도 많은 사람이 우리가 한 시간 동안 무대 위에 올라오는 바이올린 연주자 혹은 연극배우 정도로밖에 생각하지 않는 것처럼 보입니다.

친애하는 성도 여러분!

우리가 하나님께 충성하고 여러분 앞에 진실하다면, 우리의 사역은 대부분의 사람이 꿈꾸고 있는 것보다 더 엄숙한 사업입니다. 모든 진실된 설교는 마음을 겨냥한 것이며, 마음이 죄를 떠나 그리스도와 혼인하게 하는 것을 목표로 삼고 있습니다.

설교가 사람을 떨게 하거나 슬프게 하지 못하고, 조만간 그들을 그리스도께로 이끌어 주지도 않으며, 그로 인해 기뻐하게 하지도 않는다면, 우리의 사역은 실패한 것이며, 하나님의 인을 받지 못한 것입니다.

수천 번의 설교를 들었음에도 마음이 정확히 겨냥되지 않았거나 궁수들이 과녁을 맞추지 못한 이유로 인해 얼마나 많은 사람이 아직도 주님 앞에 나오지 않고 있습니까?

아! 저의 회중은 마음을 과녁으로 내어놓지 않습니다. 집을 나서면서 귀와 머리만 가져오고 마음은 남겨 두고 옵니다.

여기에서 우리에게 도우심이 필요합니다. 하나님의 이름으로 말씀을 전하는 모든 사람에게 성령님이 임하시도록 강력하게 기도해 주시기 바랍니다. 기도해 주실 때 청중 가운데 깊은 찔림이 생겨날 수 있습니다.

그 후에 무리들의 진지한 질문이 뒤따라왔습니다.

> 그들이 이 말을 듣고 마음에 찔려 베드로와 다른 사도들에게 물어 이르되 형제들아 우리가 어찌할꼬 하거늘(행 2:37).

실제 행동으로 이어지지 않는다면 감정 그 자체로는 아무것도 이룰 수 없습니다. 사람이 느끼게 하는 것만으로 충분히 좋은 것이지만, 즉각적 실천을 보여 주거나 최소한 무엇을 해야 하는가에 대해 진지한 질문을 하게 하는 찔림이 되어야 합니다.

하나님의 영, 성령님이 저에게 오신다면, 저와 같은 자에게도 오신다면, 사람들이 말씀을 듣고 돌아가서 잊어버리지 않을 것입니다. 그들은 일어나 아버지를 구할 것이며 그분의 사랑을 맛볼 것입니다.

주님이 그분의 말씀을 전하는 모든 형제에게 임해 주신다면, 사람들이 말씀을 들을 때 단순히 울기만 하지 않을 것입니다. 말씀을 듣고 있는 동안에도 가서 질문할 것입니다.

> 내가 어떻게 하여야 구원을 받으리이까(행 16:30).

이것이 우리에게 필요한 것입니다. 새 설교자가 필요한 것이 아니라, 성령님의 새로운 기름 부으심이 필요한 것입니다. 참신한 예배 형식이 필요한 것이 아니라, 우리를 사용하셔서 불과 바람의 성령님이 어디에서나 사람들이 "내가 어떻게 하여야 구원을 받으리이까"(행 16:30)라고 부르짖을 때까지 역사하시는 것이 필요합니다.

이 사건이 일어난 후 사람들이 말씀을 크게 받아들이는 역사가 일어났습니다. 말씀을 기쁘게 받았고, 그것을 몇 가지 열매가 보여 주었습니다.

첫째, 무리가 회개하는 역사가 일어났습니다.

무리는 자신들이 예수님께 행한 일로 인해 양심의 가책을 받고 마음이 찔렸습니다. 무리는 경건한 사람들과 마찬가지로 슬퍼하며 죄를 끊어 버렸습니다. 그때 그들은 더 이상 주저하지 않고 자신들이 살해한 그분을 믿고 구주로 영접했습니다.

하나님이 화목 제물로 세우신 예수님을 믿게 되었고, 그렇기 때문에 말씀을 온전히 받아들였습니다. 회개와 믿음은 예수 그리스도를 온전히 영접하도록 만듭니다. 이 두 가지 모두가 무리에게 일어났습니다.

오늘날 우리가 이 거룩한 역사의 열매를 목격할 수 없는 이유가 무엇입니까?

우리의 믿음에 비례해 그 역사를 목격하게 될 것입니다.

그러나 그 다음이 무엇입니까?

곧바로 세례를 받은 것은 무엇 때문입니까?

회개와 믿음의 다음 단계는 신앙고백이었습니다. 무리는 단 하루라도 지연시키지 않고 실천에 옮겼습니다.

왜 그렇게 했을까요?

자원하는 도움들도 그곳에 있었습니다. 믿음으로 충만한 제자들이 다 같이 거룩한 섬김에 기쁘게 참여했으며, 그들은 당일에 성부와 성자와 성령의 이름으로 세례를 받았습니다.

만일 성령님이 온전히 우리와 함께하신다면 신앙을 고백하는 신자의 수가 적은 것에 대해 불평하지 말아야 합니다. 신자들은 성령님이 정하신 때와 방법에 따라 구주를 고백하는 것을 갈망하고 있기 때문입니다. 박해를 두려워하거나 우유부단함 때문에 또는 안락함을 사랑해서 그리고 교만하고 불순종해서 세례를 뒤로 미루는 경우가 종종 있습니다.

그러나 하늘의 바람과 불이 거룩한 일을 행하실 때 이 모든 것은 사라집니다. 성령님이 권능으로 역사하실 때 악하기 짝이 없는 확신이 부족한 태도와 예수 그리스도에 대해 부끄러워하는 마음도 사라질 것이며, 주저하거나 지체하는 모습도 영원히 사라지게 됩니다.

더욱이 그곳에는 즉각적 고백만이 아니라 성령님의 역사 결과로 놀라운 계속성이 이어졌습니다.

> 그들이 사도의 가르침을 받아(행 2:42).

우리는 사람의 방법이 만들어 낸 수많은 부흥을 경험했지만, 그 결과는 슬프게도 실망스러운 것이었습니다. 흥분 속에서 명목상 회심자들의 수가 크게 불어났습니다.

그러나 작은 시험을 만난 후 그들은 어디에 있습니까?

여태껏 부흥회라고 불린 자리에서 제가 가능한 많은 씨를 뿌려 왔으나 유감스럽게도 가치 있는 수확은 미미했다는 사실을 인정할 수밖에 없습니다. 기대감은 꿈결같이 우쭐하게 했지만 괄목할 만한 성과는 밤의 환영처럼 사라졌습니다.

그러나 성령님이 참으로 역사하시는 곳에는 회심자들이 생겨납니다. 제대로 뿌리내리고 기본이 든든해집니다. 그리하여 그들은 새로운 가르침의 바람에 흔들리지 않고 사도들이 가르치는 진리를 계속해서 받습니다.

둘째, 하나님께 풍성한 예배를 드렸습니다.

그것은 사도들의 가르침을 받는 일만 아니라 떡을 떼고 기도하고 교제를 나누는 일도 계속되었기 때문입니다. 당시 기도 모임을 갖는 것과 계속해서 매일 성찬을 나누는 것도 아무런 어려움이 없었고, 거룩한 교제에 전혀 부족함이 없었습니다. 그것은 하나님의 영이 그들 가운데 계셨기 때문이며 그들이 성례를 소중히 여겼기 때문입니다.

이렇게 말하는 사람들이 있습니다.

"이런 사역자나 저런 전도자를 청빙하려면 우리가 잘하여 부흥해야 합니다."

사랑하는 형제자매 여러분!

성령님이 함께하신다면 여러분은 그분의 임재로부터 그 외의 모든 것을 소유할 수 있습니다. 모든 좋은 것이 그분 안에 있기 때문입니다.

다음으로, 두드러진 관대함이 있었습니다. 헌금을 모으는 것은 어렵지 않았고 관대함이 넘쳐났습니다. 신자들이 가진 모든 것을 공동 기금에 쏟아 부었습니다. 그때에는 정말 금과 은이 주님 것이라는 말이 사실로 보였습니다(학 2:8). 하나님의 영이 강력하게 역사하실 때는 고아와 과부를 위해 호소하거나, 지원금 부족 때문에 점령할 수 없는 선교지를 놓고 무릎을 꿇고 재정을 간구할 필요가 거의 없습니다.

지금 우리 마을 교회들은 목회자들을 간신히 굶주림을 면할 수 있는 정도로 지원하고 있습니다. 그러나 성령님이 모든 교회에 찾아와 주신다면, 모두가 힘차게 나아가게 하는 방안이 곧 마련될 것이라고 믿습니다.

만일 이것이 이뤄지지 않는다면, 저는 우리 비국교도 교회를 위해 염려할 수밖에 없습니다. 그 존재 이유가 사라질 것이기 때문이며, 이 교회는 영적, 물질적 공급에 완전히 실패할 것입니다. 은혜가 부족하지 않을 때 재정도 부족하지 않을 것입니다.

성령님이 오시면, 물질을 가진 자들은 주님께 그것을 드립니다. 적게 가진 자도 그 적은 것을 나눠 주며 점점 더 부유하게 될 것입니다. 이미 부자인 사람들은 그 가진 것을 봉헌하면서 행복하게 됩니다. 강하고 급한 바람 소리가 들려올 때, 헌금함을 흔들어 댈 필요가 전혀 없으며 불이 모든 마음을 사랑 안에 녹여 버립니다.

그리고 계속되는 기쁨이 찾아왔습니다.

> 떡을 떼며 기쁨과 순전한 마음으로 음식을 먹고(행 2:46).

초기 교회 성도들은 기도 모임과 설교 시간에만 기뻐한 것이 아니라, 아침과 저녁 식탁에서 또한 기뻐했습니다. 무엇을 먹든지 찬양을 드렸습니다. 성령님이 계시는 동안 예루살렘은 가장 행복했던 도시였습니다.

외부인들은 아침부터 밤늦게까지 찬양을 부르는 제자들을 보고 이런 질문을 했을 것입니다.

"이 모든 게 어찌 된 일입니까?"

그때만큼 사람들이 성전에 빈번하게 올라간 적도 없었으며, 그렇게 많은 노래가 불려진 적이 없을 것입니다. 바로 그 예루살렘 거리에, 한때 멸시당하던 갈릴리 사람들의 노래가 시온의 언덕 위에 울려퍼졌습니다.

그들은 기쁨으로 충만했으며, 그 기쁨은 하나님께 대한 찬양을 드릴 때 나타났습니다. 예배 시간에도 가끔 '영광', '할렐루야'라는 소리가 터졌을 것이라고 의심치 않습니다. 모든 점잖은 예의범절도 바람에 날려가 버린 것이 놀랍지도 않습니다. 너무 기뻐 신명이 나 구르기 직전이었습니다.

물론 지금 시대에 우리는 결코 '아멘'이나 '영광'을 외치지 않습니다. 우리는 얼어붙을 만큼 점잖아져서 어떤 식으로든 예배를 방해하지 않습니다. 사실 그것은 우리가 그다지 기쁘지 않기 때문이며, 그런 식의 행동을 하고 싶은 만큼 특별히 마음에 찬양이 충만하지 않기 때문입니다. 우리는 성령님의 많은 것과 그분의 임재가 주는 큰 기쁨과 즐거움을 잃어버렸습니다.

그래서 많은 사람이 점잖은 냉담자로 자리 잡고 말았습니다!

우리는 찬양을 위한 종려나무 가지 대신 기품 있는 분홍 꽃을 모으고 있습니다.

> 하나님, 우리에게 영광스러운 무질서의 계절을 주소서.
> 바다를 일렁이게 할 몰아치는 바람을 주셔서, 쇠사슬로 만든 닻에 매여 너무나도 조용하게 누워 있는 형제들이 뱃머리 사이를 구르게 하소서.
> 우리는 작은 배입니다. 성령님의 바람이 우리를 소원 항구로 빠르게 데려가 준다면, 거센 바람 앞에 날듯이 질주할 것입니다.
> 성령님, 다시 불로 임해 주소서.
> 누구보다도 먼저 둔감한 사람들에게 임하소서. 이것이 무관심을 위한 확실한 치료법입니다. 오직 단 한 사람의 가슴속에 불꽃이 떨어지면 그는 알고, 하나님의 말씀이 사람의 영혼으로 돌아올 때에도 그는 그것을 압니다.
> 오! 그 불이 먼저 제자들 위에 임하게 하시고, 주위에 있는 모든 사람 위에도 임하게 해 주소서.

셋째, 교회가 날마다 성장했습니다.

주께서 구원받는 사람을 날마다 더하게 하시니라(행 2:47).

회심은 끊임없이 일어났습니다. 교회 성도가 늘어나는 일은 일 년에 한 번 있는 행사가 아니었고, 날마다 일어났습니다.

이와 같이 주의 말씀이 힘이 있어 흥왕하여 세력을 얻으니라(행 19:20).

오! 성령님이시여!
주님은 오늘도 우리와 함께 언제든지 역사하실 수 있습니다.
가만히 계시지 마소서.
우리가 구하오니, 지금 곧 역사해 주소서.
성령님의 능력 임재를 방해하는 모든 장벽을 무너뜨려 주소서.
무너뜨려 주소서. 무너뜨려 주소서.
오! 거룩한 바람이여!
모든 장애물을 사로잡아 가소서.
오! 거룩한 불이여!
지금 우리에게 불타는 마음과 불의 혀를 주셔서, 우리가 예수 그리스도를 위해 화목하게 하시는 말씀을 전하게 하소서. 아멘!

Sermons on The Holy Spirit

제8장
성령님의 내주하심과 넘쳐나심
(The Indwelling and Outflowing of the Holy Spirit)[1]

나를 믿는 자는 성경에 이름과 같이 그 배에서 생수의 강이 흘러나오리라 하시니 이는 그를 믿는 자들이 받을 성령님을 가리켜 말씀하신 것이라 (예수께서 아직 영광을 받지 않으셨으므로 성령님이 아직 그들에게 계시지 아니하시더라) (요 7: 38-39).

그러나 내가 너희에게 실상을 말하노니 내가 떠나가는 것이 너희에게 유익이라. 내가 떠나가지 아니하면 보혜사가 너희에게로 오시지 아니할 것이요 가면 내가 그를 너희에게로 보내리니(요 16:7).

친애하는 성도 여러분!

우리가 살아 계시고 참되신 하나님을 예배하는 것은 무엇보다 중요한 일입니다. "너희는 알지 못하는 것을 예배하고"(요 4:22)와 같이 된다면 병든 것입니다.

---

1 설교 No. 1662.; 1882년 5월 28일 주일 아침, Metropolitan Tabernacle(Newington 소재)

주 너의 하나님께 경배하고 다만 그를 섬기라 하였느니라(마 4:10; 눅 4:8).

이방인들은 이 계명을 어기고 많은 신을 만들고 이런저런 형상을 만들어 숭배의 대상으로 삼았습니다. 그들은 도를 넘어 역겨운 미신과 우상 숭배로 달려가고 있습니다. 저는 때때로 '그리스도를 고백하고 스스로를 그리스도인으로 칭하는' 우리, 바로 그런 우리가 정확히 반대 방향을 향해 가는 것은 아닌지 우려합니다.

저는 하나님을 필요 이상으로 예배하는 것보다 하나님을 부족하게 예배하는 것을 우려합니다. 이것은 우리가 성령 하나님께 합당한 예배를 드리는 것을 망각할 때 나타납니다.

참하나님은 성삼위 하나님 곧 성부, 성자, 성령 하나님이십니다. 한 분 하나님이시지만, 그분은 거룩한 세 위격의 삼위일체 안에서 자신을 계시해 주십니다. 성부 하나님과 성자 하나님은 예배하면서 성령 하나님 예배를 잊어버리거나 가볍게 여긴다면, 이는 하나님을 부족하게 예배하는 것입니다. 가엾은 이방인들이 무지로 인해 선을 넘어 범죄하는 동안에 우리도 역시 부족하거나 실패하지 않는지 경계해야겠습니다.

성령님께 사랑이 담긴 경의와 합당한 존경심을 표하지 못한다면, 그것은 참으로 크게 탄식할 만한 일일 것입니다.

하나님의 교회가 성령님을 충분히 염두에 두지 않았기 때문에 우리가 그분의 권능을 그만큼 덜 누리고 세상에서 그분의 역사를 덜 목격하게 되는 것 아닐까요?

예수 그리스도의 역사를 전파하는 것은 복된 일이지만, 성령님의 역사를 생략하는 것은 악한 일입니다. 그것은 주 예수님의 역사 자체가 성령님의 역사를 알지 못하는 사람에게 전혀 복이 되지 못하기 때문입니다.

구속할 속전(ransom price)이 있을지라도 오직 성령님을 통해서만 우리가 구속을 깨달을 수 있습니다. 보혈이 있을지라도 성령님이 우리를 그 보혈로 씻김 받는 회개의 믿음을 인도해 주시지 않는다면 그 샘에 씻길 자가 없을 것입니다.

붕대는 부드럽고 연고는 치유 효과가 있을지라도 위대한 의사가 주신 것들을 성령님이 도포해 주시기 전에는 결코 치료되지 않을 것입니다. 그러므로 죄에 빠지거나 우리 스스로 큰 손실이 생기지 않도록 거룩하신 성령님의 역사를 소홀히 하지 말아야겠습니다.

성도에게는 성령님을 무엇보다 높여 드려야 할 큰 이유가 있습니다.

그분이 없었다면 지금 여러분은 어떤 사람이 되었을까요?

만일 그분의 은혜로운 역사가 여러분에게 임하지 않았다면 여러분은 어떤 사람이 되었을까요?

성령님이 여러분을 다시 살리셨습니다. 그렇지 않으면 여러분이 오늘날 사시는 하나님 가계의 일원이 되지 못했을 것입니다. 그분은 여러분이 진리를 깨달을 수 있도록 가르쳐 주셨습니다. 그렇게 하지 않으셨다면 여러분은 지금 이 시간에도 육신적인 세상 사람들과 다름없이 무지했을 것입니다.

양심을 깨우쳐 주셔서 죄를 확신하게 해 주셨고, 죄를 미워하게 해 주셨고, 회개하도록 이끌어 주신 분도 그분이십니다. 믿음을 가질 수 있도록 지도해 주셨고, 하나님의 아들 예수 그리스도의 영광스러운 인격을 두 눈으로 보게 해 주셨습니다.

성령님이 여러분 안에 믿음과 사랑과 소망 그리고 모든 은혜를 주셨습니다. 여러분의 목에 걸린 보석 중에서 성령님이 달아 주시지 않은 것이 없습니다.

> 우리에게 있는 모든 선함과
> 모든 승리
> 그리고 모든 거룩한 생각이
> 홀로 그분의 것입니다.

> For every virtue we possess,
> And every victory won,
> And every thought of holiness,
> Are his alone.

성령님의 가르침 외에 우리가 올바르게 배운것이 있다면 무엇입니까? 이스라엘의 거룩한 하나님의 기름 부으심을 받지 않고도 우리가 어떻게 하나님께 기도하거나 사람에게 가르치면서 그분이 받으실 만한 말을 할 수 있습니까?

사랑하는 형제자매 여러분!

우리가 고난당할 때 누가 위로해 주었으며, 방황할 때 누가 이끌어 주었으며, 약할 때 누가 새 힘을 주었습니까?

수만 가지 방법으로 우리의 염려를 도우시는 분이 누구입니까?

그분이 바로 아버지께서 예수님의 이름으로 보내신 보혜사가 아닙니까?

성령님이 베풀어 주신 은혜의 풍성함을 제가 다 말할 수 있습니까?

성령님의 사랑을 제가 다 찬양할 수 있습니까?

제가 할 수 없다는 것을 압니다.

주님이 여러분 안에서 이루신 일을 알고 있는 여러분이 그분에 대해 그리고 그분의 사역과 직무에 대해 기쁨으로 높이 찬양해야 하지 않겠습니까?

우리에게는 우리의 구원을 이루신 분에게 영광을 올려 드리기에 마땅한 천 가지 이유가 있습니다. 결코 배은망덕해져서 성령님을 근심 시키는 일이 없도록 하고, 그분을 높여 드릴 수 있도록 노력합시다. 성령님 역사의 필요성과 그 최상의 가치에 대해 감명을 드리는 것이 오늘 아침 저의 일일 것입니다.

사랑하는 형제자매 여러분!

성령님이 우리 안에 이루신 모든 역사에도 불구하고 우리는 우리에게 기꺼이 주고자 하시는 복의 많은 부분을 놓쳤을 가능성이 매우 높습니다. 왜냐하면, 그분은 이런 분이시기 때문입니다.

> 우리 가운데서 역사하시는 능력대로 우리가 구하거나 생각하는 모든 것에 더 넘치도록 능히 하실 이에게(엡 3:20).

우리는 이미 예수님께 나왔습니다. 그리고 생명 시냇물을 마셨습니다. 우리의 목마름은 해갈되었고, 그분 안에서 살게 되었습니다.

이것이 끝입니까?

이제 우리가 그분 안에서 살고 있고 그것을 기뻐하고 있다면 모든 문제가 해결되었습니까?

분명 그렇지 않습니다. 우리 주님의 첫 권고의 말씀에 다다른 것일 뿐입니다.

> 누구든지 목마르거든 내게로 와서 마시라(요 7:37).

여러분은 하나님의 교회가 일반적으로 볼 때 다음 단계로 진보를 이뤘다고 생각하십니까?

> 나를 믿는 자는 성경에 이름과 같이 그 배에서 생수의 강이 흘러나오리라 하시니(요 7:38).

다만 곳곳에 이 전단계에 해당하는 믿음을 가진 성도들이 있을 뿐이라는 안타까운 진실에 관해 이야기해 보겠습니다. 직전에 말씀드렸듯이, 그들의 목마름은 해갈되었고 그들은 살아났습니다. 그리고 예수님이 살아 계시기 때문에 그들도 살게 될 것입니다. 그러나 넘치는 건강과 활력은 그들에게 없습니다. 생명이 있으나 더 풍성한 생명을 갖지 못했습니다.

타인에게 미치는 생명력이 거의 없습니다. 속으로부터 강물처럼 솟아올라서 흘러넘칠 만한 에너지가 전혀 없습니다. 혹시라도 그것이 가능하다고 생각해 보지 않았거나, 가능하다고 생각하면서도 그것이 그들에게 일어날 수 있다고 상상해 보지 않았습니다.

혹은 자신들에게 일어날 수 있다고 믿으면서도 그것을 열망하지 않았습니다. 다만 가장 충만한 단계의 복 바로 앞에서 멈춰 서 버렸습니다. 거룩한 강물에 걸어 들어가는 것으로 만족했을 뿐 "헤엄칠 만한 물"(겔 47:5)의 단계를 전혀 알지 못합니다.

옛 이스라엘 사람들처럼, 약속의 땅 전부를 차지하는데 부진하고, 전쟁이 곧 시작하는데도 주저앉아 있습니다.

형제자매 여러분!

하나님이 주실 모든 것을 받으러 하나님께 나아갑시다. 한량없이 선하신 하나님이 주려고 예비하신 것들을 그분의 도우심으로 반드시 차지하리라는 마음을 가집시다. 목마름을 해결해 줄 물 한 모금에 만족하지 말고, 부활하신 주님의 형상 안에서 육신을 장사 지내고 우리를 다시 일으키시는 세례를 받기 위해 들어갑시다.

그뿐만 아니라 우리를 영에 속한 사람이 되게 하시고, 하나님의 영광을 위한 열정과 사람의 아들들 가운데 그 영광이 더욱 크게 나타나실 것에 대한 열망으로 불타오르게 하실 성령 세례와 불 세례 안으로 들어갑시다.

따라서 저는 오늘 본문을 여러분에게 소개해 드립니다. 이 본문의 인도하심을 따라 특별히 우리가 갈망해 마지않는 성령님의 역사를 더 고찰하게 될 것입니다.

1. 성령님은 그리스도의 역사에 항상 관여하십니다

　그리스도의 역사를 모호하게 하면서 성령님의 역사를 설교하는 것은 대단히 유감스러운 일이 아닐 수 없습니다. 제가 아는 몇 사람은 우리가 바라보고 생명을 얻게 하시는 못 박히신 구주를 가장 먼저 그리고 가장 높이 높여 드리는 대신 죄인들 눈앞에서 성도의 내적 경험을 높였습니다.

　그러나 복음은 "보라, 성령님이로다"가 아닌 "보라, 하나님의 어린 양이로다"(요 1:36)입니다. 그리스도에 관해 설교하는 만큼 성령님을 무시하는 것도 동일하게 유감스러운 경우입니다. 그것은 예수님을 믿으면 거듭날 필요성이 없으며 '전가된 의'가 있으므로 '주입된 의'가 필요없다는 것과 같습니다.

　제가 예수님이 니고데모에게 교리를 가르치신 요한복음의 세 번째 장을 종종 여러분에게 상기시켜 드리지 않았습니까?

　　사람이 물과 성령으로 나지 아니하면 하나님 나라에 들어갈 수 없느니라 (요 3:5).

　우리는 또 이와 같은 복된 말씀을 함께 읽었습니다.

　　모세가 광야에서 뱀을 든 것같이 인자도 들려야 하리니 이는 그를 믿는 자마다 영생을 얻게 하려 하심이니라(요 3:14-15).

> 하나님이 세상을 이처럼 사랑하사 독생자를 주셨으니 이는 그를 믿는 자마다 멸망하지 않고 영생을 얻게 하려 하심이니라(요 3:16).

성령님에 의한 거듭남의 필요성이 예수님을 믿는 자는 구원을 거저 받는다는 약속과 함께 분명하게 드러나 있습니다. 이 두 가지 진리가 동등한 비중으로 뚜렷하게 드러날 수 있도록 주의를 기울여야 하는 것이 우리의 사명입니다. 이 두 진리는 서로 밀접하게 관련되어 있고 서로에게 각각 필수적입니다. 하나님이 짝지어 주신 것을 사람이 나누지 못합니다(막 10:9).

이 두 진리가 짝을 이루고 있으나 우선, 예수님이 영광을 받으시기 전에는 성령님이 제자들에게 오시지 않았습니다. 오늘 첫 번째 본문을 자세히 살펴보십시오. 그것은 아주 충격적인 말씀입니다.

> 성령이 아직 그들에게 계시지 아니하시더라(요 7:39).
> The Holy Spirit was not yet given(Jn 7:39, KJV).

'given'(주어지지)은 원어에는 없으나 번역가들이 이해를 돕기 위해 삽입된 표현입니다. 아마도 그렇게 하는 것이 현명했겠지만 원문에는 더 강제적 뜻이 담겨 있습니다.

이 얼마나 강력한 말씀입니까?

물론 우리 가운데 아무도 그때 성령님이 아직 계시지 않았다고는 상상도 하지 않을 것입니다. 왜냐하면, 그분은 영원하시고 자존하시며 지존하신 참하나님이시지만, 예수 그리스도께서 영광을 받으시기 전까지는 아직 오늘날처럼 인간과 최대한 교제를 나누지 않으셨습니다.

성령님의 내주하심으로 표현되는 하나님과 사람의 친밀한 사랑의 관계는 구원사가 완성되고 구세주께서 높임을 받으시기 전까지는 이뤄지지 않았습니다.

인간에 관한 한 그리고 충만한 복에 관한 한, 생수가 넘치는 강물로 표현된 성령님은 아직 계시지 않았습니다.

"그렇지만 구약 시대 광야 교회에도 성령님이 계시지 않으셨습니까?"
"이전 모든 시대에도 하나님의 영이 성도들과 계시지 않으셨습니까?"

제가 분명히 답변드립니다. 성령님은 현재 예수 그리스도의 교회에 거하시는 방식으로는 계시지 않으셨습니다. 여러분은 성령님이 오셔서 사로잡으시고 움직이시고 통해 말씀하셨던 선지자들과 기타 은혜로운 인물들에 대한 글을 읽어 보셨을 것입니다.

그러나 성령님은 그들 안에 내주하지는 않으셨습니다. 그 사람들에 대한 성령님의 역사는 어느 정도 순간적이었습니다. 그들이 성령님의 인도를 받고 그 능력을 경험하게 하셨지만, 그분은 그들 위에 머무시거나 그들 안에 내주하지 않으셨습니다.

그러나 가끔은 거룩한 성령님이 주어지실 때도 있었습니다. 그럼에도 그들은 "성령의 교통하심"(고후 13:13)을 경험하지 못했습니다.

한 프랑스 목회자가 이에 관해 아주 사랑스럽게 묘사했습니다.

> 그분은 사람들에게 나타나셨지만 사람들 안에 성육신하지 않으셨습니다. 여기저기를 다녀도 쉴 곳을 찾지 못했던, 노아가 방주에서 날려 보낸 비둘기처럼 성령님은 오셨다가 떠나셨고, 간헐적으로 역사하셨습니다.

그러나 새로운 세대에 성령님은 예수님이 세례받으신 후 그분의 머리 위에 내린 비둘기처럼 사람의 마음 안에 거하시고 내주하십니다. 영혼의 신랑 되신 성령님은 정혼자를 보러 나가셨으나, 예수 그리스도께서 영광을 받으신 후 오순절이 되어서야 비로소 혼인이 이루어졌고, 비로소 정혼자와 하나가 되셨습니다.

그는 너희와 함께 거하심이요 또 너희 속에 계시겠음이라(요 14:17).

이 내주하심은 우리와 '함께' 하시는 것과 차이가 있습니다. 성령님은 예수님이 사도들과 함께하실 때 그들과 함께 계셨습니다. 그러나 오순절과 그 이후에 그들을 충만하게 하셨던 것과 같은 의미로 함께하신 것은 아니었습니다. 우리 주님이 승천하시기 전에 성령님의 역사는 복음의 충만한 분량에 미치지 못했습니다.

이제 성령님은 우리에게 위로부터 부어지셨고 강림하셨습니다. 그래서 교회 가운데 거하시고, '이제 우리가 그분 안에 들어가고 그분 안에서 성령 세례를 받습니다(now we enter into him and are baptized into the Holy Ghost[2]). 그때에 성령님은 우리 안으로 오셔서, 우리를 그분의 성전이 되게 하십니다.

예수님이 말씀하셨습니다.

---

2   We enter 'into' him and are baptized 'into' the Holy Ghost: 침례 교단의 교리에 따른 번역. 사도행전 1:5, 11:16 등을 중심으로 보통 baptized 'with' the Holy Ghost로 해석되어 있다(역주).

내가 아버지께 구하겠으니 그가 또 다른 보혜사를 너희에게 주사 영원토록 너희와 함께 있게 하시리니(요 14:16).

잠시 오셨다가 떠나지 않으시고 교회 가운데 머물러 계십니다. 이는 성령님이 그리스도께서 영광을 받으시기 전까지는 충분한 의미에서 우리와 함께하실 수 없었다는 점을 고려해 볼 때, 성령님의 은사가 우리 주님과 얼마나 친밀하게 연결되었는지 보여 주고 있다는 것을 알게 됩니다.

이전에 열두 제자를 보내신 것처럼 예수님이 전도자 70인을 보내 복음을 전하게 하셨는데 그들은 분명히 큰 열심을 가지고 전하고 동요를 일으켰으나, 성령님은 그들의 설교 중 단 한편이라도, 심지어 한 줄의 메모라도 보존하려고 수고하지 않으셨다는 점을 관찰할 수 있습니다.

전도자들은 분명 성령님의 기름 부으심보다는 인간적 열정을 더 많이 보이며 상당히 거칠었고 불완전했을 것입니다. 그리고 그들은 잊혀졌습니다.

그러나 성령님이 강림하신 후 곧바로 이루어진 베드로의 설교는 기록되었습니다. 그렇기 때문에 우리에게는 사도와 집사들과 전도자들이 전해 준 다수의 말씀 기록이 남겨져 있는 것입니다. 주님이 영광을 받으신 후에는, 성도들의 영혼 가운데에 그 이전 시대의 사람들 가운데는 존재하지 않았던 지속적 충만함과 넘치는 축복이 있게 되었습니다.

성령님은 거룩하신 우리 주님이 영광 속으로 승천하신 사건 이후에 주어지셨으며, 이는 한편으로 예수님의 승천을 더 널리 알리시기 위함임을 또한 유념하시기 바랍니다. 예수님이 위로 올라가실 때 사로잡혔던 자들을 사로잡으시고 사람들에게 선물을 주셨습니다(시 68:18; 엡 4:8). 그 선물은 성령님이 그들 속에 내주하셔서 열방에 복음을 전하는 '사람들'입니다. 그 기념할 만한 날에 함께 모인 제자들에게 성령을 부어 주신 것은 부활하신 그리스도를 땅 위에서 영화롭게 하는 것이었습니다.

저는 하늘의 영광이 새 예루살렘의 언덕 위에 넘쳐나 사람의 아들들 가운데 흐르게 하시기 위해 주님이 승천하시고 영광 가운데 올라가셨을 때, 선물 중에서도 가장 중요한 선물인 성령님을 주신 것은 무엇보다도 효과적인 방법이라 생각됩니다. 저는 오순절의 성령님이 그러한 때에 강림하심으로 말미암아 그리스도를 영화롭게 하셨다고 강조해 말할 수 있습니다.

이보다 더 경축할 일이 있습니까?

호산나가 울려 퍼졌고 땅은 기쁨으로 메아리쳤습니다. 성령님이 강림하신 것은 사람들 가운데 하늘에 오르신 구세주의 영광에 대한 가장 고귀한 간증입니다.

예수님이 승천하신 시점에 성령님이 보냄을 받으신 것은 성부 하나님이 거룩하신 우리 주님을 받아 주셨다는 하나의 증거가 아니었습니까?

그렇기 때문에 성부 하나님이 교회를 향해 말씀하신 것 아닐까요?

"내 아들이 사명을 완성하였고 영광 가운데 온전히 들어왔다. 그러므로 내가 너희에게 성령을 주노라."

만일 여러분이 핏방울과 같은 땀과 사망의 상처로 심고 어떤 것을 거두게 될지 알고 싶다면 그 첫 열매를 보십시오. 스스로 그 첫 열매가 되시기 위해, 우리 가운데 지극히 크신 영광을 나타내시기 위해, 성령님이 어떻게 주신 바 되셨는지를 보십시오. 예수님의 사역에 대해 더할 나위 없이 분명한 확증은 제자들의 머리 위에 임한 불의 혀로 불의 인을 치신 것입니다. 이것이 하나님의 역사입니다.

그렇지 않다면 그와 같은 일이 그때에 일어나지 않았을 것입니다.

그리고 성령님의 역사가 그리스도의 역사와 관련해 우리에게 어떻게 임하는지 알기 원하신다면, 바로 예수 그리스도를 증거(bear the witness) 하는 것이 성령님의 역사임을 기억하시기 바랍니다. 성령님은 천 가지를 취해 보여 주지 않습니다.

그리스도께서 성령님이 주님의 것을 가지고 우리에게 보여 주실 것이라고 말씀하셨습니다(요 16:14). 성령님의 직무는 예수 그리스도가 처음이자 마지막입니다.

성령님은 그리스도께 나아오게 하기 위해 사람들에게 임하십니다. 그러므로 우리에게 오셔서 죄를 확신하도록 그리스도의 대속죄를 계시해 주십니다. 의를 확신하도록 오셔서 우리가 그리스도의 의를 보게 해 주십니다. 그리고 심판을 확신하게 해 주셨고 그리스도께서 산 자와 죽은 자를 심판하러 오실 때 준비될 수 있게 해 주십니다.

성령님이 성경에 기록되지 않은 새로운 복음 혹은 다른 어떤 것을 위해 오실 것으로 생각하지 마시기 바랍니다. 사람들이 날조된 것과 공상으로 지어낸 것들을 들고 와서 성령님이 계시해 주셨다고 말합니다. 저는 그들의 신성 모독적 뻔뻔함을 혐오하고 잠시라도 그들의 말 듣기를 거부합니다.

그들은 이런저런 황당한 주장을 지껄인 후에 그것이 성령님이 주신 지혜에서 나온 것이라고 말합니다. 헛소리를 들어주는 것만으로 인내심을 시험하기에 충분합니다. 그러나 성령으로 채움 받았다는 것은 더 이상 참을 수 없는 일입니다. 우리는 성령님을 통해 말한다고 주장하는 사람들의 진실 여부를 시험하고 판단할 수 있습니다.

왜냐하면, 성령님의 증거는 언제나 예수 그리스도께 가장 큰 영광이 되시기 때문이며, 이 시대의 하찮은 일들이나 육신의 어리석은 행위들과 관계가 없기 때문입니다.

예수 그리스도의 복음에 의해 하나님의 영이 사람의 마음에 역사하십니다.

> 그러므로 믿음은 들음에서 나며 들음은 그리스도의 말씀으로 말미암았느니라(롬 10:17).

성령님은 사람들의 죄 확신, 회심, 위로와 성화의 과정을 위해 '하나님의 말씀 듣는 것'을 사용하십니다. 성령님이 역사하시는 일반적 방식은 하나님의 것을 사람의 마음에 고정하는 것이며 그것들을 묵상하도록 생명과 힘을 넣어 주시는 것입니다. 사람의 기억에서 오랫동안 잊혀진 것들을 되살려 주시며, 종종 사람의 마음과 양심에 충격을 주기 위해 이것들을 사용하십니다.

사람들은 이 진리의 말씀을 들었던 것을 거의 기억하지 못하지만, 분명 그 진리는 언젠가 혹은 다른 때에 그들의 귀에 들려졌습니다. 구원의 진리들은 본질적으로 하나님의 말씀 안에 담겨 있는 것으로 주 예수 그리스도의 가르침, 인격, 사역 혹은 직무의 범주 가운데 하나에 속한 것입니다. 이 땅에서 그리스도를 우리에게 그리고 우리 안에 밝혀 주시는 것이 성령님의 가장 중요한 사업입니다. 그리고 언제나 한결같이 이 사역을 견지하십니다.

그뿐만 아니라 성령님의 사역은 우리를 예수 그리스도의 형상으로 빚어 주시는 것입니다. 성령님은 이런저런 사람의 견해를 따라 역사하지 않으시고, 우리가 그리스도의 형상을 본받아 많은 형제자매 중에서 맏아들이 되게 하려 하십니다(롬 8:29). 예수 그리스도는 성령님이 거룩하게 하시는 과정을 통해 그리스도가 우리 안에서 영광의 소망이 되기까지 이끌어 주시는 표준이자 모범이 되십니다(갈 4:19).

성령님의 역사는 언제나 그리스도의 영광을 위한 것입니다. 성령님은 특정 교회나 공동체의 영광을 위해 역사하지 않으십니다. 그분은 어떤 인간이나 교파의 영광을 위해서도 일하지 않으십니다. 성령님의 한 가지 위대한 목적은 예수 그리스도를 영화롭게 하는 것입니다.

> 그가 내 영광을 나타내리니(요 16:14).

이는 우리 구세주의 선언입니다. 성령님이 그리스도의 것을 가지고 보여 주실 때, 우리는 점점 더 우리의 복되신 구주 예수 그리스도를 더욱 경외하고 사랑하며 흠모하도록 인도받게 됩니다.

이 주제를 가지고 더 지체하지 않겠습니다. 예수님과 성령님의 역사가 어떤 불가분의 관계인지 보게 될 것입니다. 그리하여 우리는 성령님의 역사를 예수님의 역사 뒤에만 두지 않을 것이며, 예수님의 역사를 성령님의 역사 뒤에만 두지도 않을 것입니다. 두 가지 모두를 기뻐하고 중요하게 생각할 것입니다.

우리가 하나님 아버지의 사랑과 우리 주 예수님의 은혜 안에서 기뻐하고 동일하게 성령님과 사귐을 기뻐하며, 삼위 하나님이 한 분 하나님 안에서 일치하듯 하나 되게 하실 것입니다.

2. 성령님의 역사는 헤아릴 수 없는 가치가 있습니다

성령님의 역사는 가장 좋다고 생각되는 것도 그다지 좋은 것으로 여기지 않게 할 만큼 무엇과도 비교할 수 없는 가치를 지니고 있습니다. 우리 주님은 직접 말씀하셨습니다.

> 내가 떠나가는 것이 너희에게 유익이라 내가 떠나가지 아니하면 보혜사가 너희에게로 오시지 아니할 것이요 가면 내가 그를 너희에게로 보내리니(요 16:7).

친애하는 성도 여러분!
예수 그리스도의 임재는 제자들에게 말할 수 없이 소중한 것이었습니다. 그러나 그것이 성령의 내주하심보다 유익한 것은 아니었습니다.
놀라운 말씀 아닙니까?
우리 주님이 서두에 이렇게 말씀하셨습니다.

> 그러나 내가 너희에게 실상을 말하나니(요 16:7).

마치 예수님이 제자들이 어려운 말이라 느낄 것이라고 생각하셨던 것처럼 말입니다. 그것은 사실 어려운 말씀이었습니다. 예수님이 직접 제자들과 지상에 함께하셨다는 것이 어떤 의미였을지 잠시 생각해 본 뒤, 그 복을 상실해야만 "너희에게 유익이라" 하셨다면, 성령님의 역사가 얼마나 가치 있는 것이라고 말씀하시는지 생각해 보십시오.

주 예수 그리스도께서는 교사가 되어 주셨고, 제자들은 주님의 말씀을 직접 듣고 배웠습니다. 주님은 제자들의 지도자가 되어 주셨고, 제자들은 아무 질문 없이 주님의 발걸음만 따라 걸었습니다. 바리새인이나 사두개인들이 제자들을 공격해 올 때 주님은 변호자로서 그들의 놋 성벽이 되어 주셨습니다. 또한, 예수님은 위로자가 되어 주셨습니다. 제자들은 괴로울 때마다 그분을 의지했고, 긍휼이 가득하신 마음으로 위로의 홍수를 쏟아 부어 주셨습니다.

주 예수님은 제자들에게 모든 것, 과연 모든 것 중에 모든 것이었다고 한다면 어떻겠습니까?

아버지가 자녀에게, 어미가 젖먹이에게 무엇입니까?

그것은 제자들에게 예수님이셨습니다. 그럼에도 불구하고 성령님이 교회 가운데 거하시는 것이 그 모든 것보다 더 유익합니다.

이제 또 다른 생각을 해 봅시다.

지금 예수 그리스도께서 육신에 계셨을 때처럼 우리 가운데 오신다면 어떤 생각을 하시겠습니까?

재림하실 주님이 아니라 초림 때의 주님을 말씀드리는 것입니다.

그렇다면 여러분은 얼마나 많이 기쁘겠습니까?

오! 나사렛 예수 그리스도께서 이 땅에 다시 계시며, 사람들 가운데 사람이 되셨다는 소식을 듣는 기쁨, 그것은 하늘의 기쁨입니다!

손뼉을 치고 기뻐해야 하지 않습니까?

우리 모두 예수님이 사시는 곳에 살고 싶어 할 것이기 때문에 우리의 한 가지 질문은 "랍비여 어디 계시오니까"(요 1:38)가 될 것입니다.

그때 우리는 미국 워싱턴에 주거지를 마련하려고 몰려들던 흑인들을 공감할 수 있게 될 것입니다.

왜 그들이 그 도시에 살려고 몰려갔다고 생각하십니까?

그것은 흑인들을 자유하게 한 마사[3] 아브라함 링컨이 그곳에 살았기 때문입니다. 그리고 그들은 '위대한 친구'와 가능한 가까이 사는 것이 영광스러운 일이라고 생각했습니다. 만일 예수님이 사시는 곳이라면 어디든지, 사막이든 황량하기 짝이 없는 산속이든 문제가 되지 않을 것이며, 사람들은 그곳으로 서둘러 몰려갈 것입니다.

그 장소는 얼마나 붐비게 될까요?

만일 예수님이 이웃에 사신다면 형편없는 공동주택이라도 얼마나 많은 임대료를 지불해야 하겠습니까?

문제가 예상되지 않습니까?

결코 실제적으로나 신체적으로나 그분께 가까이 갈 수는 없을 것입니다. 이제 교회는 수백만 신자로 크게 증가해 주님을 따르는 사람들 가운데 일부는 그분을 결코 보지 못할 수도 있습니다. 그리고 대부분의 사람의 유일한 소원이 그분과 한 번 대화를 나눠보는 것이 될 것입니다.

예수님이 육신에 계실 때 열두 제자들이 그분을 매일 볼 수 있었던 것처럼 작은 제자의 무리라면 그분을 볼 수 있을 것입니다. 그러나 이제는 수많은 군중이 그분의 이름을 믿고 있기에 상황이 달라졌습니다.

---

[3] 마사(Massa)는 흑인들이 링컨을 경외하는 표현으로 부르는 호칭이다(역주).

만일 우리 주님이 미국에 살고 계신다면, 바다가 우리와 우리의 지도자 사이를 가로막고 있다는 사실에 대해 깊이 탄식하게 될 것입니다. 어떤 해운회사도 우리 모든 사람을 바다 건너로 데려가 줄 만큼 충분한 배를 운항하지 못할 것이기 때문입니다. 만일 주님이 몸소 이 작은 섬나라인 영국에 오신다면 몰려드는 그 거대한 신자 무리를 감당할 수 없을 것입니다.

성령님이 우리와 함께 거하시고 우리 안에 계시기 때문에, 성령님을 받는 것이 훨씬 더 좋습니다. 만일 우리가 사도들과 마찬가지로 육체적 모습으로 예수님을 알았더라면 감사했을 것이지만, 그분의 육체적 임재로 인해 야기될 문제가 너무 크기 때문에, 제자들이 예수님에 대해 육신을 따라 더 이상 알지 못하는 슬픔을 표현한다고 해도 우리는 그다지 놀라지 않게 될 것입니다(고후 5:16). 주님이 아버지께로 가셨기 때문에 위로자 성령님이 그분의 빈자리를 채워 주시고 기쁨이 넘치게 해 주셨습니다.

우리는 예수님이 지상에 계신다면 교회에 말할 수 없이 큰 힘이 되실 것이라고 종종 생각하지 않습니까?

원수들이 직접 주님을 만나면 그분에게 설득당하지 않겠습니까?

아니요, 그렇지 않을 것입니다. 모세와 선지자들에게 듣지 않으면, 비록 죽은 자 가운데서 살아나는 자가 있을지라도 권함을 받지 않을 것입니다(눅 16:31).

예수님은 부활하셨습니다. 그러나 그것 때문에 사람들이 믿은 것은 아닙니다. 만일 주님이 이 땅에 오랫동안 계속 머무신다고 해도, 그분이 직접 임재하시는 동안이라도 불신자를 개종하지 못하실 것입니다. 성령님의 능력 없이는 아무것도 하실 수 없기 때문입니다.

여러분은 이렇게 말할 것입니다.

"그래도 분명 교회가 열정으로 충만할 것입니다."

오늘 아침 지상에 계실 때와 같은 옷차림으로 몸소 이 강대상에 서 계신 주님을 상상해 보십시오.

황홀한 예배!

불타는 열정!

대단한 열광!

우리는 전에 결코 없던 흥분 상태로 집으로 돌아가게 될 것입니다. 그렇습니다. 그러나 그렇다 치더라도, 주님은 단순한 정신적인 흥분의 힘이나 주님을 향해 쫓아가는 열정으로 그분의 나라를 이끌어 가지 않으실 것입니다.

성령님의 사역은 더 진실한 사역, 더 깊은 사역, 더 확실한 사역이며 우리가 사랑해 마지않는 주님의 육체적 현존으로 동요되는 열광주의보다 훨씬 더 효과적인 방식으로 하나님의 목적을 달성할 것입니다. 그 사역은 영적이어야만 하기 때문에 가시적 임재는 떠났습니다. 그것이 더 낫습니다.

우리는 믿음으로, 믿음만으로 걸어가야 하는데 결국 썩게 될 눈으로 그분을 보게 된다면 어떻게 믿음만으로 갈 수 있습니까?

지금은 눈에 보이지 않는 성령의 시대입니다. 우리는 성령 안에서 그분의 말씀을 믿고 그 보이지 않는 힘에 의지함으로써 하나님께 영광을 돌립니다. 세상은 비록 믿음이 세워진 기초를 볼 수 없어도 이제는 믿음이 역사하고 믿음이 승리합니다. 그것은 우리 가운데 역사하시는 성령님이 육신의 마음으로 분별될 수 없기 때문입니다. 세상은 그분을 보지도 못하고 알 수도 없습니다(요 14:17).

이와 같이 여러분은 성령님의 역사가 헤아릴 수 없는 가치가 있다는 사실을 알게 되셨습니다. 그리스도께서 친히 함께하시는 것을 잃어버리는 것이 그리스도께서 성령님의 내주하심 없이 머무시는 것보다 유익하기 때문에 그 가치를 계산할 수 없습니다.

3. 성령님의 놀라운 역사에 대해 알아야 합니다

성령님의 역사는 놀라운 능력을 보여 줍니다.

> 나를 믿는 자는 성경에 이름과 같이 그 배에서 생수의 강이 흘러나오리라 하시니(요 7:38).

사랑하는 형제자매 여러분!
여러분은 오늘 본문을 이해하십니까?
여러분 안에서 생수가 흘러나오고 있습니까?
먼저 성령님의 역사는 내적 역사라는 것을 유념하시기 바랍니다. 즉 생수의 강은 사람의 중심에서 흘러나와야 합니다. 우리가 보고 있는 성경에는 "그 배에서"라고 되어 있는데 그것은 '그 사람의 마음과 영혼에서' 나왔다는 뜻입니다. 생수의 강은 사람의 입에서 나오지 않으며, 능력의 약속은 말에 관한 것이 아닙니다.

수많은 말, 말의 홍수가 있습니다. 그러나 그것은 마음(heart)에 관한 일입니다. 강의 근원은 내면에 있는 생명입니다. 그것은 그 샘의 원천에서 시작하는 내적 일입니다. 그것은 재능이나 능력에 관한 일이 아니며, 눈으로 볼 수 있고 번쩍이며 눈부신 일이 아닙니다.

그것은 완전히 내적인 일입니다. 생명의 홍수는 사람의 가장 깊은 자아에서, 그 사람의 배와 본질적 존재에게서 나오는 것입니다.

사람에 대한 존경심은 외형과 외관에 지나치게 치우치는 경향이 있지만, 머지않아 관심과 능력을 상실하게 됩니다. 그러나 성령님이 사람의 내면에 머물고 계실 때 성령님은 그 사람 안에서 '자치'(home rule)를 이뤄 주십니다. 그리고 한 옛 성인이 칭하던 "내무 부서"(the home department)에 대해 큰 관심을 기울여 주십니다.

아! 슬프게도 많은 사람이 우리의 주요 관심사를 소홀히 여깁니다.

그리스도 안에서 나의 형제여!

만일 여러분이 유익한 사람이 되기 원한다면 여러분 스스로부터 시작하십시오. 바로 여러분의 심령에서 축복이 나와야 합니다. 여러분 안에 있지 않은데 나올 수 없습니다. 그리고 성령 하나님이 넣어 주시지 않는다면 그것이 여러분 안에 있을 수 없습니다.

성령님의 그다음 역사는 생명을 나눠 주시는 역사입니다. 사람의 마음에서, 그 사람의 생명의 중심에서 생수의 강이 흘러야 합니다. 다시 말해서, 그 사람이 다른 사람들에게 하나님의 생명을 전달하는 도구로 사용되어야 한다는 뜻입니다.

그 사람이 말할 때, 기도할 때, 행동할 때에 은혜와 거룩함이 가득한 감화가 밖으로 내뿜어지게 될 것입니다. 그는 남들이 볼 수 있는 빛이 될 것입니다. 그의 삶은 다른 사람의 가슴에 생명을 밝히는 수단이 될 것입니다.

> 그 배에서 생수의 강이 흘러나오리라 하시니(요 7:38).

성령님의 역사가 얼마나 풍성한 것인지를 유념해 주시기 바랍니다. 놀라운 모습입니다. "그 배에서 생수의 강이 흘러나오리라"라고 되어 있지 않습니까. 원어를 보면 '강들'(rivers)이 흘러나온다고 되어 있습니다.

물이 많이 흘러나오는 샘 곁에 가 보신 적이 있습니까?

런던에서 그리 멀지 않은 곳에 그런 곳이 있습니다. 그곳에는 많은 작은 구멍에서 물이 보글보글 솟아나는 것이 보입니다. 물이 아래로부터 밀려 올라올 때 모래 춤을 구경해 보십시오. 바로 길 건너편에, 그 샘으로부터 나가는 개울이 흐르고 있고 그 개울 곁에는 풍차가 돌아가고 있습니다. 그리고 그 수차가 돌아갈 때 비로소 템즈강(River Thames)에 물을 공급하기 위한 강물이 흐르는 것을 볼 수 있습니다. 그러나 그것은 겨우 하나의 강일 뿐입니다.

만일 샘 하나에서 동쪽으로, 서쪽으로, 남쪽으로, 북쪽으로 사방으로 강이 흐르고 있다면 어떤 모습일까요?

이것이 말씀이 말하고 있는 장면입니다. 살아 있는 한 사람에게서 생수의 강물이 사방으로 넘쳐 흐르고 있습니다.

"아! 저는 아직 그 정도는 다다르지 못했습니다"라고 말할 것입니다. 여러분의 실패를 고백하고 인정할 때 유익이 있습니다. 만일 여러분이 "저는 모든 것을 풍성하게 갖고 있어요"라고 한다면, 유감스럽게도 결코 그 복의 충만함에 다다르지 못할 것입니다. 그러나 만일 스스로의 실패 원인을 아는 만큼, 주님이 여러분을 더 멀리 이끌어 주실 것입니다.

여러분 안에서 나오는 영적 생명이 실개천에 지나지 않는다면, 그 물방울이 작은 것들에 지나지 않는다면, 반드시 자신의 실패를 주님께 고백하시기 바랍니다. 더욱 충만한 복에 도달하게 될 것입니다.

얼마나 놀라운 말씀입니까?

생수의 강물!

믿음을 고백하는 모든 그리스도인이 다 이와 같은 샘이 될 수 있기를 소망합니다.

다음으로, 성령님의 역사가 얼마나 자연스러운지(spontaneous) 보십시오.

> 그 배에서 생수의 강이 흘러나오리라(요 7:38).

펌프질이 필요하지 않습니다. 기계나 유압 작용도 전혀 언급되지 않았습니다. 그 사람은 흥분이나 충동을 일으키기 원하지 않습니다. 그렇지만 있는 모습 그대로 최상의 은혜가 고요하게 흘러나갑니다.

이른 아침에 왁자지껄한 소리, 크게 외치는 소리 그리고 나팔과 북 치는 소리를 들어 보신 적이 있습니까?

"무슨 일인가요?"

누군가 질문합니다.

한 소리가 답변합니다.

"해가 곧 뜰 것입니다. 해가 이것을 모든 사람에게 알리기 위해 이 소음을 내고 있어요."

아닙니다. 해는 빛을 발하지만 아무 말도 하지 않습니다. 진정한 그리스도인도 해와 마찬가지로 축복으로 세상을 가득하게 합니다. 그는 전혀 자신이 주목받는 것을 원하지 않으며, 그가 세상에 어떤 영향을 주고 있는지 인식하지 못하고 있을 수도 있습니다.

하나님이 그 사람에게 큰 복을 주셔서 그의 푸른 잎은 마르지 않으며 무슨 일을 하든지 형통하고, 시냇가에 심겨져서 시절을 좇아 과실을 맺는 나무(시 1:3)와 같기 때문입니다. 그의 푸른 잎과 열매는 왕성한 생명력의 자연스러운 결과이기 때문입니다.

오! 한 사람이 그 충만한 은혜의 역사 안으로 들어갈 때 그것은 얼마나 복되고 자연스러운 것입니까?

그것은 그때에 그 사람은 영원한 생명을 먹고 마시고 안식하며 쉬고 있는 것으로 보이고 구원의 향기를 온 사방에 퍼트리는 것으로 보입니다.

그리고 친구 여러분!

성령님의 역사는 영구적으로 일어납니다. 그것은 갑자기 터져 나와서 세차게 흐르다가 멈춰 버리는 간헐천과 같지 않고 날마다 터져 나옵니다. 여름이나 겨울이나, 낮이나 밤이나 그 사람이 어디에 있든지 복이 될 것입니다.

숨을 쉬면 축복의 기도를 내 쉬게 될 것이고, 생각할 때 마음은 너그러움을 자아낼 것이며, 행동할 때 행동은 마치 하나님의 손이 사람의 손을 통해 일하시는 것과 같을 것입니다.

저는 그곳에 탄식하는 소리가 많이 들려지기를 원합니다.

친구들이 이렇게 말하는 것을 듣기 원합니다.

"오! 저도 그 성령님의 역사를 받을 수 있기를 원합니다."

저는 여러분이 그 은혜의 충만함을 받을 수 있기를 기도합니다. 우리 모든 사람이 받게 되기를 기도합니다. 예수 그리스도께서 영광을 받으셨습니다. 그러므로 성령님이 주신 바 되었는데, 주님이 부활하시고 승천하시기 전의 모든 거룩한 사람들보다 더 많은 하늘 왕국에 속한 사람들에게 성령님이 주신 바 되었습니다.

하나님은 결코 자기 아들의 승리를 축하하시며 복을 주시는데 인색하게 주시지 않습니다. 한량없이 성령님을 주십니다. 하나님이 이렇게 넓은 아량을 베푸신 적이 없으십니다. 그리스도는 하늘 높이 영화롭게 되셨으며, 하나님은 우리 각 사람에게 성령 세례를 보증하심으로써 땅 위 교회 안에서 그리스도를 영광스럽게 하실 것입니다.

이 주제를 마무리합니다. 여러분에게 위로가 가득하고 고무적인 묵상이 있으시길 바랍니다.

4. 성령님의 역사는 주의 자녀들이 아주 쉽게 얻을 수 있습니다

여러분은 성령님의 역사를 경험해 보신 적이 있으십니까?

하나님의 자녀는 성령님의 넘치는 역사를 경험할 수 있고 즉시 경험할 수 있습니다.

첫째, 예수님을 믿음으로 성령님의 넘치는 역사를 경험할 수 있습니다.

> 이는 그를 믿는 자들이 받을 성령을 가리켜 말씀하신 것이라(요 7:39).

믿음이 가져다준 첫 번째 음료가 우리를 살게 해 주었고, 우리 자신을 샘으로 만들어 동일한 방식으로 강물이 흘러가게 하신 더욱 풍성한 복이 두 번째 음료라는 것을 여러분은 알고 계십니까?

그리스도를 믿으십시오. 율법의 역사 곧 금식이나 수고하고 애쓰는 것이 아닌 주 예수님께 대한 믿음만으로 복을 받습니다. 그리스도와 함께 성령님의 예치된 복이 있습니다. 그분은 언제든지 그분의 이름을 믿는 여러분에게 그리고 모든 사람에게 이것을 주실 준비가 되어 있으십니다. 물론 여러분 모두를 설교자로 만들지는 않으실 것입니다.

그렇게 되면 누가 청중이 되겠습니까?

만일 모든 사람이 설교자라면 교회의 나머지 다른 사역은 소홀히 여겨질 것입니다. 그러나 그리스도께서 주시는 거룩한 은혜의 강물이 여러분 주위의 모두에게 흘러나가서 자녀들이 복을 받고, 하인들이 복을 받고,

여러분이 근무 중인 직장의 직원들이 복을 받고, 살고 계신 거리가 복을 받게 될 것입니다.

하나님이 주시는 기회에 비례해, 그 생수의 강은 이곳저곳 수로를 통해 흘러갈 것입니다. 그리고 만일 여러분이 온전한 복을 위해 예수님을 믿고, 믿음으로 그것을 받을 수 있다면, 그 생수의 강물은 언제든지 여러분에게서 쏟아져 나갈 것입니다.

둘째, 성령님의 넘치는 역사를 경험하기 위해 한 가지 해야 할 일이 더 있는데 그것은 기도입니다.

여기에서 저는 주님의 복된 말씀을 기억나게 해 드리겠습니다.

> 내가 또 너희에게 이르노니 구하라 그러면 너희에게 주실 것이요 찾아라 그러면 찾아낼 것이요 문을 두드리라 그러면 너희에게 열릴 것이니 구하는 이마다 받을 것이요 찾는 이가 찾을 것이요 두드리는 이에게 열릴 것이니라 너희 중에 아버지 된 자로서 누가 아들이 생선을 달라 하는데 생선 대신에 뱀을 주며 알을 달라 하는데 전갈을 주겠느냐 너희가 악할지라도 좋은 것을 자식에게 줄 줄 알거든 하물며 너희 하늘 아버지께서 구하는 자에게 성령님을 주시지 않겠느냐 하시니라(눅 11:9-13).

이 본문 말씀에는 하나님의 자녀에게 주시는 분명한 약속이 있습니다. 하늘에 계신 아버지께 능력을 구하면 성령님을 주실 것입니다. 그 약속은 이례적으로 대단히 강력한 강제력을 가지고 있습니다. 만일 하나님이 약속을 어기신다면, 물론 그럴리가 없지만, 그것은 더 이상 약속이 아닙니다. 왜냐하면, 하나님은 약속을 가장 강제력 있고 구속력 있는 것으로 다루시기 때문입니다. 그 놀라운 힘의 강제력을 어떻게 보여 드릴 수 있을지 저는 알지 못합니다.

자기 자녀가 빵을 달라 하는데, 돌을 준 사람에 대해 들어 본 적이 있습니까?

런던에서 가장 열악한 구역에 가 보십시오.

그런 사람을 만날 수 있겠습니까?

만일 원하신다면, 해적이나 살인자들 가운데 들어가 보십시오.

한 어린아이가 울면서 "아빠, 빵과 고기 좀 주세요"라고 말하는데, 가장 악한 아버지라면 그 어린 아들의 입에 돌덩이를 채워 줄까요?

본문은 우리가 주님께 필요한 능력을 구하는데도 성령 주시기를 거절하신다면, 주님이 그와 같은 행동을 하시는 것과 마찬가지라고 말씀하시는 것처럼 보입니다. 즉, 주님이 자기 자녀에게 떡 대신 돌을 주는 아버지와 같아질 것입니다.

주님이 그 정도로 저급해지실 수 있다고 생각하십니까?

> 하물며 너희 하늘 아버지께서 구하는 자에게 성령님을 주시지 않겠느냐 하시니라(눅 11:13).

하나님은 이것을 일반 부모의 경우보다 더욱 강제력 있는 경우로 만드십니다. 이 말씀은 하나님이 일반적 약속에 자신을 구속하신 것이 아니기 때문에 우리가 구할 때 반드시 성령님을 주신다는 뜻입니다. 하나님은 자신의 이름에 불명예를 가져올 수도 있는 직유적 표현을 사용하셨습니다. 만일 구하는 자에게 성령님을 주시지 않는다면, 그것은 가장 심한 종류의 불명예가 될 것입니다. 그렇다면 우리는 지금 바로 마음을 다해 하나님께 구하도록 합시다.

오늘 모이신 여러분이 곧장 성령님을 구한다면 제가 얼마나 행복하겠습니까?

성령님을 전혀 받아 본 적이 없으신 분은 제가 말씀하는 동안 인도함을 받아 이렇게 기도하시기를 원합니다.

"복된 성령님, 저를 찾아와 주십시오. 저를 주님께로 인도해 주십시오."

그러나 특별히 하나님의 자녀인 여러분에게 이 약속이 주어져 있습니다. 성령님이 하실 수 있는 모든 방법을 동원해 변화시켜 주셔서, 자기 스스로 만족하고 흡족해 하는 성도가 아니라 이웃에게 복을 넘치게 흘러보내는 유익한 신자가 되게 해 주시도록 하나님께 구하십시오.

런던에서 휴일을 보내기 위해 온 외국인 친구가 많은 친구들이 이곳에 있습니다. 만일 이들이 성령 충만해 각자 자기 교회로 되돌아갈 수 있다면 얼마나 큰 복이겠습니까?

홍수가 필요한 많은 교회가 있기 때문입니다. 그 교회들은 헛간 바닥처럼 말라서 작은 이슬만 떨어지고 있기 때문입니다.

오! 홍수가 생기기를 원합니다.

홍수가 얼마나 놀라운 것입니까?

템즈강의 다리 너머를 보십시오. 진흙 위에 누워 있는 바지선과 선박을 보십시오. 모든 왕의 병마가 온다고 해도 바다로 끌고 갈 수 없습니다. 거기에 그 배들은 죽은 듯 꿈쩍도 않고 진흙 그 자체인 듯 누워 있습니다.

어떻게 해야 할까요?

어떤 기계로 움직일 수 있을까요?

우리 가운데 그 선박들을 들어 올려서 강어귀로 밀어내는 계획을 세울 수 있는 위대한 엔지니어가 있습니까?

아니요, 그렇게 할 수 없습니다.

밀물이 들어올 때까지 기다려 보십시오. 놀라운 변화가 있습니다.

선박들이 생명체처럼 물 위를 걷게 될 것입니다.

간조와 만조의 차이는 얼마나 높은가요?

물이 빠졌을 때는 배를 조금도 움직일 수도 없습니다.

그러나 썰물이 가득 들어왔을 때 배들이 얼마나 쉽게 움직이게 됩니까?

어린아이라도 손으로 배를 밀면 움직일 것입니다.

은혜의 홍수여!

주여, 모든 교회에 위대한 큰 밀물을 주소서.

그리하시면 나태한 자들이 부족함 없이 부지런해지고, 죽어 가는 자들이 에너지로 충만하게 될 것입니다. 저는 이 선착장에 '다시 띄우려고 하는 몇 대의 배'가 놓여 있다는 것을 알고 있지만, 조금도 움직일 수 없습니다. 그들은 하나님을 위해 일하지도 않고, 기도 모임에 나오지도 않고, 복음을 전파를 위해 물질을 공급하지도 않습니다.

만일 홍수가 온다면 무엇을 할 수 있는지 깨닫게 될 것입니다. 모든 선한 말과 역사에 관해 적극적이고, 뜨거우며, 관대해지며, 풍성해질 것입니다.

그렇게 되게 하소서.

그렇게 되게 하소서.

> 교회 안의 모든 샘이 넘쳐 흘러나게 해 주시기를 원합니다.
> 오늘 제 말씀을 들은 모든 분이 넘쳐 흐르는 물을 갖게 하소서.

오! 주님이 여러분을 충만하게 하시고 은혜의 홍수를 가지고 돌아가게 해 주시기를 원합니다.

사람이 홍수를 가지고 집으로 간다는 것이 이상하게 들릴 수도 있습니다. 그러나 그렇게 되길 소망합니다. 그리고 여러분에게서 생수가 흘러나길 원합니다. 하나님이 예수 그리스도를 위해 그렇게 해 주시길 소망합니다. 아멘!

Sermons on The Holy Spirit

제9장
성령님의 임재는 교회의 영광
(The Abiding of the Spirit is the Glory of the Church)[1]

> 그러나 여호와가 이르노라 스룹바벨아 스스로 굳세게 할지어다 여호사닥의 아들 대제사장 여호수아야 스스로 굳세게 할지어다 여호와의 말이니라 이 땅 모든 백성아 스스로 굳세게 하여 일할지어다 내가 너희와 함께 하노라 만군의 여호와의 말이니라 너희가 애굽에서 나올 때에 내가 너희와 언약한 말과 나의 영이 계속하여 너희 가운데 머물러 있나니 너희는 두려워하지 말지어다(학 2:4-5).

사탄은 언제나 하나님의 일을 가로막기 위해 전력투구합니다. 그는 유대인들의 성전 건축을 방해했습니다. 그리고 오늘날에는 하나님의 사람들이 복음 전하는 것을 훼방합니다. 거룩한 성전이 지극히 높으신 하나님을 위해 세워져야 하는데, 어떤 방법으로든 그것이 세워지는 것을 지연시킬 수 있다면 악한 사탄은 무슨 일도 서슴지 않을 것입니다. 그러나 만일 우리가 하나님의 영광을 위한 믿음과 용기를 던져버리게 할 수 있

---

[1] 설교 No. 1918.; 1886년 9월 5일 주일, Metropolitan Tabernacle(Newington 소재).

다면, 그는 반드시 그렇게 할 것입니다.

   그는 매우 교활하며 자신의 주장을 바꿀 줄 알면서도 목적을 유지하는 방법을 알고 있습니다. 거짓말로 하나님의 뜻을 어기게 할 수 있다면 방법을 가리지 않습니다. 사탄은 포로 생활에서 돌아온 유대인들을 이기적이고 세속적으로 만들어서 성전 건축을 막으려고 애를 썼습니다. 이에 모든 사람이 자기 집을 짓느라고 열심이었고 주님의 집에 대해서는 아무 관심을 갖지 않았습니다. 각 가정이 자신들의 당면한 필요만을 주장했습니다.

   오랫동안 버려지고 방치된 땅으로 돌아갔을 때, 잃어버린 시간을 보충하는 데는 많은 일이 필요했으며 성전의 필요를 제대로 공급하기 위해서는 모든 가정이 힘을 다해야 했습니다. 그들은 절약과 자급자족을 극단적으로 실행하면서도 자신들을 위해 사치품을 챙겨 두었으나 수년 전에 놓인 성전의 기초는 그동안 그대로 남아 있거나 더 많은 쓰레기로 덮이게 되었습니다.

   사람들은 하나님의 집을 짓기 위해 스스로 분발할 수가 없었습니다. 그들은 이런 말에 설득당했기 때문입니다.

   "아직 때가 되지 않았습니다. 주님의 집을 지을 때가 아닙니다."

   더 일하기 좋은 때는 항상 미래에 어렴풋이 보였지만 그때는 결코 오지 않았습니다. 지금은 너무 덥고, 또 지나면 너무 춥고, 한때는 우기가 막 시작되어 건축을 시작해도 소용 없으며, 날씨가 맑아지면 곧 각자의 농사를 지으러 들에 나가 봐야 했습니다. 우리 시대 어떤 사람들처럼, 그들은 자신들이 우선이었으며 하나님의 차례가 오려면 아주 오랜 시간이 걸렸습니다. 그래서 선지자는 외칩니다.

이 전이 황폐하였거늘 너희가 이 때에 판벽한 집에 거주하는 것이 옳으냐 (학 1:4).

하나님의 종 학개의 입을 통해 엄중한 책망의 말씀이 전해졌습니다. 이에 모든 백성이 깨어났습니다. 우리는 이 선지서의 첫 번째 장 12절 말씀을 읽었습니다.

스알디엘의 아들 스룹바벨과 여호사닥의 아들 대제사장 여호수아와 남은 모든 백성이 그들의 하나님 여호와의 목소리와 선지자 학개의 말을 들었으니 이는 그들의 하나님 여호와께서 그를 보내셨음이라. 백성이 다 여호와를 경외하매(학 1:12).

모든 손이 건축에 투입되었습니다. 한 단씩 돌 단이 올라가기 시작했습니다. 그때 또 다른 방해물이 일꾼들 앞에 던져졌습니다. 그 땅에 오래 거주한 주민들이 이 성전은 그들의 조상이 말한 솔로몬 성전과 비교할 때 너무 작은 것이라며 폄하한 것입니다. 사실 그들이 짓고 있던 성전은 거의 아무것도 아니며 성전으로 부를 가치도 없는 것이었습니다. 선지자는 오늘 본문의 앞 구절에서 그 느낌을 묘사합니다.

너희 가운데 남아 있는 자 중에서 이 성전의 이전 영광을 본 자가 누구냐 이제 이것이 너희에게 어떻게 보이느냐 이것이 너희 눈에 보잘것없지 아니하냐(학 2:3).

자신들의 일이 아주 보잘것없고 무의미하다고 느꼈기 때문에, 사람들은 계속 일할 마음이 거의 없었습니다. 굴욕적 비교에 낙심한 나머지 그들은 느슨해지기 시작했습니다. 어떤 변명도 기꺼이 받아들이려 했고 그만큼 그들을 위해 마련된 변명 거리가 있었으므로 학개 선지자가 주님의 새 말씀으로부터 대원수의 책략을 깨닫지 못했다면, 그들은 곧 정체 상태에 빠졌을 것입니다. 영원하신 주님의 음성만큼 악한 마귀를 물리치는 것은 없습니다.

우리 주님도 직접 하나님의 말씀으로 사탄을 물리치셨고, 선지자 학개도 그렇게 한 것입니다. 원수의 교활한 간계는 정직하고 명백하게 밝혀 주시는 지존자의 지혜에 의해 패배당했습니다. 주님은 자기 백성을 구속하고 자유하게 하기 위한 영단을 내려 처리하십니다. 주님이 자기 백성과 함께 계심을 확신시켜 주심으로 그렇게 하십니다. 그분의 두 번째 음성은 들려졌습니다.

> 여호와가 말하노니 내가 너희와 함께 하노라(학 1:13).

> 내가 너희와 함께 하노라 만군의 여호와의 말이니라(학 2:4).

그들이 짓고 있던 새 성전을 받아 주셨고 주님께서 그곳에 하나님의 영광으로 채워 주실 것을 그들은 확신했습니다. 그렇습니다. 하나님은 솔로몬 성전을 영화롭게 하셨던 것보다 더 큰 영광으로 밝혀 주시길 원하셨습니다. 그들은 자신들의 힘을 헛된 일에 쓰는 것이 아니라 거룩한 도우심과 은혜로 일하고 있었습니다. 그리하여 그들은 어깨를 나란히 하고 협력해 일하도록 격려받았습니다.

성전 벽은 순서대로 올라갔으며, 하나님은 자기의 시온이 세워지심으로 영광을 받으셨습니다.

현시대는 여러 면에서 학개 시대와 비슷합니다. 역사는 분명히 하나님의 교회에서뿐만 아니라 그 담장 밖에서도 반복되고 있습니다. 그리고 하나님의 말씀도 반복적으로 전해질 필요가 있습니다. 거의 잊혀져 버린 선지자의 말씀이 다시 한번 주님의 파수꾼을 통해 전해진다면, 그 말씀은 지금의 위기 사태에 대한 적절한 말씀이 될 수 있다고 생각합니다.

우리는 자기를 우선시하고 하나님은 아랑곳하지 않는 세속주의에 대해 자유롭지 못합니다. 그렇지 않았으면 우리의 다양한 사업체에 주님께 속한 금과 은으로 더욱 풍성하게 공급받았을 것입니다.

그리스도인임을 고백하는 사람들마저도 자기 몫을 챙겨 둡니다. 이 이기적 탐욕을 정복하고 나면 무서운 우울증이 찾아옵니다. 세속주의에서 벗어난 사람은 지나치게 의기소침해지는 경향이 있습니다. 그리고 실패하기로 정해진 명분을 위해 일하는 사람처럼 힘없이 일합니다. 이 최후의 악이 제거되어야 합니다.

오늘 아침, 주님의 입으로부터 지난날 활활 타오르던 모든 불이 나와 오늘 본문 말씀이 타오를 수 있기를 기도합니다. 제 혼미한 마음이 다시 한번 용기를 얻고 잠든 영혼이 깨어나기를 원합니다. 우리 주님이 말씀하셨듯이 말입니다.

> 나의 영이 계속하여 너희 가운데 머물러 있나니 너희는 두려워하지 말지
> 어다(학 2:5).

저는 먼저 금지하신 낙심에 관해 살펴보면서, 성령님의 도우심으로 이번 말씀의 주제를 깊이 다루어 볼 것입니다. 그런 다음 부여된 용기에 관해 말씀드리겠습니다. 위로가 가득한 이 복된 말씀을 더 설명해 드리고, 세 번째로 '더 큰 격려'에 대해 말씀드리겠습니다. 곤비한 자에게 때를 따라 어떻게 말씀을 전할지 아시는 우리 주님이 이 마지막 담화의 서두에서 전해질 말씀을 통해 구하는 자들의 마음에 용기를 북돋아 주시기 원합니다.

1. 하나님은 낙심을 금하셨습니다

믿음의 일, 어려운 일, 우리의 역량을 뛰어넘는 일임에도 많은 반대를 받는 일인 경우, 그 일에 종사하는 가련한 사람들인 우리에게 좌절이 쉽게 찾아옵니다.

낙심은 상당히 자연스러운 것입니다. 그것은 사람의 고유한 본성입니다. 믿음은 초자연적인 것이며 성령 하나님의 역사입니다. 의심은 타락한 인간에게 자연스러운 것입니다. 그것은 우리 안에 불신앙이라는 악한 마음이 있기 때문입니다. 그 마음은 지독하게 악합니다.

그러나 저는 그것이 자연스러움을 인정합니다. 사람의 부패한 마음은 쉽게 낙심하는 경향이 있기 때문입니다. 선한 일에 대한 낙심은 파종하지도 않았는데 자라나는 잡초입니다. 무거운 공기 속에 반쯤 질식된 우

리 가운데 몇 사람은 심약해지고 풀이 죽습니다.

낙심은 동풍을 타고 날아오듯이 찾아오기도 합니다. 사람들의 손을 늘어뜨리기 위해서는 한마디 말이나 눈짓 한 번이면 충분합니다. 그래서 저는 그것을 용서하지 않습니다. 오히려 그런 악한 경향의 본성을 가진 제 자신을 탓할 뿐입니다.

하나님이 우리 손에 맡겨 주시는 위대한 일들 그리고 우리가 할 수 있는 작은 일들을 고려해 볼 때, 좌절이 찾아올 수 있고 분명히 찾아옵니다. 선지자 학개 시대에 사람들은 여호와와 그분을 위한 성전을 생각하고, 답답한 좁은 공간과 작은 기초석을 보았을 때 부끄러워했습니다.

옛적에 솔로몬이 타국에서 떠온 돌과 값비싼 돌들은 어디에 있습니까?

그들은 속으로 말했습니다.

'이 집은 여호와 하나님께 합당하지 않습니다.'

'이렇게 노력해서 뭐합니까?'

너무 옳은 말을 듣고 맥이 풀려 본 적 있습니까?

사랑하는 형제자매 여러분!

사실, 우리가 하는 모든 일은 하나님께는 작은 일에 지나지 않습니다. 우리를 사랑하시고 우리를 위해 자기 자신을 내어 주신 분에게는 너무나도 작은 일입니다. 우리를 대신해 죽기까지 생명을 쏟아 주신 분을 위해서, 어떤 눈부신 봉사도, 그 어떤 영웅적 자기 부인도 모두 다 너무 작은 것으로 생각됩니다. 귀한 향유가 담긴 옥합이라 할지라도 초라하기 짝이 없는 선물입니다(마 26:7; 막 14:3; 눅 7:37).

우리가 가진 가장 좋은 옥합을 깨서 예수님을 위해 아낌없이 향유를 쏟아붓는다고 할지라도 뜨거운 믿음의 성도라면 그것이 조금도 낭비가 되지 않는다고 생각합니다. 오히려 옥합의 숫자가 너무 적거나 향유가 충분히 귀한 것이 아닌가 하는 것에 대해 염려할 것입니다. 최선을 다해 예수 그리스도의 영광을 선포하지만, 아름다우신 주님에 관한 말들이 너무나도 초라하고 부족하게 느껴집니다.

우리가 그분의 나라를 위해 기도할 때, 자신의 기도가 역겹게 느껴집니다. 어떤 봉사도 어떤 노력도 너무 작고 미약해 보여 하나님이 받으실 만하지 않아 보입니다. 그래서 우리는 낙심합니다. 원수는 이것을 사용해 우리가 대단히 잘못된 생각을 하게 만들었습니다.

많은 것을 할 수 없어서, 거의 아무것도 하지 않기로 결심하게 하는 것입니다. 이룬 일이 너무 형편없다고 생각되기 때문에 일을 전부 중단해 버립니다. 그러나 이것은 터무니없고 사악한 것입니다.

원수는 자기 목적을 위해 교만뿐만 아니라 겸손을 사용하기도 합니다. 너무 크게 생각하든지 너무 가볍게 생각하든지, 그 무엇이든지 그 일을 중단하게 하기만 한다면 별 상관이 없습니다.

한 달란트를 가진 사람이 가서 돈을 땅에 묻어 둔 이야기는 매우 중요합니다. 그는 한 달란트에 불과하다는 것을 알고 있었고(마 25:24 이하), 그 이유로 땅에 묻어 두기를 크게 두려워하지 않았습니다. 아마도 한 달란트로는 이자를 결코 많이 받을 수 없을 것이며 다섯 달란트나 열 달란트로 장사한 결과에 비교하면 눈에 띄지도 않을 것이라고 주장했을 것입니다.

그는 또한 주인에게 그렇게 조금 가져올 바에 아무것도 가져오지 않을 것입니다. 냅킨 하나로 덮을 수 있을 만큼 작은 크기이기 때문에 아마도 포장도 하지 않고 묻었을 것입니다. 받은 선물이 너무 적을 때 시험이 될 수도 있습니다. 위대하신 우리 하나님과 그분의 크신 대의에 비교해서 너무 미약하고 보잘것없다고 생각합니다. 그래서 우리는 낙심하고 어떤 일도 시도할 가치가 없다고 생각합니다.

더욱이 원수는 다른 사람의 일과 우리보다 앞서간 사람들의 일을 비교하게 합니다. 다른 사람들에 비해 너무 작은 일을 하고 있으므로 포기하게 하는 것입니다. 솔로몬왕처럼 건축할 수 없기 때문에 아예 시도도 하려 하지 않습니다.

그러나 형제자매 여러분!

이 모든 것은 거짓입니다!

사실, 하나님께 합당한 것은 아무것도 없습니다. 누구의 위대한 일도, 심지어 솔로몬이 건축한 놀라운 성전조차도 하나님의 영광에 미치지 못합니다.

사람이 하나님을 위해 어떤 집을 지어 드릴 수 있습니까?

백향목과 대리석과 금이라고 해도 지존하신 하나님의 영광에 비하면 아무것도 아닙니다. 물론 솔로몬의 전이 "극히 웅장하여"(대상 22:5)라고 했지만, 주 하나님은 옛 처소인 휘장 안에 거하셨고, 해달의 가죽으로 된 그 장막에서보다 더 영화롭게 예배가 드려진 적이 없습니다. 사실 위대한 성전 완공과 동시에 참신앙은 쇠퇴했습니다.

인간의 모든 일 중 어떤 일이 하나님께 합당할 수 있을까요?

우리의 작은 노력만으로 충분합니다. 그렇기 때문에 더 큰일들에 비하면 분명 하나같이 보잘것없더라도 우리는 멈추지 말아야 합니다. 오히려 지금 이때야 말로 기도를 통해 유혹에서 건짐을 받아야 하는 때입니다.

과거의 영광 때문에 현재의 가치를 절하하는 경향 또한 해롭습니다.

심지어 우리도 과거의 위대한 설교자들의 시대를 돌아보는 경향이 있지만, 옛 이스라엘 백성들은 이전 성전 시대를 회고했습니다.

그 시절에 무슨 일이 있었습니까?

그때 주일이 즐거웠습니다!

어떤 회심자들이 교회에 늘어났습니까?

유쾌한 날들이 얼마 동안이었습니까?

모든 것이 쇠퇴하고 줄어들고 퇴보했습니다. 이전에는 영적 거인들의 경주를 볼 수 있었는데, 지금은 소인들이 그 시대를 물려받았습니다.

우리는 위대한 사람들 가운데 한 분을 바라보고 이렇게 외칩니다.

> 왜 그가 좁은 세상에 걸터앉아 있는가?
> 로도스의 콜로서스와 같은 거인들
> 우리 작은 사람들은 그 거대한 다리 아래를 걸으며 숨어서 바라본다
> 우리 자신들을 위한 부끄러운 무덤을 찾기 위해

> Why, man, he doth bestride the narrow world
> Like a Colossus; and we petty men
> Walk under his huge legs, and peep about
> To find ourselves dishonourable graves.

사랑하는 형제자매 여러분!

이 작다는 느낌이 우리를 방해하지 않도록 해야 합니다. 왜냐하면, 우리 하나님은 작은 것에 복을 주셔서 그분의 영광을 위해 사용하시기 때문입니다. 저는 과거에 위대했던 분들도 스스로에 관해 우리가 우리 자신에 대해 생각하는 것과 다를 바 없이 생각했다는 사실을 깨닫게 되었습니다. 확실히 그들이 우리보다 자신감이 많지 않았습니다. 용감무쌍한 지난 시절의 많은 이야기에도 우리가 스스로에 대해 표현하는 동일한 고백과 비탄을 발견합니다.

우리에게 있는 영적 힘이 우리 믿음의 조상들의 것과 같지 않다는 것은 사실입니다. 제가 청교도적 성결과 교리적 진리가 사라지고 있는 것에 대해 우려하고 있지만, 원칙을 고수하는 것은 상식에서 멀어지는 세태입니다. 그러나 우리 믿음의 조상들에게도 안타까울 만한 결점과 어리석음이 있었지만, 그들은 무엇보다도 그것들에 대해 진심으로 애통해했습니다.

우리가 하는 일이 하나님께 합당하지 않기 때문에, 그리고 타인의 일과 비교해 하찮기 때문에 낙심하지 말고 잘못을 개선하며 더 많은 것을 성취할 수 있도록 힘을 모읍시다. 우리 마음과 영혼을 주님의 사업에 쏟아붓고 하나님이 우리에게 바라시는 것의 가장 이상적인 것에 더 가까운 어떤 일을 해 봅시다. 믿음의 조상들을 뛰어넘어 봅시다.

성령님이 우리와 함께하시기 때문에 우리는 더욱 경건하고, 더욱 성실하며, 더욱 건강한 믿음을 가질 수 있습니다. 간절히 소망합시다.

사랑하는 형제자매 여러분!

낙심이 그런 이유로 생겨날 수 있다는 것은 분명하나 그것은 하나의 핑곗거리에 지나지 않습니다. 이런 이유로 낙심은 대단히 보편적입니다. 선지자 학개는 총독 스룹바벨과 대제사장 여호수아와 남은 모든 백성에게 말씀을 전하도록 보냄을 받았습니다. 위대한 사람도 낙심할 수 있습니다. 무리를 이끄는 지도자가 기진할 때도 있습니다. 심지어 선지자 엘리아도 이렇게 부르짖었습니다.

여호와여 넉넉하오니 지금 내 생명을 거두시옵소서(왕상19:42).

하나님의 종으로 구별된 제사장도 쉽게 낙심할 수 있습니다. 제사장도 때로는 하나님의 제단 위에 서서 주님의 언약궤를 향해 떨고 있습니다. 수많은 사람이 너무 쉽게 모두 공황상태에 빠져서 적의 눈앞에서 도망칩니다.

얼마나 많은 이가 이렇게 말하겠습니까?

"낡은 진리로는 성공할 수 없어요. 전통적 대의는 가망이 없습니다. 현대 정신에 항복하는 편이 낫습니다."

두려움에 빠지는 일은 너무나 흔한 일이기 때문에, 그것은 이스라엘 역사의 초창기부터 이스라엘 백성들 사이에 퍼진 질병이었습니다. 바로왕의 전차가 덜거덕거리는 소리만 듣고도 홍해 앞에서 백성은 낙심했습니다. 광야에서 물을 찾지 못해 낙심했습니다. 애굽에서 가져온 떡이 다 떨어졌을 때도 낙심했습니다. 거인들과 하늘 높은 성벽으로 둘러싸인 성들에 관해 듣고 낙심했습니다. 더 이상 나열하면 비참하기만 합니다.

과연 비겁하지 않았던 적이 있었습니까?

두려워하고 믿음이 없는 사람들은 이스라엘의 진영에 끔찍한 재앙을 가져왔습니다. 낙심과 좌절은 이스라엘에 퍼진 역병입니다.

> 에브라임 자손은 무기를 갖추며 활을 가졌으나 전쟁의 날에 물러갔도다 (시 78:9).

낙심은 안개 자욱한 영국 시민 사이에 퍼진 폐결핵처럼 그리스도인들 사이에 널리 퍼져 있습니다. 하나님이 불신앙에서 건져 주시고 우리를 강하게 하시며 대장부가 되게 하시길 바랍니다(삼상 4:9).

낙심이 닥칠 때마다 심하게 약해집니다. 선지자가 "스스로 굳세게 할지어다"(학 2:4)라고 총독과 제사장과 백성에게 세 번씩 반복해 말하는 것을 보면, 낙심이 사람들을 약하게 만든 것은 분명합니다. 이것은 그들이 약해져 있었다는 것을 보여 주는 것입니다. 낙심으로 그들의 손은 아래로 처지고 무릎은 쇠약해지고 말았습니다.

믿음은 전능함으로 우리를 띠 띠워 주나 불신앙은 모든 것을 처지고 절뚝거리게 합니다. 믿지 않으면 여러분은 모든 일에 실패하게 될 것입니다. 믿으십시오. 믿음대로 될 것입니다.

절망한 백성을 거룩한 전쟁에 나가게 하는 것은 아하수에로왕의 장군들이 페르시아 군대를 이끌고 그리스와 맞서 싸우게 하는 것만큼 쉽지 않습니다. 대왕의 신하들은 군사들이 싸우기를 두려워했기 때문에 채찍과 막대기로 맞서야 했습니다.

그들이 어떻게 전쟁에 지고 말았을지 궁금하지 않습니까?

끊임없는 권면과 강제를 해야 하는 교회는 아무것도 성취하지 못합니다. 그리스인에게는 폭력이나 협박이 필요하지 않았습니다. 비록 페르시아에게 훨씬 승산이 있었지만 그리스의 모든 전사가 사자였고 용맹하게 적과 맞서 싸웠습니다. 각각의 스파르타 용사들이 힘껏 싸워 이겼습니다. 그들에게 자신의 신전과 제단을 위한 싸움만큼 익숙한 것이 없었습니다. 그리스도인에게도 동일한 방식의 태도가 요구됩니다.

우리는 원칙에 대한 믿음, 은혜 교리에 대한 믿음, 성부 하나님, 성자 하나님, 성령 하나님에 대한 믿음을 가진 그리스도인들이 강대상에서 경건이 농락당하고 직업 설교자들에 의해 복음이 희롱당하는 이 시대에 참 믿음을 위해 힘껏 싸워 주기를 원합니다. 우리는 진리를 자기 목숨만큼 소중히 여기고 사랑하는 사람들이 필요합니다. 성령님의 도움으로 그 필요성과 능력의 깊은 체험을 통해 마음에 전통 교리들이 아로 새겨진 사람이 필요합니다.

우리는 배운 것을 앵무새처럼 되풀이하는 사람이 아니라 알고 있는 것을 말할 사람이 필요합니다. 존 녹스(John Knox)[2]와 같은 사람들의 군대, 순교의 영웅들과 언약자의 무리가 필요합니다. 그때에 만국의 여호와께서는 주와 그 힘의 능력으로 강건해져 그분을 섬길 백성을 소유하게 되실 것입니다(엡 6:10).

낙심은 사람을 약하게 할 뿐만 아니라, 백성으로 하여금 하나님을 위한 봉사를 중단하게 합니다. 이에 학개 선지자가 그들에게 하나님의 중

---

2 존 녹스(John Knox 1514~1572)는 스코틀랜드의 종교개혁자이자 신학자이다. 칼뱅의 영향으로 독실한 가톨릭 신도였던 메리 여왕과 투쟁하며 영국의 개혁주의 신학을 도입하고 장로교를 창시했다.

요한 말씀을 전했습니다.

> 스스로 굳세게 하여 일할지어다 내가 너희와 함께 하노라 만군의 여호와의 말이니라(학 2:4).

그들은 건축을 중단했습니다. 말하고 논쟁하기 시작했고 연장을 내려놓았습니다. 그들은 관찰, 비판, 예측에 대해서는 지극히 현명했으나 성전 벽은 더 이상 올라가지 않았습니다.

한 사람이 과거 성전의 크기를 정확하게 알고 있었습니다. 다른 이들은 지금의 설계가 표준에 미치지 못하기 때문에 건물이 과학적 방법에 의해 건축되지 않았다고 선언했습니다. 누군가가 이것을 반대하면 다른 사람은 저것을 반대했습니다. 누구나 스스로 나머지 모든 사람보다 현명하다고 여겼고 구식 건축 방식을 조롱했습니다.

우리가 낙심할 때 항상 이런 일이 생깁니다. 주님의 일은 중단하고 어러쿵저러쿵 엉터리 같은 개선요구 등으로 시간을 낭비합니다. 지금도 이처럼 괴로워하는 모든 사람에게서 낙심을 가져가 주시기를 소망합니다. 어떤 분들은 슬며시 기어들어온 낙심에 짓눌린 채로 사역하고 있다는 것을 느끼고 계실 것입니다.

저는 하나님의 진리가 더욱 두각을 나타낼 것이라고 믿고 있지만 오늘날에는 적이 많습니다. 온갖 종류의 불신앙이 '현대 사상'의 날개 아래에서 부화되고 있습니다. 복음이 마음껏 주물러도 되는 떡처럼 여겨지고 있어서 자신의 뛰어난 능력을 뽐내고 싶어하는 모든 사람에 의해 바뀌고 변형되고 있습니다. 교리뿐만 아니라 실천도 뒤죽박죽인 시대입니다.

세상으로부터의 분리와 성결은 화려함과 극장관람으로 대체되고 있습니다. 그리스도를 온전히 따르는 것은 지난날 더욱 귀한 헌신을 드렸던 많은 사람의 관심에서 멀어지고 말았습니다. 그럼에도 흔들리지 않는 이들도 있고, 기꺼이 소수의 사람과 올바른 길을 함께 가는 사람도 있습니다. 제 입장은, 비록 제가 제 주변에 저와 같은 의견을 가진 분을 찾지 못한다고 할지라도 정통 진리에 대해 단 한 치도 양보하지 않을 것이며, 그 진리가 바뀌게 될 것이라고 조금도 의심하지 않을 것입니다.

다만 저는 우리가 알고 고수하는 진리의 영원하신 하나님이 머지않아 곧 스스로 변론해 주셔서, 세상의 지혜가 헛소리로, 그 자랑도 혼동으로 바꾸어 주실 것이라는 확신 가운데 살아가고 있습니다. 이 악한 시대에 자기 하나님편에 굳게 서는 자에게 복이 있을 것입니다. 우리는 지혜롭게 행하고 낙심하지 말아야 합니다.

스스로 굳세게 할지어다(학개 2:4).

성삼위 하나님의 3중 음성으로 들려집니다.

두려워 하지 말지어다(학 2:5).

이 말씀은 혼미한 자에게 감로수와 같이 다가옵니다. 그러므로 단 한 사람 마음도 낙심하지 않아야겠습니다. 낙심에 대한 말씀은 여기까지입니다.

2. 하나님은 성도를 격려해 주십니다

> 너희가 애굽에서 나올 때에 내가 너희와 언약한 말과 나의 영이 계속하여 너희 가운데 머물러 있나니 너희는 두려워하지 말지어다(학 2:5).

하나님은 자기 언약을 기억하시고 오래전의 약속들을 지키십니다. 이스라엘 백성이 애굽에서 나왔을 때, 주님은 자신의 영으로 그들과 함께하셨기 때문에 모세로 말미암아 백성에게 말씀하셨고, 모세를 통해 그들을 인도하시고 판단하시고 가르치셨습니다.

하나님은 또한 성막을 장식하는 예술을 위해 그분의 영으로 브사렐과 오홀리압을 감동하심으로 자기 백성과 함께하셨습니다. 하나님은 언제나 자기 일을 위해 일꾼을 찾으시며 성령님을 통해 그들을 사역에 적합하게 만들어 주십니다. 하나님의 영이 모세의 큰 부담을 덜어 주도록 임명된 장로들에게 임했습니다.

주님은 또한 진영 가운데 나타난 불 기둥과 구름 기둥 가운데 자기 백성과 함께하셨습니다. 그분의 임재는 백성의 영광과 보호를 의미했습니다. 이것이 성령님의 임재가 교회와 함께하시는 한 가지 방식입니다.

오늘날에도 우리가 하나님의 진리를 고수하고 그분의 거룩한 명령을 순종하고 살아가며 영성을 갖고 믿음의 기도로 주님께 부르짖고 하나님의 언약과 그 아들에 대한 믿음을 지킨다면, 성령님이 우리 가운데 거하십니다. 성령님은 오순절에 교회에 강림하셨고 다시 되돌아가지 않으셨습니다. 성령님이 하늘로 되돌아가신 기록은 존재하지 않습니다. 성령님은 참된 교회와 함께 영원히 계실 것입니다. 이것이 현재의 투쟁에 대한 우리의 소망입니다. 성령 하나님이 우리와 함께하십니다.

사랑하는 형제자매 여러분!

성령님이 우리와 함께하시는 것은 어떤 목적을 위해서입니까?

이 시간 우리가 이것을 생각해 보고 힘을 낼 수 있기를 원합니다. 하나님의 성령님은 이미 여러분에게 부여하신 사역을 지원하고 돕기 위해 여러분 가운데 계십니다. 주의 종들을 위한 하나님 백성의 기도가 언제나 하늘에 닿아서, 아무도 부인할 수 없는 신령한 능력과 은혜로 말씀을 전하게 되기를 원합니다.

우리는 유식한 사람을 지나치게 우대합니다. 유창하고 말 잘하는 사람을 열심히 찾습니다. 이방인의 모든 지식을 갖추고 훈련된 설교자들을 고용합니다.

그러나 만일 우리가 성령님의 기름 부으심과 하늘의 권세, 하나님의 사람을 사로잡는 권능을 간구했다면 우리는 얼마나 더 지혜로워졌을까요?

복음 전파의 사명을 고백하는 우리 모두 감히 마음대로 말을 내뱉지 않고, 그런 일이 생기지 않을까 두려워 떨며, 스스로 비밀한 은혜를 위해 온전히 헌신하면서, 성령님의 지시에 전적으로 의존하는 법을 배울 수 있기를 원합니다. 그 비밀한 은혜 없이는 어떤 것도 양심에 강력하게 역사할 수 없고 회심하게 할 수도 없습니다.

여러분은 사람의 웅변술에서 나온 능력과 사람의 마음에 말씀하는 거룩한 힘에서 나온 능력이 어떻게 다른지 알고 있지 않습니까?

우리는 이것을 너무 많이 잊어버렸습니다. 성령 없이 70년을 설교하는 것보다 성령의 권능으로 여섯 단어를 말하는 것이 낫습니다. 하늘의 상급을 받기 위해 생명을 바친 사람들에게 임하신 성령님은 오늘날 우리 목회자들 위에 임하시고 우리 전도자들에게 복을 주십니다. 성령님을 근심케 하지 말고 우리에게 남아 있는 충성된 목회자들을 도와 주시도록 도움을 구합시다.

옛적에 임하셨던 그 성령님이 교회에 탁월한 교사들을 주셔서 더욱 유익한 다른 사람들을 양육할 수 있게 하셨습니다. 일전에 웨일즈 출신의 한 형제가 자신이 기억하는 위대한 사람들에 관해 저에게 말해 주었습니다. 그는 린(Llyn)시에서 크리스마스 에반스(Christmas Evans, 1766-1838)만큼 뛰어난 사람에 대해 들어 보지 않았다고 합니다. 저는 크리스마스 에반스처럼 설교한 웨일즈의 목회자가 또 있는지 물었습니다.

"아니오. 우리 시대에 웨일즈에는 그와 같은 분이 단 한 사람도 없습니다."

지금 잉글랜드에는 요한 웨슬레도 없고 휫필드도 없으며 그 어떤 기관도 남지 않았습니다. 그러나 하나님과 성령님이 함께하시기 때문에 벽난로 구석에서도 또 하나의 크리스마스 에반스를 데려오시고, 주일학교에서 하늘에서 강림하신 성령님의 은사로 복음을 전하는 또 하나의 조지 휫필드를 찾아 내실 수 있습니다.

성령님이 우리와 함께하시므로 결코 미래를 두려워하거나 현재에 대해 낙심하지 맙시다. 이 시대에 늘어나는 오류가 설령 복음을 전하는 최후의 입술을 침묵하게 했다 할지라도 믿음이 약해지면 안 됩니다. 저는 수많은 군대가 십자가를 짓밟는 소리를 듣습니다. 설교자들의 낭랑한 음성이 들립니다.

"주님께서 말씀을 주셨으나 그것을 전한 사람들이 위대했습니다."

우리 주 예수 그리스도를 통해 하나님에 대한 믿음을 가지십시오. 그분이 위로 올라가실 때에 사로잡혔던 자들을 사로잡으시고 사람들에게 선물을 주셨다 하였습니다(엡 4:8). 예수님은 하늘로 올라가시면서 어떤 사람은 사도로, 어떤 사람은 선지자로, 어떤 사람은 복음 전하는 자로, 어떤 사람은 목사와 교사로 주셨습니다(엡 4:11). 영원한 하나님께로 돌아갑시다. 결코 낙심하지 말도록 합시다.

이것이 다가 아닙니다. 우리와 함께하시는 성령님은 온 교회를 움직여 다양한 사역을 하게 하실 수 있습니다. 이것이 우리가 진심으로 소망하는 것입니다. 즉 교회에 소속된 모든 성도가 사명을 받아 봉사하고 있다는 사실을 깨달아야 합니다. 그리스도 안에 있는 사람은 누구든지 남자든 여자든 그 아들 예수 그리스도의 이름으로 행해야 하는 어떤 간증과 어떤 경고의 말씀 그리고 어떤 역사가 있습니다.

만일 성령님이 우리 젊은 남종과 여종 위에 부어진다면 각 사람은 활기차게 봉사하게 될 것입니다. 작은 자나 큰 자나 모두 진실하게 될 것이며, 우리 중에 잠자는 자가 얼마나 많은지 알게 된다면 모두가 경악하게 될 것입니다. 때때로 우리는 교회가 너무 둔하다는 사실을 개탄하게 됩니다.

오랜 속담이 하나 있는데 그것은 아무개가 "교회처럼 깊은 잠에 빠졌다"라는 것입니다. 교회보다 더 깊은 잠에 빠질 수 있는 것은 없다고 생각합니다. 그러나 성령 하나님이 지금도 변함없이 계시기 때문에 교회는 깨어날 것입니다. 일부가 아니라 온 교회가 되살아날 것입니다.

누구보다도 둔감한 교사, 가장 단정치 못한 성도, 가장 트집 잡기 좋아하고 쓸모없는 성도들이 제 두 눈에는 죽어서 마른 장작더미처럼 보입니다.

> 오! 성령님의 불이여, 오소서.
> 우리는 저들이 불에 타는 모습을 보게 될 것입니다!
> 성령님이여! 오소서.
> 하늘의 비둘기시여!
> 어둡고 혼란스러운 교회 위에 세상을 창조하시던 때와 같이 운행해 주소서. 그리하시면 혼란 속에서도 질서가 나올 것이며 빛이 어둠을 몰아낼 것입니다. 오직 성령님이 우리와 함께해 주시길 원합니다.
> 성령님이 승리를 위해 필요한 모든 것입니다. 성령님의 임재를 주소서. 그리하시면 온 교회를 유익하게 섬길 수 있도록 모든 것이 때를 따라 임하게 될 것입니다.

성령님이 우리와 함께하신다면, 무수한 회심이 일어날 것입니다. 우리는 현학적으로 불리는 '냉담한 군중'(lapsed masses)이 될 수 없습니다. 우리는 지금 이 시대의 무신경한 부정을 조금도 막을 수 없습니다. 그렇습니다. 막을 수 없습니다. 그러나 성령님은 하실 수 있습니다. 하나님께는 모든 것이 가능합니다.

낮에 템즈강 다리 위를 걸어 보시면 진흙 강변 위에 바지선과 선박들이 멈춰 쉬고 있는 것을 보게 되실 것입니다. 왕의 모든 병마가 동원된다 해도 그 배들을 조금도 다시 움직일 수 없습니다. 그러나 밀물이 들어올 때까지 기다려 보십시오. 배들이 마치 살아 있는 것처럼 물 위를 걷게 될 것입니다. 유한한 인간이 할 수 없는 일을 범람하는 밀물이 단번에 성취할 수 있습니다. 오늘날 교회들도 이런 식으로 움직입니다.

우리가 무엇을 해야 합니까?

오직 우리가 그분을 믿기만 한다면, 우리가 그분께 부르짖기만 한다면, 그분을 근심케 하는 일을 멈춘다면, 주님의 뜻대로 그리고 반드시 성령님은 선하신 은혜의 밀물과 함께 오실 것입니다. 주님이 우리와 함께하신다면 우리 성도들의 모든 소망이 이루어질 것입니다. 교회의 지속과 성장에 대한 소망도 우리와 함께하시는 성령님께 있습니다.

런던시의 구원에 대한 소망도 놀라운 역사를 이루시는 성령님께 있습니다. 다 같이 머리 숙여 모든 일을 계획하시는 전능하신 성령님을 예배합시다.

사랑하는 형제자매 여러분!

이 부흥이 반드시 일어나야만 하는데 그러지 못한 이유를 알 수 없지만, 그렇게 되면 교회가 아름다운 옷을 입은 모습을 보게 될 것입니다. 그런 다음 교회는 자신을 더럽히고 있는 오류를 없애기 시작할 것이며 현재 망각하기 시작한 진리들을 가슴에 꼭 끌어안고 맑은 영감의 원천으로 돌아가 진리의 말씀을 들이마시게 될 것입니다.

그런 후에 교회의 배에서 혼탁한 물은 조금도 흘러나오지 않고 오직 생수의 강물이 흘러나오게 될 것입니다. 성령님이 우리 가운데 역사하시면 우리는 주님 안에서 기뻐하고 우리 하나님의 이름에 영광을 돌릴 것입니다.

일단 성령님이 그 능력을 발휘하시면 모든 것이 그분의 뜻에 일치할 것입니다. 이제 성전과 관련된 것이 아니라 하나님의 교회와 관련해 말씀을 읽어 드립니다. 이 장의 본문은 우리를 향한 놀라운 위로를 줍니다. 일단 성령님이 주어지면 하나님의 섭리가 하나님의 교회와 합력해 역사하실 것으로 기대할 수 있습니다. 본문의 6절을 읽어 보시기 바랍니다.

> 만군의 여호와가 이같이 말하노라 조금 있으면 내가 하늘과 땅과 바다와 육지를 진동시킬 것이요(학 2:6).

성령님의 역사로 거대한 진동이 일어날 것입니다. 자기 백성이 오직 신실할 때, 하나님은 놀랍도록 특별한 방식으로 역사하실 것을 기대할 수 있습니다. 실로 제국들이 무너지고 시대가 변화될 것입니다. 하나님 나라의 확장을 위해 필요하다면 예상치 못한 것을 예상하고, 기대 이상의 것들을 기대하십시오.

> 여자의 뒤에서 뱀이 그 입으로 물을 강 같이 토하여 여자를 물에 떠내려가게 하려 하되 땅이 여자를 도와 그 입을 벌려 용의 입에서 토한 강물을 삼키니(계 12:15-16).

최악의 상황에서 기대하지 못했던 도움이 우리를 찾아올 것입니다. 저는 특별히 불신앙의 군대 사이에 진동이 일어날 것을 간절히 기대합니다.

구약의 하나님이 이스라엘이 칼을 뽑지 않았는데도 얼마나 자주 적들을 몰아내셨습니까?

> 대열을 이루고 서서 너희와 함께한 여호와가 구원하는 것을 보라 (대하 20:17).

이것이 그들의 좌우명이었습니다. 옛 이스라엘의 적들은 서로 싸우며 엎드러졌습니다. 우리의 적도 그렇게 될 것입니다. 그리스 신화의 영웅 카드모스(Cadmus)가 창을 던져 용을 죽였을 때 용의 이빨을 땅에 뿌려야만 했습니다. 그가 그렇게 했을 때 전통 신화에 의하면, 땅에서 끄덕이는 깃털이 달린 볏 모양의 투구와 무장한 남자들의 넓은 어깨가 일어나는 것이 보였습니다. 땅으로부터 수많은 전사가 일어났습니다.

그러나 도망갈 필요가 없었습니다. 용아병 전사들은 땅 위에 일어서자 곧바로 서로가 싸우기 시작해 한 사람이 남을 때까지 싸웠습니다. 사투루누스(Saturnus)와 마찬가지로 거짓은 자기 자식들을 잡아먹습니다. 만군의 주를 거역해 싸우는 자들은 그들 사이에 일치가 없습니다. 서로의 가슴에 칼을 꽂을 것입니다.

저는 밤 환상 중에 깊고 넓은 진리의 바다를 보았는데 은빛 파도로 반짝이고 있었습니다. 한 검은 말이 어둠으로부터 나와 깊은 곳으로 가며 바다를 다 마셔서 말려 버릴 것이라고 위협했습니다. 저는 그 말이 서서 물을 마시고 있는 것을 보았는데, 마시는 만큼 부풀어 올랐습니다. 그는 교만하게도 요단 강물을 단숨에 쭉 들이킬 수 있다고 믿었습니다.

저는 말이 서서 물을 마시고 있는 것을 보았고, 그 후에 말은 더 많이 마시려고 바닷속으로 더 깊이 뛰어들어 갔습니다. 다시 한번 그 말은 맹렬하게 뛰어들었는데, 그만 발을 헛디뎌서 다시 볼 수가 없었습니다. 그가 삼켜 버릴 것이라고 자랑한 그 깊음이 도리어 자신을 삼켜 버렸기 때문이었습니다. 거룩한 진리를 삼켜 버리기 위해 나온 모든 거짓말들이 도리어 그 안에 삼켜져 버릴 것이므로 안심하시기 바랍니다.

그러므로 용기를 내야 합니다. 천지를 지으신 하나님이 제철에 나지 않은 무화과와 같은 모든 거짓을 남김없이 흔들어 떨어뜨리실 것입니다.

다음으로 주님은 자기 백성에게 하나님의 일을 위해 필요한 모든 물자를 얻게 될 것이라고 약속하십니다. 귀환한 이스라엘 백성들은 가난 때문에 하나님의 집을 짓지 못하게 되지 않을까 두려워했습니다. 그러나 만군의 주님이 말씀하셨습니다.

> 은도 내것이요 금도 내것이니라(학 2:8).

하나님의 교회가 하나님을 믿고 용맹하게 앞으로 나아가면 물자에 관해 어려움을 겪을 필요가 없습니다. 교회를 세우신 하나님이 공급하실 것입니다. 성령님을 주시는 하나님이 그들의 필요에 따라 금과 은을 주실 것입니다. 그러므로 용기를 냅시다.

하나님이 만일 우리와 함께하신다면 우리가 무엇을 두려워하겠습니까?

의회원들이 지나치리만큼 자유스럽게 발언하자 당시 국왕은 궁전을 런던에서 옮겨 버리겠다고 엄포를 놨습니다. 그분은 그렇게 하고도 남는 분이었습니다. 그때 런던 시장이 이렇게 응답했습니다.

"만일 폐하께서 은혜롭게도 템즈강을 남겨 주신다면 저희 시민은 국왕의 궁전 없이 살아 보도록 노력할 것입니다."

누군가 이렇게 말할지도 모릅니다.

"여러분이 낡은 교리에 얽매여 있다면, 교육받은 사람들, 부유한 사람들, 영향력 있는 사람들을 잃어버리게 될 것입니다."

그러나 만일 우리가 경건한 이들과 더불어 성령님의 임재를 잃어버리지 않는다면 조금도 염려하지 않을 것입니다. 만일 성령님이 우리와 함께하시면, 그로부터 강물이 흘러 하나님의 도시를 기쁨으로 가득하게 하실 것입니다.

사랑하는 형제자매 여러분!

이 말씀을 외치면서 제 마음이 요동칩니다.

> 만군의 여호와께서 우리와 함께 하시니 야곱의 하나님은 우리의 피난처시로다(시 46:7, 11).

> 그러므로 땅이 변하든지 산이 흔들려 바다 가운데 빠지든지 … 우리는 두려워 하지 아니하리로다(시 46:2-3).

위로 중에서도 가장 큰 위로가 남아 있습니다.

> 모든 나라의 보배가 이르리니(학 2:7).

이것은 예수님이 '두 번째 성전'에 오셔서 모든 거룩한 성도가 기쁨으로 노래하게 하셨을 때 성취되었습니다. 그러나 전부는 성취되지 않았다는 것을 유의하십시오. 지금 보고 계시는 말씀 9절은 이렇게 말씀합니다.

> 이 성전의 나중 영광이 이전 영광보다 크리라 만군의 여호와의 말이니라 내가 이 곳에 평강을 주리라 만군의 여호와의 말이니라(학 2:9).

이 말씀은 두 번째 성전과 관련해 완전히 성취될 말씀이 아닙니다. 왜냐하면, 그 성전은 로마에 의해 파괴되었기 때문입니다. 그러나 또 한 분이 강림하실 것입니다.

> 권능과 영광 가운데 모든 나라의 보배가 이르리니(학 2:7).

이것은 우리의 가장 큰 소망입니다. 진리가 뒤로 밀려나고 거짓이 판치지만 예수님은 오실 것입니다.
그분은 위대하신 주님이시며 진리의 수호자가 되십니다. 그분이 세상을 의로, 백성을 공평으로 심판하실 것입니다. 그분이 우리의 마지막 자원입니다. 여기에 하나님의 예비하심이 있습니다. 우리가 섬기는 그분은 살아 계시며 영원토록 통치하십니다. 그리고 말씀하십니다.

> 보라 내가 속히 오리니 내가 줄 상이 내게 있어 각 사람에게 그가 행한 대로 갚아 주리라(계 22:12).

> 그러므로 내 사랑하는 형제들아 견실하며 흔들리지 말고 항상 주의 일에 더욱 힘쓰는 자들이 되라 이는 너희 수고가 주 안에서 헛되지 않은 줄을 앎이라(고전 15:58).

3. 하나님은 두려워하는 이에게 용기를 주십니다

사람들은 일을 시작할 때 두려워하곤 합니다. 새로 건축을 시작한 이스라엘 백성들이 그랬듯이 말입니다 성령님이 사람을 예수님께 인도하려고 분투를 시작하실 때, 그 사람은 이렇게 말하는 경향이 있습니다.

"저는 못합니다. 감히 그렇게 할 용기도 없습니다. 그것은 불가능한 일입니다."

"제가 어떻게 신자로 살 수 있습니까?"

저는 이제, 여기 계신 여러분 가운데 그리스도를 찾고 있는 분에게 말씀드리기 원합니다. 그리고 성령님이 여러분을 돕기 위해 계신다는 사실로 여러분을 격려하기 원합니다. 심지어 구원의 열망이 없으신 분에게도 말씀드리려고 합니다.

대단히 신실하고 헌신된 하나님의 사람인 페이슨 박사(Dr. Payson)가 한 번은 특이한 일을 하셨던 것을 기억합니다. 그는 여러 부류의 사람들과 질의응답 모임을 주최했고, 많은 사람이 구원을 받았습니다. 마침내 어느 주일에 구원받기를 원치 않는 사람들 대상의 월요일 저녁 모임을 갖겠다고 광고했습니다. 그러자 기이한 이야기나 회개나 믿음을 원하지 않는 스무 명 정도의 사람들이 모임에 나왔습니다.

박사님은 그들에게 이렇게 말했습니다.

> 저는 하나님이 여러분 각 사람에게 거미줄같이 얇고 작은 막을 내려 주실 때 어떤 분도 그것을 밀어내지 않으실 거라고 믿습니다. 거의 눈으로 볼 수 없지만, 만일 여러분 자신과 천국 사이에 아주 작게나마 어떤 연결이 있다면 그것을 소중히 여기실 것입니다. 오늘 밤 저를 만나러 오신 것이 하나님과의 아주 작은 연결입니다. 저는 여러분이 하나님과 영원히 하나가 될 때까지 그 연결된 힘이 점점 더 견고해지기를 원합니다.

박사님은 누구보다도 부드럽게 권했고, 하나님이 구원을 원하지 않았던 그들에게 복 주셔서 모임이 끝나기도 전에 그들의 마음이 변화되었습니다. 얇은 막은 더 두꺼운 실이 되어 그리스도께서 그들을 영원히 붙들어 주실 때까지 계속해서 자랐습니다.

사랑하는 여러분!

이 아침에 여러분이 이 성막교회(Metropolitan Tabernacle)에 계신다는 사실은 얇은 실과 같은 것입니다. 그것을 버리지 마십시오. 여기에 여러분을 위한 위로가 있습니다. 성령님은 지금도 설교 말씀과 함께 역사하십니다.

그리스도께 대한 필요를 느끼고 싶은 만큼 느껴지지 않는다고 말하십니까?

성령님이 우리 가운데 계십니다. 성령님은 여러분이 죄책과 용서의 필요성을 더 깊이 느끼게 하실 수 있습니다.

혹 이렇게 말하는 분이 계십니까?

"그러나 죄를 깨닫고 회개하는 역사에 대해서 정말 많이 들었지만 제게는 이 둘 가운데 하나도 없는 것 같습니다."

그러나 성령님은 우리와 함께하시고, 여러분 안에 가장 깊은 죄의 확신과 진실한 회개를 이루어 주실 수 있습니다.

"목사님, 저는 어떤 일도 할 수 있을 것 같지 않습니다."

그럼에도 성령님이 우리와 함께하시며 경건에 필요한 모든 것을 주실 수 있습니다. 그분은 여러분 안에 그분의 선하고 기뻐하시는 일을 행하고 그것을 이루기 위해 역사하실 수 있습니다.

"그런데 저는 영생을 위해 주 예수 그리스도를 믿고 싶습니다."

누가 그것을 원하게 만들어 주셨습니까?

성령님 외에 누구이겠습니까?

그러므로 여러분이 무엇을 믿고 있는지 이해하지 못한다 해도 성령님은 지금도 역사하십니다. 그렇지 않더라도 여러분이 즉시 예수님을 믿게 될 것과 성령 하나님이 그 역사를 통해 깨우쳐 주실 수 있다는 것을 저는 확신합니다. 여러분의 눈을 열어 주실 수 있습니다. 아무런 힘이 없는 여러분에게 힘을 주실 수 있습니다. 성령 하나님이 계십니다.

"그런데 그 중생의 교리로 인해 저는 충격을 받았습니다. 아시다시피, 우리는 반드시 거듭나야 합니다."

그렇습니다. 우리는 성령님을 통해 다시 태어났으며 성령님은 지금도 우리와 함께하십니다. 지금도 강력하셔서 놀라운 변화를 일으키시며 여러분을 사탄의 왕국에서 하나님의 귀하신 아들의 나라로 데려갈 수 있습니다. 그 이름을 송축합니다.

"존경하는 목사님! 저는 죄를 정복하고 싶습니다."

누가 여러분이 죄에 대한 정복을 갈망하게 해 주셨습니까?

성령님이 아니면 누가 우리와 함께해 주시겠습니까?

성령님의 검을 주시고 그것의 사용법을 가르쳐 주실 것이며 성공적으로 사용할 수 있는 의지와 능력을 모두 주실 것입니다. 죄가 여러분을 끌고 가서 수욕을 가져다 준다 할지라도, 성령님의 힘을 통해 모든 죄를 극복하게 될 것입니다. 성령님은 여전히 여러분을 도우시기 위해 기다리고 계신다는 것입니다.

성령님의 능력을 생각할 때, 저는 오늘 아침 이 자리에 모인 모든 불신자 여러분을 소망으로 바라보게 됩니다. 그분이 보시기에 기뻐하시는 모든 일을 행하실 수 있는 그 이름을 송축합니다.

여러분 가운데 경솔한 사람이 있을 수 있지만, 성령님은 사려 깊은 사람으로 만들어 주실 수 있습니다. 전시회를 관람하기 위해 런던시에 찾아오신 여러분이 거룩한 은혜의 전시품이 되기를 바랍니다.

여러분은 전시회에 대해 생각하지 마십시오. 이 순간 여러분이 홀로 있기를 갈망하며 집으로 돌아가서 팔걸이의자에 앉아 주님을 구할 때 성령님이 감미로운 부드러움을 느끼게 해 주실 수 있습니다.

이와 같이 구원으로 인도함을 받으실 수 있습니다.

이 예배실에 들어올 때 저는 택하심을 받은 회중을 만나야 한다고 생각했고, 그렇게 여러분을 만나게 되었습니다. 여러분이 어디에서 왔든지 지금 이 자리에서 하나님의 은혜를 간구하십시오. 주님이 여러분을 이끌어 오셔서 복 주시기를 원하십니다.

하나님의 감미로운 성령님이 여러분과 함께 간구하시는 동안 하나님 앞에 항복하십시오. 천국의 바람이 부드럽게 불어올 때 모든 마음 문을 활짝 열어야 합니다. 기대하지 않은 일이라고 생각하실 수 있습니다. 그러나 그것이 바로 여러분에게 성령님이 필요하다는 확실한 증거입니다. 그리스도의 필요를 깨닫지 못하는 사람이 그리스도를 가장 필요로 하는 사람이기 때문입니다.

마음을 활짝 열어 성령님이 여러분에게 무엇이 필요한지 가르쳐 주시도록 합시다. 무엇보다도 이 아침에 성령님이 여러분이 예수 그리스도를 바라보는 것을 도와주시도록 기도로 호흡합시다. 왜냐하면, 십자가에 못 박히신 그분을 바라볼 때 생명이 있기 때문입니다. 지금 이 시간 여러분을 위한 생명이 있습니다.

이렇게 말할 것입니다.

"저기, 제가 시작은 해도 계속해서 할 수는 없습니다."

그렇지 않습니다. 여러분 스스로 시작했다면, 아마도 계속하지 못할 수도 있습니다. 그러나 성령님이 여러분과 함께 시작하셨다면, 그분이 계속해서 일하실 것입니다. 성도의 최종적 견인은 성령님의 최종적 견인하심의 결과입니다. 성령님은 계속해서 복을 주시고 우리는 그 복을 받으며 인내합니다. 성령님이 시작하셨다는 것은 결코 지치지 않는 거룩하신 능력으로 시작하셨다는 것을 의미합니다.

오늘 "아홉째 달"(학 2:18) 다섯째 날에 선지자 학개가 아니라, 제가 하나님의 종으로서 여러분이 결코 잊지 못할 말씀을 전해 드린 것이 되었기를 바랍니다. 주님이 성령님의 증거로 여러분에게 이 복을 더해 주시기를 소망합니다.

> 오늘부터는 내가 너희에게 복을 주리라(학 2:19).

오늘 임한 약속의 말씀을 받고 떠나시길 바랍니다. 이곳에 처음 오신 모든 분에게 악수와 함께 이렇게 말씀드리고 싶습니다.

"형제님, 하나님이 오늘부터는 여러분에게 복을 주실 것입니다."

아멘, 아멘!

Sermons on The Holy Spirit

제10장
성령님의 언약적 약속
(The Covenant Promise of the Spirit)[1]

또 내 신을 너희 속에 두어(겔 36: 27).

서문이 필요하지 않습니다. 오늘 우리의 주제가 중요해서 말을 빙빙 돌리면서 시간을 낭비할 수 없습니다. 저는 오늘 아침 두 가지를 말씀드리려고 합니다.

1. 성령님에 대한 약속은 최고의 약속입니다

이 말씀을 황금 구절이라고 부르는 것은 너무 진부한 표현입니다. 이 구절을 값비싼 진주와 비교하는 것도 너무 빈약한 비교입니다. 말로는 더 표현할 길이 없지만, 이 구절을 그분의 은혜 언약 가운데 하나가 되게

---

[1] 설교 No. 2200.; 1891년 4월 10일 주일 아침, Metropolitan Tabernacle(Newington).

하신 하나님을 아무리 찬양해도 부족한 느낌입니다. 그 언약을 이루는 모든 문장은 하늘과 땅보다 소중합니다. 이 구절은 약속의 말씀 중에서도 가장 뛰어납니다.

내 신을 너희 속에 두어(겔 36:27).

저는 이 구절이 은혜로운 말씀이라는 것을 말씀드리며 시작하기 원합니다. 이 구절은 은혜를 잃어버린 족속 즉 "그 행위"(겔 36:17)를 따라 행한 사람들, 하나님의 길을 거부했던 백성에게 전해진 말씀입니다. 이 백성은 벌써부터 온 땅의 심판자이신 그분을 보통 진노하시게 한 것이 아니었습니다. 그래서 하나님은 18절에서 직접 "내가 분노를 그들 위에 쏟아"(겔 36:18) 심판하겠다고 말씀하셨습니다.

그 백성은 심지어 징벌을 받는 중에도 어디에 가든지 하나님의 거룩하신 이름이 이방인들 사이에 욕되게 만들어 버렸습니다. 그들은 큰 특권을 누리면서도 특권을 남용했고, 하나님을 전혀 알지 못하는 사람들보다 더 나쁜 짓을 저질렀습니다. 방종하고, 고의적이고, 악하게 그리고 교만하고 뻔뻔스럽게 죄를 지어 주님을 진노하시게 했습니다. 그런 그들에게 주님은 이와 같은 놀라운 약속을 해 주셨습니다.

내 신을 너희 속에 두어(겔 36:27).

분명, 죄가 더한 곳에 은혜가 더욱 넘쳤습니다(롬 5:20).
분명히 이것은 은혜의 말씀입니다. 왜냐하면, 율법서에 이런 종류의 말씀이 기록되지 않았기 때문입니다. 모세의 율법책을 펼쳐 보십시오. 그 안에 사람의 속에 성령님을 두셔서 하나님의 율례 안에 행하도록 하겠다는 말이 단 한마디라도 있는지 보십시오. 율법은 하나님의 율례를 선포합니다. 그러나 복음만이 율례를 지키게 해 주는 성령님을 약속합니다. 율법은 하나님의 명령과 요구를 깨닫게 합니다.

그러나 복음은 더 나아가 우리가 주님의 뜻을 순종하고 실제로 그분의 길을 걸을 수 있도록 이끌어 줍니다. 은혜가 통치할 때 주님은 우리가 그분의 기쁘신 뜻을 위해 자원하고 일하도록 역사하십니다.

성령님의 역사는 어떤 사람에게도 공로를 따라 받는 것이 아니므로 큰 혜택이 아닐 수 없습니다. 사람은 칭찬받을 만한 행위를 하고 이에 적합한 어떤 보상을 받을 자격이 있는 듯이 행동할 수 있습니다. 그러나 성령님이 인간의 봉사에 대한 삯이 될 수는 없습니다. 그런 생각은 신성 모독에 가깝습니다.

그리스도께서 위해 죽으실 만한 자격이 있는 사람이 누가 있습니까?

누가 그런 것을 꿈이나 꿀 수 있습니까?

어떤 사람에게 성령님이 그 안에 내주하시고 거룩함을 행하실 자격이 있을 수 있습니까?

복의 위대함은 공로의 범위를 뛰어넘어 높이 올라갑니다. 성령님이 누군가에게 주어지는 것은 거룩한 은혜입니다. 사람의 생각을 뛰어넘는 끝없이 풍성하신 은혜입니다. "죄가 관영함 위에 은혜의 통치"(Sovereign Grace O'er Sin Abounding)[2]가 가장 선명한 빛 가운데 드러납니다.

---

2   영국 찬송가의 가사이다(역주).

하나님의 영을 우리 가운데 두신다는 약속은 벌집에서 뚝뚝 떨어지는 꿀과 같은 은혜의 약속입니다. 이 사랑의 말씀에서 쏟아지고 있는 하늘의 음악에 귀를 기울여 보십시오. 은혜, 은혜, 은혜의 부드러운 멜로디를 듣습니다. 그리고 은혜 외에는 아무것도 없습니다. 죄인들에게 성령님의 내주하심을 주시는 하나님께 영광을 올려 드립니다.

다음으로 이 말씀은 거룩한 말씀이라는 것을 기억하십시오.

우리 주님 외에 누가 이런 방식으로 말씀할 수 있습니까?

사람이 하나님의 영을 다른 사람 속에 넣어 줄 수 있습니까?

모든 교회가 힘을 합해 단 한 사람 죄인의 마음에 성령님을 불어넣어 줄 수 있습니까?

거짓투성이 사람의 마음에 선한 것을 들어가게 하는 일도 대단한 일입니다. 그러나 그 마음에 성령님을 들어가게 하는 것은 참으로 하나님의 손으로 하시는 일입니다(눅 11:20).

이렇게 말하는 게 좋겠습니다. 그것은 주님이 자기 팔을 펼치사 그의 강력한 능력을 온전하게 나타내시는 일입니다. 우리의 본성 안으로 하나님의 영을 넣어 주시는 것은 삼위 하나님의 고유한 일입니다. 그리고 자유로운 사람에게 이 일을 하시는 것은 놀라운 일입니다.

이스라엘의 하나님 여호와 외에 누가 이 모든 논란을 잠재우고 "내 영을 너희 속에 두어"(겔 36:27)라며 위엄 있는 왕과 같은 태도로 선언할 수 있습니까?

사람의 결단은 언제나 조건적이며 불확실할 때가 있습니다. 그러나 하나님의 모든 약속은 영원하신 하나님에게만 어울리는 방식인 왕처럼 위엄 있는 말씀으로 그분의 전능하심을 걸고 성립되기 때문에 확실합니다.

그분은 목적을 세우시고 약속하시며 반드시 행하시는 분이십니다. 그러므로 분명 이 말씀은 거룩한 말씀입니다.

오! 죄인이여!

만일 가련한 피조물에 지나지 않는 우리가 여러분을 구원하려고 했다면, 그 시도도 하지 못한 채 무너졌을 것입니다. 그렇지만 보십시오. 주님이 무대에 올라오시면 그 일이 성취됩니다. "내 영을 너희 속에 두어"라는 단 한 줄의 문장으로 모든 장애물이 사라져 버렸습니다.

우리는 우리 자신의 영으로 일하려고 했습니다. 여러분을 위해 슬피 울었습니다. 그리고 간청했습니다. 그러나 우리는 실패했습니다.

보십시오. 문제를 해결해 주실 그분이 오고 계십니다. 실패하지 않으실 것이며 그분에게는 불가능이 없습니다.

그리고 이렇게 말씀하시며 역사를 시작하십니다.

　　내 영을 너희 속에 두어(겔 36:27).

이 말씀은 하나님의 은혜입니다.

그렇다면 이 말씀을 은혜 주시는 하나님 약속의 말씀으로 여기십시오.

좀 더 생각해 보면 이 말씀은 더 개인적이고 사적인 말씀이라는 강한 매력을 느끼게 됩니다. 주님은 개인으로서 너희 안에, "내 영을 너희 속에 두어"라고 말씀하십니다. '각 개인에게' "내 영을 너희 속에 두어"라고 하신 것입니다. 이것은 분명 정확한 해석입니다. 전후 문맥과 연결되기 때문입니다. 26절은 말씀합니다.

> 새 마음을 너희에게 주되(겔 36:26).

이제, 새 마음은 오직 한 사람에게만 줄 수 있습니다. 각 사람은 자기 자신의 마음이 필요합니다. 그리고 각 사람은 자기 스스로를 위해 새로운 마음을 가져야만 합니다.

각 사람의 내면에서 이 말씀이 이루어져야 합니다.

> 너희 육신에서 굳은 마음을 제거하고 부드러운 마음을 줄 것이며 (겔 36:26).

이것은 모두 개인적이고 개별적인 은혜 작용입니다. 하나님은 영원과 죄 그리고 구원에 관한 엄숙한 문제에 관해 한 사람씩 개별적으로 다루십니다. 우리는 한 사람씩 태어납니다. 그리고 우리는 한 사람씩 죽습니다. 그러므로 우리는 한 사람 한 사람씩 거듭나야만 합니다. 각 사람이 자기 자신을 위해 성령님을 받아야 합니다. 이것이 없으면 사람은 아무것도 가진 것이 없습니다.

개별적으로 은혜를 주입받지 못하면 하나님의 율례 가운데 행할 수 없습니다. 지금 성도 여러분 가운데에는 세상에서 정말 혼자라고 생각되기 때문에 절망적이라고 느끼는 분들이 계실 것입니다.

여러분은 국가를 위해 큰일을 행하실 하나님을 믿을 수 있습니다.

그렇지만 이 고독에 관해서는 어떻게 생각하고 계십니까?

여러분은 어떤 유형에도 해당하지 않는 이상한 사람들입니다. 여러분의 모든 체질적 경향이 죄입니다. 그래서 하나님이 말씀하십니다.

> 내 영을 너희 속에 두어(겔 36:27).

여러분의 마음속에, '심지어' 여러분의 마음속에도 말입니다.

사랑하는 성도 여러분!

여러분은 오랫동안 구원을 간구해 왔습니다. 그렇지만 성령님의 능력에 대해서는 알지 못했습니다.

이것이 여러분에게 꼭 필요한 것입니다. 여러분은 육신의 힘으로 애써 왔습니다. 그렇지만 여러분은 진정한 힘이 어디에 있는지를 이해하지 못했습니다. 하나님이 여러분에게 말씀하셨습니다.

> 힘으로 되지 아니하며 능력으로 되지 아니하고 오직 나의 영으로 되느니라(슥 4:6).

그리고 다시 말씀하셨습니다.

> 내 영을 너희 속에 두어(겔 36:27).

이 말씀은 주님이 곧 절망에 빠지기 직전인 청년에게 해 주셔야 합니다. 믿음과 기도를 위한 힘을 얻기 위해 자신을 들여다 보고 있는 그 슬픈 여인에게 말씀해 주셔야 합니다.

여러분 스스로 안에서 혹은 스스로에게서 나오는 힘과 소망은 존재하지 않습니다. 그러나 이것은 모든 점에서 여러분을 개별적으로 만족하게 할 수 있습니다.

'각 개인으로서' 너희 속에 "내 영을 너희 속에 두어"라고 말씀하셨습니다. 주님께 그것을 구하십시오. 기도 가운데 마음을 높이 올려 드리고 은혜와 간구의 영을 부어 주시기를 구하십시오.

이렇게 부르짖어 기도하십시오.

> 저와 같은 사람도 선하신 주님의 성령께서 인도하여 주소서.
> 은혜로운 하나님 아버지시여!
> 저를 지나가지 마시고 제 안에 "내 신을 너희 속에 두리라" 하신 그 놀라운 주님의 말씀을 이루어 주소서.

또한, 이 말씀은 분리하는 말씀임을 주의하시기 바랍니다. 이것을 쉽게 이해하실지 알 수 없지만, 이 말씀은 반드시 사람을 자기 동료와 분리시킵니다. 사람은 본성상 하나님의 영이 아닌 다른 영에 속한 자들입니다. 그리고 공중의 권세 잡은 자인 악한 영의 지배를 받습니다(엡 2:2).

주님이 자기 백성을 이방인들로부터 끌어내 자기 소유로 모으시기 위해 오시면, "내 영을 너희 속에 두어"라는 말씀에 의거해 사람들을 분리하실 것입니다. 이 말씀이 이루어지면 그는 새로운 사람으로 변화됩니다. 성령님을 소유한 사람은 세상에 속하지 않았고 세상을 닮지도 않았습니다. 그들은 곧 경건하지 않은 사람들에게서 빠져나와 분리됩니다. 변화된 본성이 갈등을 일으키기 때문입니다.

하나님의 영은 악한 영과 함께 거하실 수 없습니다. 그래서 성도는 그리스도와 벨리알을 동시에 섬길 수 없고(고후 6:15), 하나님의 나라와 이 세상을 동시에 섬길 수 없습니다. 하나님의 백성을 다시 한번 불러 모으는 것이 이 세대를 향한 하나님의 큰 뜻이라는 진리에 대해 깨어나기를 바랍니다.

예루살렘 공의회에서 야고보가 말한 내용은 분명 사실입니다.

> 하나님이 처음으로 이방인 중에서 자기 이름을 위할 백성을 취하시려고 그들을 돌보신 것을 시므온이 말하였으니(행 15:14).

펌프질로 안전한 항구에 도착할 수 있을 것으로 기대하며 계속해서 난파한 배에 남아 있으면 안 됩니다. 외치는 소리는 전혀 다른 것입니다.

"구명정으로 가십시오. 구명정으로 가십시오."

난파선을 포기해야 합니다. 하나님만이 구원하실 수 있는 가라앉고 있는 많은 무리에서 멀리 떠나야 합니다.

낡은 난파선으로부터 스스로 벗어나야 합니다. 그래서 함께 휩쓸려 내려가 멸망당하는 일이 없도록 해야 합니다.

여러분이 세상을 위해 할 수 있는 오직 한 가지 선한 일은 그리스도께서 세상에 속하지 않으셨던 것처럼 여러분 스스로 "세상에 속하지 않는 것"(요 17:14, 16)밖에 없습니다. 세상의 수준으로 내려가는 것은 세상을 위해서나 여러분을 위해서나 좋지 않습니다.

노아 시대에 일어났던 일이 되풀이 될 것입니다. 하나님의 아들들이 사람의 딸들과 결혼했습니다(창 6:2). 두 종족은 부류가 같지 않았고, 주님은 그 사악한 결합을 용인하실 수 없었습니다. 그래서 큰 깊음의 샘들을 터뜨리시고 파괴적 홍수를 통해 지면을 쓸어버리셨습니다(창 7:11 이하).

마지막 멸망의 때에 세상이 불에 휩싸이게 된다면 그것은 하나님의 교회가 타락하고 의인과 악인의 구별이 없어졌기 때문일 것입니다. 성령님은 어디에서든 신속하게 이스라엘과 애굽의 차이를 만들고 밝혀 주십니다. 그리고 성령님이 더욱 활동적으로 역사하실수록 성령님에 의해 인도받은 사람과 육신의 지배 아래에 있는 사람 사이에 그만큼 더 넓은 격차가 있게 될 것입니다.

사랑하는 성도 여러분!

성령님을 받게 되면 여러분은 지금 여러분의 모습과 완전히 다른 종류의 사람으로 변화되실 것입니다. 이 후에는 세상의 인정과는 거리가 먼 동기에 따라서 움직이게 되실 것입니다. 그것은 세상이 주님을 알지 못하기 때문에 우리를 알 수 없기 때문입니다(요일 3:1). 그때에 여러분은 악한 세상이 여러분을 오해하고 정죄하는 방식으로 행동하고, 말하고, 생각하고 느끼게 될 것입니다.

왜냐하면, 육신의 생각은 하나님의 것을 알 수 없기 때문입니다. 왜냐하면, 이런 일은 영적으로 분별하기 때문입니다(고전 2:14). 세상은 여러분의 목적과 계획을 인정하지 않을 것입니다. 세상이 여러분의 친구가 될 것을 기대하지 마십시오. 여러분을 여인의 후손이 되게 만들어 주신 성령님은 세상의 영이 아닙니다. 뱀의 후손이 여러분을 향해 혀를 날름거리고 발꿈치를 상하게 할 것입니다(창 3:15).

주님이 말씀하셨습니다.

> 너희는 세상에 속한 자가 아니요 도리어 내가 너희를 세상에서 택하였기 때문에 세상이 너희를 미워하느니라(요 15:19).

이 말씀은 구별시키는 말씀입니다.

말씀이 여러분을 구별시켰습니까?

성령님이 여러분을 홀로 부르시고 복 주셨습니까?

여러분은 여러분의 옛 동료와 구별됩니까?

여러분은 그들이 이해하지 못하는 생명을 소유하고 있습니까?

만일 그렇지 않다면, 하나님이 자비를 베푸셔서 "내 영을 너희 속에 두어"라고 하신 본문 말씀의 천국 복을 여러분 안에 더욱더 부어주시길 원합니다.

그러나 이제는 본문 말씀이 연합하게 하는 말씀임을 주의하십시오. 이 말씀은 세상으로부터 구별하게 합니다. 그러나 우리를 하나님과 연결해 줍니다. "내 영을 너희 속에 두어"(겔 36:27)가 어떻게 작동하는지 보십시오. 단순히 하나의 영도 아니고, 특정한 영도 아니고 '내 영'이라고 하셨습니다.

이제 하나님의 영이 우리 죽을 몸 가운데 내주하시기 위해 오실 때 우리가 지존하신 분과 어떻게 가까이 지낼 수 있습니까?

> 너희 몸은 성령님의 전인 줄을 알지 못하느냐(고전 6:19).

이 말씀이 사람을 숭고하게 하지 않습니까?

신자 여러분!

여러분은 단 한 번이라도 서서 자신에 대한 경이감을 느껴 보신 적이 있습니까?

이 가엾은 몸도 성령님의 거룩한 전으로 구별되어 거룩한 상태로 승격

된, 성화되고 헌신된 존재라는 것을 제대로 인식해 보신 적이 있습니까?

이렇게 우리는 하나님을 잘 이해할 수 있는 가장 가까운 연합의 관계 안으로 들어갈 수 있습니다. 이와 같이 우리 영혼이 거룩한 성령님께 복종할 때 주님은 우리의 빛이요 생명이 되어 주십니다.

하나님의 영을 우리 속에 두신 하나님이 친히 우리 안에 내주하십니다. 그리스도를 죽은 자들 가운데서 살리신 하나님의 영이 여러분 안에 거하십니다(롬 8:11). 여러분의 생명이 그리스도와 함께 하나님 안에 감춰졌습니다(골 3:3).

성령님이 여러분을 인치시고 기름 부으시고 여러분 안에 내주하십니다. 성령님으로 말미암아 우리가 아버지께 가까이 나아갈 수 있습니다(엡 2:18). 성령님으로 말미암아 우리가 양자 되었고 "아바 아버지"라 부를 수 있게 되었습니다(갈 4:6). 성령님으로 말미암아 우리는 신성한 성품에 참여하는 자가 되었고(벧후 1:4), 성삼위 하나님과 사귐을 갖게 되었습니다.

저는 여기에서 "내 영을 너희 속에 두어"(겔 36:27) 말씀이 대단히 겸손한 말씀임을 또한 말하지 않을 수 없습니다.

하나님의 권능과 강한 힘을 나타내시고 하나님의 말씀을 이루시는 성령님이, 즉 창세 때 수면 위에 운행하시고 혼돈과 사망 위에 생명과 질서를 가져오신 분(창 1:2)이 황송하게도 사람의 몸 안에 거하심이 정말로 있을 수 있는 일이겠습니까?

우리 본성 안에 하나님이 계신다는 것은 매우 놀라운 개념입니다.

베들레헴의 한 아기 안에 계신 하나님!
나사렛의 한 목수 안에 계신 하나님!

"질고를 아는 자"(사 53:3) 안에 계신 하나님!
십자가에 못 박히신 사람 안에 계신 하나님!
무덤에 장사되신 사람 안에 계신 하나님!

이는 모두 놀라운 일입니다. 성육신은 무한한 사랑의 신비이나 우리는 그것을 믿습니다. 그러나 이 끝없는 신비와 비교할 수 있는 것이 있다면, 저는 그것이 하나님이 자기 백성 가운데 거하시는 것이라고 말씀드리려 합니다. 그리고 그것이 1만 회 이상 반복되었다는 것은 더욱더 놀라운 것입니다. 성령님이 구원받는 수백만 명의 남자와 여자에게 내주하신다는 것은 거의 우리 주님이 인간의 본성과 결혼 관계를 맺으신다는 기적만큼 놀라운 것입니다.

주님의 몸은 완전히 순결하셨기 때문에, 하나님이신 성령님이 거룩한 인간이 되신 예수님 안에 사시는 동안에는 적어도 온전하고 죄 없으신 본성 안에 내주하십니다. 그러나 성령님은 죄악 된 사람들 속에 거하시기 위해 스스로 낮아지십니다.

회심 후에도 여전히 육체가 영을 대적하고 영이 육체를 대적하고 있는 인간, 완전하게 되기 위해 노력하지만 그렇지 못한 인간, 자신들의 부족함을 탄식할 수밖에 없고, 심지어 자신의 불신앙을 부끄럽게 고백하는 인간 속에 거하시기 위해 스스로 낮아지십니다.

"내 영을 너희 속에 두어"라고 말씀하신 의미는 인간의 불완전한 본성 안에 성령님이 거하신다는 뜻입니다.

놀라운 일 중 놀라운 일이 아닐 수 없습니다!

그러나 이것은 놀라운 일이면서도 분명한 사실입니다.

예수 그리스도를 믿으시는 성도 여러분!
여러분은 성령 하나님을 모시고 있습니다.

> 누구든지 그리스도의 영이 없으면 그리스도의 사람이 아니라(롬 8:9).

여러분은 자신이 그분의 소유가 아닐지도 모른다고 의심할 수도 있습니다. 그러나 여러분은 분명히 그분의 것이며 내주하시는 성령님을 모시고 있습니다. 구세주께서는 위로자 성령님이 여러분에게 주어지고 거하게 하시기 위해 멀리 떠나셨습니다. 성령님이 분명히 여러분 안에 내주하십니다.

그렇지 않습니까?

참으로 그렇다고 한다면, 이렇게 겸손하신 하나님께 경의를 표하고 그분의 이름을 찬양하고 경배하도록 합시다. 모든 것에 있어서 그분의 다스림에 사랑스럽게 복종하십시오. 성령님을 근심시키지 마십시오(엡 4:30). 여러분 안에 하나님의 성전을 더럽힐 수 있는 어떤 것도 들어오지 못하도록 주의해야 합니다. 그분의 한마디 권면의 말씀도 여러분에게 법이 되게 하십시오. 주님의 임재가 특별히 성막 휘장 안에 계셨고 주 하나님은 우림과 둠밈을 통해 백성에게 말씀하셨다는 것은 거룩한 신비입니다.

이제 성령님이 우리의 영 안에 내주하시고, 우리의 본성과 함께 거하시며, 하나님 아버지께로부터 들은 모든 말씀을 전해 주신다는 것은 동일하게 거룩한 불가사이에 해당합니다. 그분은 지금도 말씀하십니다. 거룩한 감동에 의해 열려진 귀와 부드럽게 변화된 마음은 그 음성을 들을 수 있고 받아들일 수 있습니다.

우리가 그분의 잔잔하고 세미한 음성을 경외심 가득한 겸손과 사랑의 기쁨으로 청종할 수 있도록 허락해 주십니다. 그러면 우리는 이 "내 영을 너희 속에 두어"라고 하신 말씀의 의미를 깨닫게 될 것입니다.

아직도 오늘 본문 말씀에 대한 저의 찬사가 끝나지 않았습니다. 왜냐하면, 이 본문이 아주 영적인 말씀이라는 것을 여러분에게 상기시켜 드리는 것을 결코 지나칠 수 없기 때문입니다.

"내 영을 너희 속에 두어" 말씀의 뜻은 특별한 옷을 입는 것과 전혀 관련이 없습니다. 그것은 아무런 가치가 없을 것입니다. 그 말씀은 설교를 화려하게 하는 것과 전혀 관련이 없습니다. 그것은 쉽사리 속이는 것이 될 것입니다.

오늘 본문 말씀은 공적 의식이나 기념행사와 아무 관련이 없습니다. 다만 그보다 그 이상의 더 깊은 뜻이 담겨 있습니다. 주님이 우리에게 세례와 함께 장사됨을 통해 우리가 그리스도와 함께 죽었다는 것을 가르쳐 주신다면 이 구절은 교육적 역할을 하게 될 것입니다(롬 6:3 이하).

하나님이 떡과 포도주를 하나님의 사랑하는 아들 그리스도의 몸과 피에 참예하는 표시가 되도록 임명하신다면 우리에게 아주 큰 유익이 될 것입니다(고전 10:6). 그런데도 이것들은 외형적인 것에 지나지 않으며, 만일 성령님이 함께하시지 않는다면 그 목적 또한 실패하게 될 것입니다. 이 약속의 말씀 안에는 무한히 크신 어떤 것이 있습니다.

"내 영을 너희 속에 두어"(겔 36:27)는 제가 히브리어의 깊은 뜻으로 다 설명할 수 없지만, 어느 정도 의역하면 '내가 너의 한가운데에 내 영을 놓아줄 것이다'라는 의미로 읽혀집니다. 거룩한 복이 우리 생명의 비밀스럽고 깊은 곳에 놓입니다. 하나님은 자기의 영을 사람의 겉이 아닌 그 존재의 중심에 놓아 주십니다. 그 약속의 의미는 '내가 내 영을 너의 배 안에, 네 마음속에, 너의 영혼의 깊은 그곳에 놓아줄 것이다'입니다.

그것은 정말로 강렬하고 영적인 문제로 눈에 보이는 물질의 혼합 없이 이루어진 것입니다. 아시다시피 우리에게 주어지는 그것은 하나님의 영이며, 우리 영혼 안에 내면적으로 주어지시기 때문에 영적 활동에 해당합니다. 성령님이 우리의 외형적 삶 가운데 작용하시는 것은 사실입니다. 그러나 그것은 비밀하고 내면적인 생명을 통해 이루어집니다. 그 내면적인 작용에 대해 오늘 본문이 말하는 것입니다.

이것은 우리에게 매우 필요한 것입니다.

예배에 참석해 진실하게 선포되는 하나님의 말씀을 듣는 것이 무엇인지 알고 계시지 않습니까?

그러나 이렇게 말할 수밖에 없지 않습니까?

"아무튼 말씀이 내 안으로 들어오지 않았어. 성령님의 기름 부으심을 느끼거나 그 맛을 경험해 보지 못했어."

여러분에게 "내 영을 너희 속에 두어" 말씀이 필요합니다. 여러분은 성경을 많이 읽고 기도합니다.

그러나 이 두 경건 활동이 너무도 외면적으로 되고 있지는 않습니까?

"내 영을 너희 속에 두어"(겔 36:27) 말씀이 그와 같은 악을 다스립니다. 좋으신 성령님은 여러분의 가슴을 불붙게 하시고 여러분의 마음을 관통하십니다. 여러분의 영혼을 적셔 주십니다. 그분은 여러분의 존재 비밀과 생명의 샘을 터치하십니다.

복된 말씀이여!

오늘 본문 말씀을 사랑합니다. 말로 다 표현할 수 없을 만큼 사랑합니다.

또다시 이 본문의 말씀이 아주 효과적이라는 사실에 주목해 주시기 바랍니다.

내 영을 너희 속에 두어 너희로 내 율례를 행하게 하리니 너희가 내 규례를 지켜 행할지라(겔 36:27).

성령님은 하나님의 율법을 사랑하게 하심으로써 먼저 내면적 삶에 작용하십니다. 그 후에 하나님 자신에 관한 율례와 여러분과 여러분의 동료들과의 사이에서 하나님의 법이 지켜질 수 있도록 공개적으로 여러분을 움직여 주십니다. 채찍을 맞고 난 후에 순종하는 것은 아무런 가치가 없을 것입니다.

그러나 순종은 그 사람 속의 한 생명으로부터 솟아나며 대단히 값진 보석 흉패입니다. 등잔 유리의 표면만을 닦아 비추게 할 수 없습니다. 그 안에 촛대가 놓여야 합니다. 이것은 하나님이 하시는 일입니다. 하나님이 성령님의 빛을 우리 안에 넣어 주실 때 빛나게 되는 것입니다. 그분은 여러분의 영을 사람의 아주 깊은 곳에 넣어 주시기 때문에 사람의 본성 전체가 그것을 느낄 수 있습니다.

성령님은 우물 바닥에서 솟아나는 샘물처럼 상승하며 역사하십니다. 그뿐만 아니라 우리 안에 뿌리처럼 아주 깊이 계셔서 내보내기는 불가능합니다. 만일 성령님이 기억 속에 계시면 우리는 그분을 잊어버릴 것입니다. 만일 성령님이 지성 안에 계시면 우리는 오류를 범할 것입니다. 그러나 성령님은 '사람의 속에서' 사람 전체를 감동하시며 담대하게 다스려 주십니다. 그로 인해 우리 본성의 핵심이 되살아나 거룩하게 될 때, 실제적 경건을 효과적으로 획득하게 됩니다.

우리 주님의 말씀을 경험으로 깨닫는 자가 복이 있습니다.

> 내가 주는 물은 그 속에서 영생하도록 솟아나는 샘물이 되리라(요 4:14).

제가 비록 본문을 잘 해석하지 못했을지라도 이 말씀을 충분히 권해 드렸기를 바랍니다. 여러분이 다시 한번 말씀을 펼쳐 스스로 묵상하시고 여러분 자신만의 주해를 얻게 되시기를 바랍니다. 이 본문의 핵심은 그 자체에 담겨 있습니다. 성령님을 받을 때 이 말씀을 이해하게 되실 것입니다.

2. 성령님이 사람들 속에 내주하신다는 사실을 드러내십니다

오랜 시간이 걸릴 수 있는 주제를 아주 간략하게 설명해야 합니다. 그래서 그분의 방식과 역사하심에 대한 일부만을 말씀드릴 수 있을 뿐입니다.

첫째, 성령님이 우리 안에 내주하심으로 나타나는 효과 가운데 하나는 우리가 다시 사는 것입니다.

우리는 본성상 천국과 영적인 모든 것에 대해 죽어 있습니다. 그러나 성령님이 오시면 우리는 살아나기 시작합니다. 성령님이 찾아오신 사람은 하나님을 두려워함으로 떨고 그리스도의 사랑으로 흐느끼게 됩니다.

그는 두려워하면서도 소망을 갖기 시작합니다. 아마도 두려움은 상당히 크고 소망은 보잘것없이 작은 것입니다. 그 사람은 영적으로 슬퍼하는 것을 배우게 됩니다. 그는 죄를 지었고 죄짓는 것을 멈추지 못하는 것에 대해 몹시 근심합니다. 그는 그가 한때 경멸하던 것을 갈망하게 됩니다. 그는 특별히 용서의 길, 하나님과 화해의 길을 찾게 되기를 갈망하게 됩니다.

사랑하는 성도 여러분!

제가 여러분에게 이렇게 할 수 없습니다. 제가 여러분이 죄에 대해 근심하게 할 수 없습니다. 제가 여러분이 영생을 갈망하게 할 수 없습니다. 그렇지만 주님에 의해 이 말씀이 역사함과 동시에 모든 것이 이루어질 것입니다.

내 영을 너희 속에 두어(겔 36:27).

죽은 자를 살리시는 성령님이 죄와 허물 가운데 죽은 자들에게 생명을 주십니다(엡 2:1). 이 성령님의 생명은 그 사람을 기도하게 하심으로 스스로 나타납니다.

울부짖음은 살아 있는 자녀의 특징적인 표시이며 그는 깨어진 음성으로 울기 시작합니다. 그는 "하나님 자비를 베풀어 주소서"라고 울기 시작합니다. 사랑하는 동시에 불쌍히 여기시는 부드러운 마음을 느끼기 시작합니다. 죄에 대해 새로운 생각을 갖게 됩니다. 그리고 하나님을 근심하게 해 드린 것을 슬퍼합니다. 이와 함께 믿음이 생깁니다.

아마도 약함과 떨림으로 구세주의 옷자락을 만져 보았을 것입니다. 그러나 여전히 예수님은 유일한 소망이자 하나밖에 없는 신뢰입니다. 그는 주님께 용서와 구원을 구하게 됩니다. 심지어 자기 같은 자도 그리스도께서 구원하실 수 있다고 믿게 됩니다. 그때 예수님께 대한 믿음이 마음에서 샘솟아 나고 생명이 그의 영혼 안에 들어오게 됩니다.

기억하십시오. 친애하는 성도 여러분!

성령님은 소생(quickening)하게 하신다는 것을 기억하시기 바랍니다. 무뎌지고 의기소침해질 때마다 부르짖어 성령님을 찾으십시오. 기도할 때 느끼고 싶은 만큼 느껴지지 않을 때마다 그리고 하나님과 깊은 사귐을 나누지 못할 때 믿음으로 오늘 말씀을 간구하십시오. 주님께 "내 영을 너희 속에 두어"(겔 36:27)라고 하신 말씀을 이루어 주시기를 간청하십시오. 이 약속의 말씀을 들고 주님께 가십시오. 심지어 이렇게까지 고백하십시오.

"주님 저는 통나무같이 죽어 있습니다. 저는 구제불능의 연약함 덩어리입니다. 주님이 오셔서 저를 살려 주지 않으시면 저는 주님께 나올 수 없습니다."

끈질기게 약속을 이뤄 달라고 간구하십시오.

내 영을 너희 속에 두어(겔 36:27).

모든 육신적 삶은 부패하게 됩니다. 단순한 흥분에서 나오는 모든 에너지는 실망의 검은 잿더미 속에 가라앉게 될 것입니다. 성령님이 거듭난 심령의 생명이 되십시오.

성령님을 영접하셨습니까?

만일 여러분에게 성령님이 계시다면, 그분에게 있는 생명의 아주 적은 양을 가지고 있을 뿐입니다.

더 많은 생명을 원하지 않습니까?

그렇다면 여러분의 처음 그 자리로 돌아가십시오. 생명의 강은 오직 하나밖에 없습니다. 그 넘치는 물을 길어 내십시오. 성령님이 여러분의 영혼 안에 강력히 내주하실 때 여러분은 충분히 활기차고, 충분히 밝으며, 충분히 강하고, 충분히 행복하게 될 것입니다.

둘째, 성령님이 우리 안에 오셔서 소생하게 하신 후에는 조명(enlightening)**하는 일을 하십니다.**

우리가 사람으로 하여금 진리를 보게 할 수 없습니다. 그들은 너무도 눈이 멀어 있습니다. 그러나 주님이 자기의 영을 부어 주시면 그들의 눈이 열립니다. 처음에는 흐릿하게 볼 것입니다. 그렇지만 여전히 볼 수 있습니다. 그러나 빛이 더 밝아지면서 눈이 힘을 얻게 되며, 점점 더 분명하게 보게 됩니다.

그리스도를 바라보고 앙망하며, 깨우침을 얻게 되는 것이 얼마나 큰 긍휼인가요?

성령님으로 말미암아 영혼들은 사물의 실제를 보게 됩니다. 그리고 그것을 사실로 받아들이게 됩니다. 성령님은 모든 신자를 조명하십니다. 그래서 하나님의 율법에서 더욱더 기이한 것을 보게 하십니다. 그러나 성령님이 눈을 열어 주시지 않으면 결코 일어나지 않는 일입니다.

사도 베드로가 "어두운 데서 불러내어 그의 기이한 빛에 들어가게 하신"(벧전 2:9)것에 대해 말했습니다. 그것은 참으로 눈먼 자와 죽은 자에게 임하는 기이한 빛입니다. 그 빛이 진리를 분명하게 드러내기 때문에 그 빛은 기이합니다. 기이한 방식이 기이한 것을 계시합니다. 만일 산과 언덕이, 만일 바위와 돌들이 갑자기 눈으로 가득 차게 된다면, 그것은 땅 위에 일어난 한 가지 기이한 일이 될 것입니다.

그러나 여러분과 제가 성령님의 조명에 의해 영적인 것을 보게 되는 것만큼 기이한 일이 되지 못합니다. 누군가 진리를 깨닫지 못할 때, 그 사람에 대해 화를 내지 마시고 부르짖으시기 바랍니다.

"주여! 그들 가운데 주님의 영을 부어 주소서."

주님의 말씀을 이해하지 못할 때에는 절망하며 포기해서는 안 됩니다. 다만 믿음으로 부르짖어야 합니다.

"주님! 제 안에 주님의 영을 부어 주소서."

여기에만 영혼의 참된 빛이 있습니다. 그분을 의지하십시오. 성령으로 말미암아 보는 빛이 아니면 영적으로 보는 것이 아닙니다. 지성과 논리만을 가지고 보신다면 구원을 보지 못합니다. 지성과 이성이 하늘의 빛을 받지 못하면, 옛 이스라엘 사람들처럼 본다 해도 아직 보는 것이 아닙니다.

사실 여러분이 뽐내는 명료한 시력은 바리새인들의 시력처럼 여러분의 파멸을 악화시킬 수 있습니다. 그들에게 주님이 말씀하셨습니다.

본다고 하니 너희 죄가 그대로 있느니라(요 9:41).

오! 주님!

성령님을 보내 주셔서 우리 영혼을 조명해 주소서.

셋째, 성령님은 또한 죄를 확신(conviction)하게 하십니다.

죄를 확신시키는 사역은 조명하심보다 더 강제성이 있습니다. 이는 양심에 강력하게 역사하기 위해 양심의 눈앞에 한 가지 진리를 규명합니다. 저는 죄 확신의 뜻을 알고 있는 이곳에 모이신 분들께 말씀드립니다. 그래도 제 경험에 비춰 설명해 드리겠습니다.

저는 성경을 읽으며 죄의 의미를 깨달았습니다. 그렇지만 제가 불 뱀에 물리고 그 독이 저의 혈관 속에서 끓고 있다는 것을 알게 되기까지, 죄가 얼마나 극악무도하고 공포스러운지 알지 못했습니다. 성령님이 죄를 죄로서 드러나게 하셨을 때 저는 그 광경을 보고 완전히 압도되어, 도저히 참을 수 없는 광경에서 벗어나기 위해 제 자신에게서 도망치려고 했습니다. 발가벗겨진 죄는 변명의 여지가 추호도 없었고 진리의 빛 가운데 드러나니 실제 마귀 그 자체를 보는 것보다 괴로운 광경이었습니다.

저는 저처럼 너무나도 교만하고 쓸모없는 피조물이 지은 죄로 공의롭고 거룩하신 한 분 하나님을 대적한 것을 알게 되었을 때 충격에 빠졌습니다.

신사 숙녀 여러분!

여러분은 단 한 번이라도 스스로 죄인임을 느껴 보셨습니까?

"네 그럼요, 우리는 죄인입니다."

신사 숙녀 여러분!

진심으로 하는 말씀입니까?

그 말의 의미가 무엇인지 알고 계십니까?

여러분 가운데 많은 분이 자신은 남아프리카와 나미비아에 있는 호텐토트 부족만큼 죄인이 아니라고 생각하실 것입니다. 가짜 상처를 호소하며 구걸하는 사람은 질병을 알지 못합니다. 만일 실제로 질병이 있다면 가장하지 않아도 충분히 동정을 받습니다.

무릎을 꿇고 "주여, 이 비참한 죄인을 불쌍히 여기어 주소서"라고 기도한 후에 여러분 자신이 아주 고상하고 칭찬받을 만한 사람이라고 느껴진다면, 그것은 전능하신 하나님을 조롱하는 것입니다. 스스로 자기 죄를 인정하는 진정한 죄인을 발견하는 것은 결코 흔한 일이 아닙니다. 흔하지 않은 만큼 그 발견은 기쁜 일입니다.

왜냐하면, 진정한 죄인을 위해 진정한 구세주가 오셨기 때문입니다. 구세주께서 죄인을 맞아 주실 것입니다.

시인 하트(Hart)의 고백을 이해합니다.

> 한 사람의 죄인은 성스럽다.
> 성령님이 그 사람을 그렇게 만드셨다.
>
> A sinner is a sacred thing,
> The Holy Ghost hath made him so.

죄는 죄인과 그리스도의 접촉점입니다. 주 예수님은 우리의 죄를 위해 자기를 내어 주셨지, 결코 우리의 의로움을 위해 내어 주신 것이 아닙니다. 그분은 병든 사람을 치료하기 위해 오셨습니다. 그분이 찾으시는 것도 우리의 질병입니다. 의사는 자신을 부른 목적과 관련 없다면 그 무엇이라도 참지 못합니다. 그는 외쳐 말합니다.

"쯧쯧, 저는 여러분 집의 가구에 신경 쓰지 않아요, 소가 몇 마리 있느냐, 여러분이 세금을 얼마나 지불하느냐, 그리고 어떤 정치적 성향이 있는지 도무지 관심이 없습니다. 저는 환자를 보러 왔을 뿐입니다. 그 문제를 다루도록 해 주시지 않으면 저는 돌아가겠습니다."

한 죄인의 타락이 본인 스스로에게도 혐오스러워질 때, 자기 죄에서 지독한 냄새가 느껴질 때, 그 죄에서 나오는 사망이 두려워질 때, 그때가 성령이 주시는 죄의 확신이 진실로 느껴지는 때입니다. 그리고 성령님이 보여 주시기 전까지 그 누구도 죄와 자신의 파멸을 깨닫지 못합니다.

예수 그리스도에 대한 확신도 동일한 방식으로 찾아옵니다. 성령님이 우리 속에 임재하시기 전까지 우리는 그리스도를 우리의 구세주로 알지 못합니다. 우리 주님이 말씀하십니다.

> 그가 내 것을 가지고 너희에게 알리겠음이라(요 16:14).

그리고 성령님이 보여 주시기 전에는 주 예수님께 속한 것을 도무지 볼 수 없습니다. 예수 그리스도께서 여러분을 위해 죽으신 구세주이심을 아는 것은 오직 성령님이 주시는 지식입니다. 지금 현재 구원이 나의 것임을 깨닫는 것은 성령님이 주시는 확신에 의해서만 가능합니다.

사랑하는 여러분에게 의롭게 된 것과 하나님의 받아 주심에 대한 확신이 있기를 원합니다. 이 확신은 여러분을 부르신 그분, "내 영을 너희 속에 두어"라고 말씀하신 주님에게서 옵니다.

그뿐만 아니라, 성결하게 하시기 위해 우리 안에 오십니다.

> 또 내 영을 너희 속에 두어 너희로 내 율례를 행하게 하리니 너희가 내 규례를 지켜 행할지라(겔 36:27).

성령님이 오시면 새 생명을 주입해 주시는데 그 새 생명은 성결의 원천이 됩니다. 새 본성은 하나님으로부터 났기 때문에 범죄할 수 없습니다.

> 그것은 살아 있고 썩지 아니할 씨입니다(벧전 1:23).

이 생명은 아름다운 열매를 맺습니다. 오직 아름다운 열매만을 맺습니다(마 7:17 등). 성령님은 거룩함의 생명입니다. 성령님이 우리의 영혼 안에 들어오심과 동시에 죄의 권세를 향한 치명적 공격이 시작됩니다. 옛 사람이 그리스도와 함께 십자가에 못 박히게 됩니다. 옛 사람은 선고를 받아 율법의 목전에서 사망했습니다(롬 6:6).

십자가에 못 박힌 사람이 오랫동안 죽지 않고 버틸 수 있지만 살아날 수는 없습니다. 그래서 악의 권세가 발악을 합니다. 그러나 그것은 반드시 죽게 됩니다. 죄는 처형된 범죄자입니다. 십자가에 죄를 박은 못은 마지막 호흡이 남아 있지 않을 때까지 견고하게 박혀 있을 것입니다. 성령님이 죄의 권세에 치명적 상처를 입히십니다. 옛 본성은 죽음의 고통 속에서 몸부림쳐도 그 운명은 정해져 있고 죽을 수밖에 없습니다.

그러나 여러분은 자신의 힘이나 성령님 외에 그 어떤 힘으로 죄를 극복할 수 없습니다. 삼손과 마찬가지로 여러분의 결심이 죄를 결박은 할 수 있지만, 그 죄가 밧줄을 싹둑싹둑 잘라 버릴 것입니다. 성령님은 죄의 근원을 근절시키기 위해 그것을 반드시 내려치실 것입니다. 사람 안에 있는 성령님은 '심판하시는 영', '태우시는 영'이십니다.

성령님의 이 속성에 관해 알고 계십니까?

성령님은 심판하시는 영으로서 죄를 선고하십니다. 그 죄 위에 가인의 표를 주십니다. 한 가지 더해 죄를 불태우십니다. 성령님은 심판하신 죄 위에 사형을 집행하십니다.

우리에게 화형시켜야 했던 죄가 얼마나 많습니까?

결코 적지 않은 고통의 대가를 지불했습니다. 가벼운 방법이 통하지 않는다면 죄는 불로 제거해야 합니다. 성령 하나님은 소멸하는 불이십니다. 참으로 그렇습니다.

> 우리 하나님은 소멸하는 불이심이라(히 12:29).

사람들은 이 말을 바꾸어 "그리스도에게서 나온 하나님은 소멸하는 불이십니다"라고 합니다.

이것은 성경 말씀이 아닙니다. 우리를 죄에서 깨끗하게 하시기 위해 소멸하시는 분은 '우리 하나님', '우리 언약의 하나님'이십니다.

주님이 말씀하지 않으셨습니까?

> 네 찌꺼기를 잿물로 씻듯이 녹여 청결하게 하며 너의 혼잡물을 다 제하여 버리고(사 1:25).

이것이 성령님이 하시는 일입니다. 할 수만 있다면 아첨하는 많은 죄를 버리지 못하는 육신에게 결코 쉬운 일이 아닙니다.

성령님은 영혼이 흠뻑 적셔질 때까지 영혼 위에 순결의 이슬을 내려 주십니다. 이슬을 짜서 그릇에 가득 채웠던 기드온의 양털처럼 되기까지 거룩한 은혜로 머금은 마음을 갖기 원합니다(삿 6:38). 우리의 본성이 성령으로 충만케 되어 우리의 몸과 혼과 영이 완전히 거룩해지기를 소원합니다.

성화는 성령님이 우리 안에 내주하심의 결과입니다.

3. 성령님은 보전하시는 영으로서 마음속에 역사하십니다

성령님이 거하시면 사람들은 지옥으로 되돌아가지 않습니다. 성령님은 그들 안에서 역사하셔서 날마다 유혹에 대해 깨어 있게 하십니다. 그들 안에 죄와 씨름하도록 역사하십니다. 성도는 죄를 짓는 것보다 차라리 죽는 것을 수만 번이라도 선택할 것입니다. 성도들이 그리스도와 연합하게 하시는데 이것이야말로 하나님이 받으실 만한 결실의 원천이자 보증입니다.

성령님은 성도 안에 하나님을 영화롭게 하는 거룩한 것들을 창조하시고, 사람의 아들들을 축복하게 하십니다. 모든 진실한 열매는 성령님의 열매입니다. 모든 진실한 기도는 "성령으로 기도하며"(유 1:20)가 되어야 합니다.

성령님은 기도할 때 우리 연약함을 도우십니다(롬 8:26). 주님의 말씀을 듣는 것조차 성령님에게서 비롯됩니다.

> 주의 날에 내가 성령에 감동되어 내 뒤에서 나는 나팔 소리 같은 큰 음성을 들으니(계 1:10).

사람에게서 나왔거나 사람 안에 살아 있는 모든 것은 성령님이 이미 주입하시고 유지하시며 온전하게 하신 것들입니다.

> 살리는 것은 영이니 육은 무익하니라(요 6:63).

우리는 성령님의 능력이 아닌 그 어떤 능력으로도 천국을 향해 한 치라도 나아갈 수 없습니다. 성령님이 붙들어 주시지 않으면 견고하게 설 수 없고, 요동함 없이 살아갈 수 없습니다. 주님은 여러분이 심으신 포도원도 지켜 주십니다.

말씀에 기록되어 있지 않습니까?

> 나 여호와는 포도원지기가 됨이여 때때로 물을 주며 밤낮으로 간수하여 아무든지 이를 해치지 못하게 하리로다(사 27:3).

한 젊은이가 말하는 것을 들은 적이 있습니다.

"저는 그리스도인이 되고 싶어요. 그러나 끝까지 견디지 못할까봐 두렵습니다.

어떻게 하면 저의 믿음이 보전될 수 있을까요?"

끝까지 견디는 자는 구원을 얻으리라(마 10:22).

말씀을 위한 아주 적절한 질문 한 가지 드려 보겠습니다. 일시적인 그리스도인은 진정한 그리스도인이 될 수 없습니다. 오직 지속해서 믿는 사람만이 천국에 들어가게 될 것입니다.

그렇다면 이런 세상에서 어떻게 믿음을 계속 지킬 수 있습니까?

여기에 답변이 있습니다.

내 영을 너희 속에 두어(겔 36:27).

전쟁에서 한 도시를 빼앗겼던 왕은 다시 싸워 이겨서 그 도시를 탈환하려 합니다. 그러나 그 도시를 점령한 왕은 군대를 주둔시키고 군대장에게 이렇게 말합니다.

"내가 정복한 이 도시를 잘 돌보고 적들에게 다시 빼앗기지 않도록 하라."

이처럼 성령님은 구원받은 인간의 몸 안에 계시는 군대이시며 끝까지 우리를 지켜 주실 것입니다. 모든 지각에 뛰어난 하나님의 평강이 그리스도 예수 안에서 너희 마음과 생각을 지켜 주십니다(빌 4:7). 그렇기 때문에 우리는 보전하심을 받기 위해 성령님을 바라봐야 합니다.

여러분이 지치지 않도록 다음 내용은 아주 간략하게 말씀드리겠습니다.

4. 성령님은 우리를 모든 진리 가운데로 이끄시기 위해 우리에게 주신 바 되셨습니다

진리는 거대한 동굴과 같습니다. 그래서 성령님은 횃불을 가져오셔서 동굴 천정의 모든 놀라운 모습을 보여 주십니다. 통로가 복잡해 보이지만 성령님이 잘 알고 계시기에 하나님의 깊은 곳으로 우리를 인도해 주십니다. 성령님은 그분의 빛과 인도하심으로 우리에게 진리를 하나씩 하나씩 열어 주십니다. 그래서 우리는 "여호와의 교훈"(사 54:13)을 배웁니다.

성령님은 또한 우리를 천국으로 이끌어 가시는 진정한 안내자이시며 그 여정에서 우리를 도우시고 이끌어 주십니다. 저는 그리스도인들이 자신들의 일상생활 속에서 더 자주 성령님께 물으실 수 있기를 바랍니다.

> 성령님이 너희 안에 계시는 것을 알지 못하느냐(고전 3:16).

옳은 길을 찾기 위해 이 친구 저 친구에게 매번 달려갈 필요 없습니다. 다만 하나님을 기다리고 하나님 말씀 앞에 잠잠하십시오. 하나님이 주신 판단력을 사용하십시오. 그리고 그것이 충분하지 않을 때, 존 번연이 『거룩한 전쟁』(Holy War)에서 칭한 '대수석 비서'(the Lord High Secretary)이신 성령님을 의지해야 합니다.

성령님은 우리 속에 내주하시고 무한한 지혜가 있으시며, 등 뒤에서 음성을 들려 주시고, 그 길로 걸으라고 지시해 주십니다. 삶 속에서도 인도하시고, 죽을 때에도 인도하시며, 마침내 영광에 이르기까지 인도해 주십니다. 성령님은 현대와 고대 문명의 오류로부터 지켜 주십니다. 알지 못하는 길로 인도해 주십니다. 그리고 어둠 속을 지날 때에도 여러분이 보지 못한 길로 인도해 주십니다.

이와 같은 일들을 행하시며, 결코 여러분을 버리지 않으실 것입니다.

너무나 소중한 본문 말씀입니다. 마치 제 앞에 풍요롭고 진귀한 보석들로 가득 찬 보석함을 가진 것만 같습니다.

성령 하나님이 친히 오셔서 이 보석들을 여러분에게 나누어 주시기를, 그리고 여러분의 평생을 통해 이 보석들로 아름답게 빛나게 되시기를 소망합니다!

5. 하나님은 위로하시고자 성령님을 우리 가운데 보내십니다

하나님은 자기 자녀들이 불행해지는 것을 허락하지 않으실 것입니다. 그렇기 때문에 하나님은 몸소 복된 삼위일체의 제3위 위격 안에서 위로자의 직무를 맡으셨습니다.

여러분의 얼굴이 왜 그리도 슬픈 빛을 띠고 있습니까?

하나님은 여러분을 위로하십니다. 죄 짐을 지고 있는 사람은 그 누구도 평안을 되찾아 줄 수 없습니다. 그러나 성령님은 하실 수 있습니다.

오! 하나님!

안식을 찾고 갈구하는 모든 사람에게 성령님을 허락해 주소서.

하나님의 영을 그들 안에 부어 주소서.

그리하시면 그들이 예수님 안에서 안식할 것입니다.

하나님의 백성 되신 친애하는 성도 여러분!

염려하고 계십니까?

기억하시기 바랍니다. 염려와 성령님은 서로 대단히 모순됩니다. "내 영을 너희 속에 두어"(겔36:27)라고 하신 말씀은 거룩한 뜻 안에서 온화하며, 평화롭고, 순종하며, 순순히 따른다는 의미입니다. 그렇게 되면 모든 것이 잘될 것이라는 믿음을 갖게 됩니다. 제가 이번 주 광선기도(ray prayer)를 시작한 말씀 구절이 오늘 아침에 떠올랐습니다.

우리가 참으로 사랑해 마지않는 아돌프 사피르 씨가 지난 토요일에 별세하셨습니다. 그리고 그분의 아내도 3-4일 전에 돌아가셨습니다. 친애하는 자매 싱클레어 패트슨 의사 선생님이 방문하셨을 때, 사피르 씨는 그분께 다음 성경 구절을 들려주었습니다.

> 곧 하나님은 빛이시라 그에게는 어두움이 조금도 없으시다(요일 1:5).

사피르 씨 외에 그 어느 누구도 그 구절을 인용하지 못했을 것입니다. 그분은 성서학자이셨고, 말씀을 사랑하는 분이셨으며, 이스라엘의 하나님을 사랑하는 분이셨습니다.

그분의 사랑하는 아내도 돌아가셨습니다. 자신도 병에 걸렸습니다. 그런데 "곧 하나님은 빛이시라 그에게는 어두움이 조금도 없으시다"라고 선포하셨습니다.

만일 여러분이 이 구절을 잘 이해하고 계신다면 이 말씀은 위로가 넘치는 깊은 샘물입니다. 하나님의 섭리는 그분의 약속과 마찬가지로 빛이 되십니다. 그리고 성령님이 깨닫게 하십니다. 하나님의 말씀과 뜻, 그리고 그분의 길은 자기 모든 백성에게 모든 빛이 됩니다. 그리고 하나님 안에서 하나님 백성에게는 어둠이 조금도 없습니다.

하나님 자신이 순전하고 유일한 빛이 되십니다. 혹시 제 안에 어둠이 있을지도 모르지만, 그분에게는 어둠이 조금도 없습니다. 혹시 제 가족 안에 어둠이 있을지도 모릅니다. 그러나 제 언약의 하나님께는 조금도 어둠이 없습니다. 그리고 성령님이 제가 그분 안에 안식하도록 하십니다.

설령 제 몸이 힘을 잃고 제 몸 안에 어둠이 있을 수 있습니다. 그렇지만 그분 안에는 약함이 조금도 없으십니다. 그리고 어둠이 조금도 없습니다. 하나님의 영이 이에 대한 확신을 주십니다. 다윗은 이렇게 표현합니다.

나의 큰 기쁨의 하나님(시 43:4).

참으로 하나님은 그와 같은 분이십니다!
그렇습니다. 내 하나님이 그분이십니다!
여러분은 "나의 하나님, 나의 하나님"(시 22:1)이라고 말할 수 있습니까?

이것 말고 더 원하는 것이 있습니까?
여러분은 여러분의 하나님 너머 어떤 것을 이해할 수 있습니까?
영원토록 행하실 만큼 온전히 전능하십니다!
끝없이 주는 분이십니다!
신실하시고 기억하시는 분입니다!
모든 선함이 되십니다.
오직 빛이 되십니다.

> 그에게는 어두움이 조금도 없으시다는 것이니라(요일 1:5).

내가 하나님을 소유하고 있을 때, 나에게 모든 빛, 즉 모든 것이 있습니다. 성령님이 우리 안에 계시면 깨닫게 해 주십니다. 거룩한 위로자가 함께 거하심으로 천국의 빛을 즐거워하게 하십니다.

그래서 우리는 밝은 빛 가운데 걸어갑니다. 언제나 평화롭고 환희에 차게 됩니다. 그분 안에 있는 우리의 행복은 마치 영광을 향해 도약하듯 때때로 거대한 기쁨의 파도가 되어 피어오릅니다.

주님은 이 구절이 여러분의 것이 되게 하십니다.

> 내 영을 너희 속에 두어(겔 36:27).

아멘!

Sermons on The Holy Spirit

제11장
내 입에 꿀!
(Honey in the Mouth!)[1]

> 그가 내 영광을 나타내리니 내 것을 가지고 너희에게 알리시겠음이라 무릇 아버지께 있는 것은 다 내 것이라 그러므로 내가 말하기를 그가 내 것을 가지고 너희에게 알리시리라 하였노라(요 16:14-15).

친애하는 동역자 여러분!

여러분에게는 성삼위일체 곧 성부, 성자, 성령 하나님이 함께하십니다. 이 삼위일체를 떠나 구원이 있을 수 없습니다.

> 무릇 아버지께 있는 것은 다 내 것이라(요 16:15).

그리스도께서 말씀하셨습니다. 모든 것이 다 주님의 소유였으며, 지금

---

[1] 설교 No. 2213.; 1891년 7월 19일 주일, 목회자 컨퍼런스(College Evangelical Association).

도 주님의 것이며, 언제나 주님의 것입니다. 그것들은 소유권이 바뀌게 되기까지, 즉 그리스도께서 "무릇 아버지께 있는 것은 다 내 것이라"라고 말씀하시기까지 우리의 소유가 될 수 없습니다. 아버지의 "모든 것"이 아들에게 넘겨져 우리에게 넘어오는 것은 그리스도께서 언약의 보증이시기 때문입니다.

> 아버지께서는 모든 충만으로 예수 안에 거하게 하시고(골 1:19).

> 우리가 다 그의 충만한 데서 받으니(요 1:16).

그러나 우리는 너무 둔해 큰 샘에 송수관이 놓여 있어도 그 샘물을 끌어오지 못합니다. 우리의 다리가 온전하지 못해 그곳에 닿을 수가 없습니다. 그러나 성삼위일체의 세 번째 위격이 오십니다. 즉 성령님이 오셔서 그리스도의 것을 받아 전달해 주십니다. 그렇게 그리스도를 통해, 성령님에 의해, 성부 아버지께 속한 것을 받습니다.

랄프 얼스킨(Ralph Erskine, 1685-1752)은 요한복음 16:15을 본문으로 한 설교의 서문에서 주목할 만한 말을 남겼습니다. 그는 하나님의 은혜를 꿀이라고 표현하고 있는데, 이는 성도들을 위로하고 성도들의 입과 마음을 감미롭게 만들어 주기 때문입니다. 그렇지만 그 꿀은 성부 하나님 속에 있다고 말합니다.

> 꿀은 꽃 속에 있습니다. 그러나 너무 깊이 있기 때문에 도무지 그 꿀을 채집할 수 없습니다. 그 꿀은 벌집 안에 있습니다.

그 꿀은 임마누엘이시며, 사람이 되신 하나님이시며, 구속자이시며, 육신이 되신 말씀이신 그분 안에 우리를 위해 예비되어 있습니다.

"무릇 아버지께 있는 것은 다 내 것이라, 너희의 사용과 유익을 위한 내 것이라."

꿀은 벌집 안에 있습니다. 그러나 우리는 꿀을 먹을 수 있습니다

성령님이 모든 것을 취하시고, 적용하시고, 우리에게 보여 주심으로써, 우리가 그리스도와 함께 먹고 마시게 하시고 이 '모든 것'을 나누어 주십니다.

그러나 꿀만 먹게 해 주시는 것이 아니라 꿀과 벌집을 모두 주십니다. 그리스도께서 주시는 유익만이 아니라 그분 자신을 주십니다.

이것은 대단히 아름다운 이야기입니다. 하나님 안에 피어 있는 꽃 속에 있는 꿀은 신비 속에 감추어 있듯이, 참으로 그곳에 있습니다. 꿀이 가장 많이 나는 곳은 꽃입니다. 거기에 꿀이 가장 많이 있습니다.

그렇지만 여러분과 제가 어떻게 꿀을 얻을 수 있습니까?

우리에게는 달콤한 꿀을 채집할 수 있는 지혜가 없습니다. 우리는 꽃을 찾아 날아다닐 수 있는 벌도 아닙니다. '벌꿀'(bee-honey)은 있어도 '사람 꿀'은 없습니다. 그러나 여러분은 그리스도 안에서 벌집 속의 꿀이 만들어지는 것을 보고 계십니다. 그러므로 그리스도는 벌집에서 떨어지는 꿀처럼 감미롭습니다. 때로 우리는 너무 기진해 손을 내밀어 그 벌집을 붙잡을 수도 없습니다. 우리는 입맛이 변해 쓴 것을 더 좋아하고 그것들이 달콤하다고 생각했던 적이 있습니다.

그러나 이제는 성령 하나님이 오셨습니다. 우리는 꿀을 입에 받았습니다. 그리고 그것을 맛보고 즐기고 있습니다. 그리고 이제 아주 오랫동안 그것을 맛보아 왔기 때문에 은혜의 꿀이 우리 체질의 일부가 되었습니다. 그래서 우리는 하나님 앞에 감미로운 자들이 되었습니다. 이 특이한 방식에 의해 그분의 달콤함이 우리에게 전달되었습니다.

친애하는 성도 여러분!

제가 거의 말씀드릴 필요도 없이 중요한 것은 성삼위의 존재가 반드시 여러분의 사역 속에 뚜렷하게 나타나도록 하라는 것입니다. 기억하십시오. 여러분은 삼위의 하나님 없이 기도할 수 없습니다. 만일 구원 사역 전체에 삼위일체가 필요하다면, 우리를 살게 하는 호흡도 마찬가지입니다.

성자 하나님을 통하지 않고, 성령 하나님의 도움 없이, 성부 하나님께 가까이 갈 수 없습니다. 의심할 여지없이 자연 속에도 삼위일체가 존재합니다. 분명히 은혜의 영역에서 성령님의 필요성이 끊임없이 대두되고 있습니다.

우리가 천국에 가면 아마도 일치 가운데 계시는 성삼위일체의 의미를 더 완전하게 알 수 있을 것입니다. 그러나 우리가 삼위일체를 결코 이해할 수 없다고 해도 최소한 더 애정을 기울이며 깨닫기 위해 노력해야 합니다. 그리고 우리가 연주하는 3가지 음조의 음악이 완벽한 하모니를 이루어 '그분'을 향해 올라갈 때 더욱 충만하게 기뻐할 수 있을 것입니다. 그분은 나뉠 수 없으시나 세 분이시며, 영원히 복되신 성부와 성자 그리고 성령, 한 분 하나님이십니다.

이제 제가 이 아침에 여러분에게 공개할 것이 하나 있는데, 저는 그것을 할 수 없지만, 성령님이 하셔야 합니다. 우리가 이곳에 앉아 있는 동안 본문이 우리 위에 역사하셔야 합니다.

> 그가 내 영광을 나타내시니 내 것을 가지고 너희에게 알리시겠음이라 (요 16:14).

바로 지금, 이 말씀이 이루어지게 하소서.

1. 성령님의 사역은 그리스도의 것을 다루시는 일입니다

우리 형제 아치볼드 브라운(Archibold G. Brown, 1844-1922)은 성경을 해석할 때 독창성을 목표 삼지 않는다고 하셨습니다. 그분은 그리스도의 것들을 다루십니다. 그리스도께서는 아버지에게서 들은 모든 것을 우리에게 알려 주셨고, 그것들을 지켜 오셨습니다. 그리고 이제 성령님은 그리스도께 속한 것들을 취하십니다.

제발 새로운 어떤 것만을 구하지 않도록 합시다. 성령님은 하늘 위에 있는 것이든 땅 아래 있는 것이든 무엇이든 다루실 수 있습니다. 즉, 과거 시대에 대한 이야기, 다가올 시대에 관한 이야기, 지구 내부에 관한 비밀, 모든 진화까지 존재하는 모든 것을 다루십니다. 주님과 마찬가지로 어떤 주제라도 선택해 다루실 수 있습니다. 그러나 성령님은 그리스도의 것에 스스로를 제한하십니다. 그 안에서 말할 수 없이 무한한 자유를 발견하십니다.

친애하는 성도 여러분!

여러분은 성령보다 더 지혜로워질 수 있다고 생각하십니까?

만일 성령님이 선택하신 것이 모두 지혜로운 것이라고 한다면, 목회자인 여러분이 어떤 것을 혹은 다른 누군가의 것을 취하기 시작할 때, 그 선택이 모두 지혜로운 것이 될까요?

그리스도의 것들을 받고 있을 때에는 성령님이 여러분과 가까이 계실 것입니다. 그러나 주일에 여러분이 그리스도 밖의 것들을 다루신다면, 성령님은 다른 어떤 것도 받지 말도록 말씀을 들으셨기 때문에, 여러분은 홀로 외롭게 그것들을 다루게 될 것입니다(출 20:10). 그리고 성령님이 함께하지 않는 강대상은 군중 한가운데 있다고 할지라도 음산하고 고독할 것입니다.

원하신다면, 여러분은 여러분의 명석한 두뇌에서 신학을 끌어내실 수도 있습니다. 그러나 그곳에 성령님이 여러분과 함께하지 않으십니다. 그리고 명심하십시오. 우리 중에 그리스도께 속한 것들만 가지고 머물기로 결단하고, 성령님이 하게 하시는 만큼 그것만을 계속해서 다루는 이들이 있습니다. 그리고 우리는 거룩하신 성령님과 함께 참으로 복된 동행 가운데 있다는 사실을 느끼고, 원하는 대로 방대하게 생각하는 여러분을 조금도 부러워하지 않습니다.

성령님은 여전히 교회 안에 계시고, 일하시고, 가르치십니다. 그러나 사람들이 '계시'를 받았다고 주장할 때 계시인지 아닌지 알아내는 시험이 있는데, 그것은 "그가 내 것을 가지고"(요 16:14) 입니다. 성령님은 결코 십자가보다 주님의 오심보다 더 앞서 가지 않으십니다. 결코 그리스도에 관한 것보다 멀리 가지 않으십니다.

그가 내 것을 가지고(요 16:14).

그렇기 때문에 누군가가 제 귀에 속삭이며 이런저런 계시를 받았다고 말할 때 그리스도와 사도들의 가르침 안에 있는 내용이 아니라면, 저는 그에게 "우리는 반드시 성령님에 의해 가르침을 받아야 합니다"라고 말합니다.

성령님의 단 한 가지 소명이 그리스도께 속한 것을 다루는 것입니다. 만일 우리가 이것을 기억하지 않는다면, 많은 사람이 경험한 것처럼 이리저리 휩쓸릴 것입니다. 다른 것을 다루기 원하는 자들이 있다면 그렇게 하도록 하십시오. 그러나 그리스도께서는 아버지께로부터 들은 모든 것을 우리에게 알려 주셨고, 성령님이 우리의 생각과 가르침 속에서 그것들을 지켜 오셨습니다.

그가 내 것을 가지고 너희에게 알리시겠음이라(요 16:14).

저는 그리스도의 것을 다루시는 성령님에 대해 묵상하는 것을 좋아합니다. 그것은 성령님께 참으로 합당한 일이라고 생각됩니다. 이제 그리스도의 것을 다루시는 동안 그분의 강력한 영은 무한함 가운데에 계십니다. 그것은 그리스도께서 유한 속에 감추이신 무한이 되시기 때문입니다.

왜 그렇습니까?

그것은 그리스도께서는 유한 속으로 들어가실 때 무한 이상의 어떤 것으로 나타나시기 때문입니다. 그렇기 때문에 베들레헴의 그리스도께서 아버지의 품 안에 계신 그리스도보다 더 이해하기 어렵습니다. 그리스도께서는 가능한 무한을 초월하신 것으로 보입니다. 여기에서 성령님은 그리스도의 광대한 본성에 합당한 말씀 주제를 찾아내십니다.

목회자 여러분이 주일 오전 내내 여러분이 성경 구절 하나를 깎고 깎아서 아무것도 아닌 작은 결론을 지었다면 무엇을 한 것입니까?

한 나라의 국왕이 체리 씨앗 하나를 그림으로 그려보려고 하루를 보냈다면, 그가 제국을 다스렸다고 할 수 있습니까?

여기에 이런 목회자가 있습니다. 그리스도께 속한 것들을 취해 사용하도록 소명을 받았노라 고백하는 사람이, 말씀을 전하고 있는 시간에도 죽어 가고 있는 귀한 영혼들에게 자신의 소명을 털끝만큼도 보여 주지 않는 말씀 주제를 다루고 있습니다.

오! 성령님을 본받으십시오.

성령님의 내주하심을 고백하신다면 성령님의 감동을 받으십시오. 여러분 자신에 관한 평가가 한량 없으신 성령님이 여러분에게 내리시는 평가와 일치하게 하십시오.

그가 내 것을 가지고 너희에게 알리겠음이니라(요 16:14).

다음으로, 성령님은 무엇을 하십니까?

그분은 왜 연약한 인간을 상대하시며, 가엾은 우리 피조물과 함께 거하시는 것입니까?

저는 성령님이 그리스도의 것을 취하시는 것과 그 안에서 기뻐하시는 것을 이해할 수 있습니다. 그러나 놀라운 것은 성령님이 오셔서 그것들을 우리에게 보여 주심으로 친히 그리스도께 영광을 드리셔야만 한다는 것입니다.

그러나 아직까지는 그리스도께서 우리 목회자들 가운데서 영광을 받으십니다.

우리의 눈이 그분을 보아야 합니다.

우리가 볼 수 없는 그리스도는 영광스럽지 않게 보입니다. 그리고 알지 못하고 맛볼 수 없으며 사랑할 수도 없는 그리스도의 것들은 그 영롱함을 상당히 상실해 버린 것으로 보입니다. 그래서 성령님은 죄인에게 그리스도의 구원을 보여 주는 것이 그리스도를 영화롭게 하는 것임을 아시기 때문에 지난 수세기 동안 우리 목회자들을 위해 그리스도의 것을 취하시고 그것을 보여 주셨습니다. 그것들을 우리에게 보여 주시는 것은 놀라운 겸손임과 동시에 기적입니다.

돌이 갑자기 생명을 갖게 되고, 산이 눈을 갖게 되며, 나무에 귀가 생겼다는 보고를 받는다면 기이한 일이라고 할 것입니다. 그러나 우리가 죽어 끔찍할 정도로 눈멀고 귀가 멀어 영적으로 심각하게 무지하나 성령님이 그리스도께 속한 것들을 우리에게 보여 주실 수 있다는 사실은 그리스도께 영광을 드리는 것입니다. 성령님이 하시는 일이 이것입니다. 성령님은 하늘에서 오셔서 우리와 함께 거하십니다. 그분의 이름에 영광을 돌리고 송축합시다.

저는 그리스도의 성육신과 성령님의 내주하심 중에 어느 것이 더 존경할 만한 겸손의 행위인지 전혀 판단할 수 없습니다. 그리스도께서 사람의 몸 안에 거하시는 성육신은 놀라운 것입니다. 그러나 보십시오. 성령님은 죄악이 가득한 인간의 본성 안에 내주하십니다. 인간의 완전한 본성이 아니라 불안전한 본성 그 속에 내주하시는 것입니다.

성령님이 계속해서 한 사람의 몸 안에만 내주하시는 것도 아닙니다. 이것은 순결하고 흠이 없으신 성령님께 이상한 방식에 해당되나 우리 모두의 몸 안에 내주하시는 것입니다.

하나님의 성전임에도 불구하고 우리 몸은 본성적으로 더럽혀져 있으며, 성령님이 내주하심에도 불구하고 어느 정도의 더러움이 여전히 남아 있다는 사실을 알고 계십니까?

그리고 성령님은 수많은 세월 동안 그렇게 해 오셨습니다. 단 한 번도 수천 번도 아닌, 셀 수 없을 만큼 많이 그렇게 해 오셨습니다. 성령님은 지금도 죄 많은 인간과 계속해서 접촉하고 계십니다. 천사도, 스랍도, 그룹도 아니고 어린양의 피에 그 옷을 씻어 희어진 자들(계 7:14)도 아닌, 우리 성도들에게 성령님이 그리스도의 것을 보여 주십니다.

저는 그 의미가 이것이라고 생각합니다. 성령님은 우리 주님의 말씀을 취하십니다. 즉, 주님이 개인적으로 하신 말씀과 사도들이 남긴 말씀입니다. 우리는 결코 그리스도의 말씀과 사도들의 말씀을 분리해서는 안 됩니다. 우리 구세주께서는 그들과 함께하셨습니다.

> 내가 비옵는 것은 이 사람들만 위함이 아니요 또 그들의 말로 말미암아 나를 믿는 사람들도 위함이니(요 17:20)

누구라도 사도의 말을 거절한다면 그리스도께서 중보해 주시는 사람의 숫자에서 제외될 것입니다. 그들은 다름 아닌 그 사실에 의해 스스로 가로막혀 버린 것입니다. 그들은 사도들의 말씀이 그리스도의 말씀임을 엄중하게 기억해야만 합니다. 그리스도께서는 죽은 자들 가운데서 부활하신 후 우리에게 그분의 마음과 뜻에 관한 더 많은 해석을 해 주실 만큼 충분히 오래 머물지 않으셨습니다. 죽으시기 전에도 그렇게 하실 수가 없었습니다. 왜냐하면, 그것은 적절하지 않았을 것이기 때문입니다.

> 내가 아직도 너희에게 이를 것이 많으나 지금은 너희가 감당치 못하리라 (요 16:12).

그러나 성령님이 강림하신 뒤에 제자들은 그리스도께서 그분의 종 바울과 베드로, 야고보와 사도 요한을 통해 말씀하신 것을 받을 준비가 되어 있었습니다. 때로 어떤 교리들이 그리스도가 아닌 사도들이 계시한 것이라고 조롱을 당하기도 하시만, 모든 것이 그리스도께서 친히 계시하신 것입니다.

그 교리들은 모두 그리스도의 가르침에서 찾아볼 수 있지만, 대단히 비유적 형태를 갖고 있습니다. 주님이 진리를 더 완전하게 이해할 사람들을 성령님을 통해 준비하시고 그분의 사도들을 보내신 것은 그리스도께서 영광을 받으신 다음에 일어난 일입니다.

그리고 말씀하십니다.

> 그러므로 너희는 가서 … 내가 너희에게 분부한 모든 것을 가르쳐 지키게 하라 … (마 28:19-20).

이 말씀의 뜻은 모든 신약성경 내용이 구약성경에 들어 있는 것과 마찬가지로 하나같이 빈틈이 없습니다. 때때로 저는 구약이 신약보다 성령님의 영감을 더 많이 받았다고 생각해 왔습니다. 구약성경 안에 의미가 더 많이 감춰져 있습니다. 구약성경의 한 줄 말씀 안에 풍성한 의미의 세계가 펼쳐져 있습니다. 이는 그리스도의 말씀에서도 마찬가지입니다. 이런 점에서 그리스도는 신약성경의 서신서들과 관계에서 구약성경이 되십니다. 서신서가 새로운 형태의 신약성경이라면, 그리스도는 신약 내에서 구약입니다.

그러나 모든 성경이 하나이며 불가분의 관계입니다. 이제는 주 예수님의 말씀과 사도들의 말씀이 성령님에 의해 우리에게 설명될 것입니다. 그분의 가르치심을 떠나서 그 말씀의 중심을 깨달을 수 없습니다.

"지금 저는 그 말씀을 받아들일 수 없어요"라고 말하면서 말씀에 대해 논란을 벌인다면 그 의미를 전혀 깨달을 수 없습니다. 속을 먹으려는 사람은 껍질을 깨야만 합니다. 그렇지 않으면 불가능합니다.

"말씀은 성령님의 영감을 받은 것이 아니다"라고 말하는 사람들이 있습니다. 여기에 법정의 증언대에 선 한 사람이 있습니다. 그는 진실을 말할 것을 맹세했습니다. 자신이 진실만을 말해 왔다고 합니다. 그런데 반대 심문을 받고 이렇게 말합니다.

"저는 진실을 말했습니다. 그렇지만 제 말을 증명할 수 없습니다."

반대 심문을 하는 변호사가 그 사람의 특정 진술을 손에 쥐고 있습니다. 증인은 말합니다.

"오! 아시다시피 저는 맹세하지는 않습니다."

변호사는 질문합니다.

"그렇다면, 당신은 무엇을 맹세합니까?

그렇지 않다면 아무것도 소용이 없습니다. 당신이 무엇을 말하는지 우리는 전혀 알지 못합니다. 당신은 모든 말을 맹세해야 합니다."

그러나 그는 자신이 위증자임을 자인하고 있습니다. 그러니까 만일 여러분이 법정 진술을 위해 앉아 계신다면 다만 상식이 통하는 선에서 진술해야 합니다.

만일 한 사람이 이렇게 말한다면 무엇이 남겠습니까?

"저는 진실을 말합니다. 그렇지만 맹세하지 않습니다."

우리가 말씀에서 성령님의 영감을 하나도 찾을 수 없다면, 손가락 사이로 스며나가 아무것도 남지 않아 감지할 수 없는 영감만 존재할 뿐입니다. 아무것도 남지 않을 것입니다.

그러므로 말씀을 받고 결코 그에 대해 논란을 일삼지 마십시오. 오직, 성령님이 말씀 안으로 인도해 주시기 전에는 그 감동된 의미를 깨달을 수 없습니다.

오늘날 여러분을 위해 과거에 말씀을 기록한 사람들이 자신들이 기록한 것을 완전히 이해하지 못했습니다. 그러나 그들 중에는 성령님이 어떻게 말씀하시고 어떤 방식으로 말하게 하셨는지 부지런히 질문하고 찾았던 사람들이 있었습니다. 말씀을 배우는 여러분도 그들과 동일하게 해야 합니다.

여러분은 가서 이렇게 기도해야 합니다.

위대하신 주님!

성경으로 인해 진심으로 감사합니다.

그리고 성경을 하나님의 말씀으로 삼아 주심을 감사합니다.

그렇지만 이제, 선하신 주님이시여!

우리는 구약 시대의 유대인이나 랍비들 그리고 서기관들처럼 글자 하나하나를 트집 잡고 그 결과로 말씀의 진정한 의미를 놓쳐 버리지 않겠습니다.

말씀의 문을 활짝 열어 주소서. 말씀의 의미가 담긴 비밀의 방으로 들어갈 수 있기를 원합니다. 우리에게 가르쳐 주십시오. 주님께 기도합니다. 주님께 열쇠가 있습니다. 우리를 이끌어 그곳에 들어가게 하소서.

친애하는 목회자 여러분!

여러분이 성경 구절을 이해하기 원할 때마다 원문을 읽을 수 있기를 노력하시기 바랍니다. 원어로 말씀을 연구한 누구에게나 문의해 보십시오. 그러나 가장 빨리 본문을 이해하는 방법은 성령님 안에서 기도하는 것입니다. 해당 장을 펼치고 기도하십시오. 주저하지 않고 말씀드립니다. 말씀을 주신 그분께 단어 하나하나를 올려 드리며 무릎을 꿇고 말씀 한 장을 다 읽고 나면, 어떤 연구방법보다 무한히 더 밝은 빛으로 말씀의 의미가 깨달아질 것입니다.

> 그가 내 영광을 나타내리니 내 것을 가지고 너희에게 알리시겠음이라 (요 16:14).

성령님이 우리 주님의 메시지를 그 충만한 의미로 새롭게 전달해 주실 것입니다.

그러나 저는 오늘 본문의 의미를 다 전했다고 생각하지 않습니다.

> 내 것을 가지고(요 16:14).

다음 구절에 주님이 이어서 말씀하십니다.

> 무릇 아버지께 있는 것은 다 내 것이라(요 16:15).

여기에 진정한 의미가 있다고 생각합니다. 그러므로 성령님이 그리스도께 속한 것을 보여 주실 것입니다.

이것이 우리를 위한 말씀입니다. '그리스도의 것들.' 그리스도께서는 마치 당시에 특별히 소유한 것이 아무것도 없으신 것처럼 말씀하십니다. 왜냐하면, 그때는 죽지 않으셨고, 그때는 부활하지 않으셨으며, 그때는 하늘의 대제사장으로서 중보하고 계시지 않으셨기 때문입니다. 모든 것이 예정되어 있었습니다. 그렇지만 여전히 주님은 말씀하십니다.

> 지금도 아버지가 가지신 모든 것, 아버지의 모든 품성, 모든 영광, 모든 안식, 모든 행복, 아버지의 모든 복이 내게 속한 것이다. 모든 것이 내 것이다. 성령님이 너희에게 그것을 보여 주실 것이다.

그러나 지금 오늘 본문 말씀을 거의 반대 관점에서 다시 읽을 수 있습니다. 왜냐하면, 이제 주님은 죽으셨고, 다시 살아나셨고, 높이 승천하셨고, 다시 오실 것이기 때문입니다. 주님의 전차들이 달려 오고 있습니다. 이제 아버지께 속한 것들이 있습니다. 그것들은 그리스도께 속한 것, 참으로 그리스도의 것들, 단연코 주님께 속한 것들입니다. 그리고 복음의 전달자인 저와 동역자 여러분의 기도는 이 말씀이 우리 가운데 이루지기를 위한 것이어야 합니다.

> 그가 내 것을 가지고 너희에게 알리시리라 (요 16:15)
> He shall take of mine, and shall shew unto you(Jn 16:15, KJV).

친애하는 형제 여러분!

우리가 그 말씀을 다시 전하고, 성령님이 신격(Godhead) 가운데 계신 주님을 보여 주고 계신다고 가정해 보십시오.

우리가 그리스도의 신성에 관해 설교할 때 성령님이 우리 회중에게 확실하게 복을 주시지 않겠습니까?

그리스도께서는 자신이 하나님의 본체이심을 알고 계시기 때문에 실로 만물을 자기에게 복종하게 하실 것입니다(빌 3:21).

주님의 사람 되신 모습을 보는 것도 마찬가지로 감미로운 일입니다.

그리스도의 인성에 대한 성령님의 관점을 가질 수 있다면 얼마나 좋은 일이겠습니까!

성령님이 저의 뼈 중의 뼈가 되시고 살 중의 살이 되심(창 2:23)을 분명히 깨닫게 되고, 무한하신 사랑으로 저를 긍휼히 여기실 것이며, 제 주위에서 양심의 고통을 받고 있는 가엾은 이들을 돌봐 주실 것입니다. 그리하여 저는 다시 한번 그들에게 다가가서 이들의 연약함을 체휼하시며 모든 일에 똑같이 시험을 받으신(히 4:15) 한 분이신 그리스도에 대해 다시 한번 전해야 합니다.

사랑하는 동역자 여러분!

단 한 번이라도, 아니 매번 말씀을 전할 때마다 우리가 그리스도의 신성과 인성을 눈으로 보고 묵상할 수 있다면, 우리 성도들을 위해 참으로 영광스러운 설교를 할 수 있지 않겠습니까?

성령님으로 말미암아 그리스도의 직분, 특별히 구원자로서의 주님의 직분에 관한 지식을 얻는 일은 영광스러운 일입니다. 저는 종종 그리스도께 이렇게 말씀드렸습니다.

> 주님은 저의 백성을 구원해 주셔야 합니다. 그것은 결코 제가 상관할 일이 아닙니다. 제가 그 구절을 만들어 내지도 않았습니다. 제 자신이 구원자라고 집 문 앞에 씨 붙이지도 않았습니다.
> 주님이 이 사역을 계속해 오셨습니다. 그리고 주님은 이 일을 경험하셨고 잘 아십니다. 그리고 주님은 이것이 주님의 명예임을 주장하십니다. 주님은 높임 받으실 왕이시며 구원자이십니다. 주님의 일을 하십시오.
> 나의 주님이시여!

저는 주일 저녁에 이 본문 말씀을 사용해 불신자들에게 이렇게 설교했습니다. 그때 하나님이 복을 주셨다는 것을 알고 있습니다.

성령님이 여러분에게 그리스도가 구세주이심을 보여 주시기 원합니다. 의사는 환자가 전화해서 자신이 아프기 때문에 사과할 것이라고 조금도 기대하지 않습니다. 왜냐하면, 그는 의사이고 자신의 기술을 증명하기 위해 여러분을 원하기 때문입니다.

이와 같이 그리스도는 구세주이십니다. 그리고 여러분은 그분에게 가면서 사과할 필요가 없습니다. 왜냐하면, 구원받을 사람이 없다면 그리스도가 구세주가 되실 수 없기 때문입니다.

사실은 그리스도에게는 우리가 가진 죄 외에는 어떤 접촉점도 존재하지 않습니다. 환자와 의사의 접촉점은 질병입니다. 우리의 죄가 우리와 그리스도 사이의 접촉점입니다. 성령님이 그리스도의 신성한 직무를 담당하시며 특별히 구세주의 직무를 담당하시고 그것을 우리에게 보여 주십니다.

성령님이 여러분에게 그리스도의 언약적 약속들(covenant engagements)을 보여 주신 적이 있습니까?

그리스도께서 아버지와 손을 잡으셨을 때는 많은 아들을 이끌어 영광에 들어가게 하시기 위함이었습니다(히 2:10). 아버지께서 아들에게 주신 자들은 하나도 잃지 않을 것이며(요 18:9) 그들은 구원받게 될 것이었습니다. 그것은 그리스도께서 하나님이 선택하신 모든 사람을 데려오실 것이라고 약속하셨기 때문입니다. 양들이 말씀하시는 분의 팔 아래로 다시 통과해야 할 때에는 각각 핏자국을 지닌 채 그분의 지팡이 아래로 한 명씩 지나갈 것입니다. 그분은 생명책에 기록된 수만큼 천국 우리에 주님의 양이 차기 전까지 결코 쉬지 않으실 것입니다. 그래서 저는 그것을 믿습니다.

제가 설교 요청을 받고 교회를 찾아간 날, 이 양들의 환상이 저에게 보이는 것 같아서 정말 기분이 좋았습니다. 그날은 지루하고 암울하고 축축하고 안개 낀 아침이었습니다. 집회에는 몇 명밖에 참석하지 않았습니다. 그렇습니다. 그러나 그들은 택하심을 입은 사람들이었습니다. 하나님이 그곳으로 보내신 이들이었고 숫자는 정확했습니다. 제가 설교할 때 일부 구원받은 사람들이 있었습니다.

우리는 모험을 하기보다 복되신 성령님의 인도하심을 받아서, 그리스도께서 하나님께로 돌아오게 해야 할 사람들이 있으며 그분이 자기 영혼의 수고를 보시고(사 53:11) 그분의 아버지께서 그 한 사람 한 사람을 기뻐하신다는 살아 있는 확신과 함께 말씀을 들고 나아갑니다. 여러분이 이에 대한 분명한 비전을 갖게 된다면 근성이 생겨날 것이고 견고해질 것입니다.

> 그는 나의 것을 가지고 너에게 언약이 성립된 사실을 보여 줄 것이며 너희가 그것을 볼 때 위로를 받을 것이다.

친애하는 동역자 여러분!

성령님은 특별히 그리스도의 소유, 무엇보다도 그분의 사랑을 취하시고 여러분에게 보여 주심으로 은혜를 베푸십니다. 그동안 보아 왔고, 때로는 그 어떤 때보다 생생하게 보았습니다. 그러나 성령님의 휘황한 불꽃이 그리스도의 사랑을 온전히 비추어 주신다면 우리의 시력이 극히 개선될 것이며, 우리는 천국보다 놀라운 비전을 보게 될 것입니다. 말씀을 연구하며 성경을 펼치고 앉아 이 말씀이 이뤄지고 있는 것을 느끼고 경험하게 될 것입니다.

> 내가 그리스도 안에 있는 한 사람을 아노니 그는 십사 년 전에 셋째 하늘에 이끌려 간 자라(그가 몸 안에 있었는지 몸 밖에 있었는지 나는 모르거니와 하나님은 아시느니라)(고후 12:2).

성령님의 빛으로 그리스도의 사랑을 볼 수 있기를 바랍니다. 그렇게 성령님의 빛으로 밝혀 주실 때 우리는 단지 그 겉모습이 아니라 그리스도의 사랑 그 자체를 보게 됩니다. 엄밀히 말해 여러분은 지금까지 아무것도 보지 못했다는 사실을 알고 계실 것입니다. 우리는 사물의 겉모습만을 볼 수 있을 뿐입니다. 즉, 그 사물에 의해 반사된 빛을 보는 것뿐입니다. 그것이 우리가 볼 수 있는 것의 전부입니다.

그러나 성령님은 우리에게 본연의 진리, 그리스도 사랑의 정수를 보여 주십니다.

그 사랑의 정수는 무엇입니까?

그것은 시작도 없고, 변함도 없고, 제한도 없고, 한이 없는 사랑입니다. 그리고 그 사랑은 외부로부터의 동기가 전혀 아닌, 단순히 주님 자신의 내면에서 나온 동기에서 비롯된 인간을 향한 사랑입니다.

그것이 무엇이겠습니까?

사람의 입으로 어떻게 표현할 수 있습니까?

그것은 황홀한 비전입니다!

만일 그리스도의 사랑보다 더욱 놀라운 한 가지 광경을 볼 수 있다면, 그것은 그리스도의 보혈이라고 생각합니다.

예수님의 보혈에 관해 많이들 말하지만
그것을 이해하는 사람은 거의 없다네

Much we talk of Jesus's blood,
But how little's understood!

보혈은 하나님의 절정입니다. 저는 이보다 더 거룩한 것을 알지 못합니다. 모든 영원한 목적이 십자가 보혈을 향해 역사해 왔고, 그 십자가 보혈로부터 만물의 숭고한 종말을 향해 가고 있다고 생각합니다.

오! 그분은 놀랍게도 인간이 되셔야만 한다고 생각하셨습니다!

하나님은 영, 순수한 영, 구체화된 영을 만드셨습니다. 그 후에 물질세계를 만드셨고, 그리고 어찌된 일인지, 마치 모든 것을 하나가 되게 하시려는 듯 하나님이신 그분이 스스로 물질과 연결되셔서 우리 인간처럼 티끌을 입으시고 모든 것을 취하셔서 우리에게 오십니다.

그리고 인간이신 동안 신성과 연결되신 오직 하나의 생명을 쏟아부어 주심으로 자기 백성을 영과 혼과 육신의 악으로부터 구속하셔서 우리가 그것을 정확하게 "하나님의 보혈"이라고 고백하게 되었습니다. 사도행전의 스무 번째 장으로 가 봅시다.

사도 바울은 그것을 이렇게 말했습니다.

> 하나님이 자기 피로 사신 교회를 보살피게 하셨느니라(행 20:28).

저는 왓츠 박사님(Dr. Watts)이 말씀하신 "사랑하시고 죽으신 하나님"이란 표현이 잘못되었다고 생각하지 않습니다. 그것은 부정확한 정확성이며, 엄격하고 절대적인 부정확성의 정확성입니다. 유한한 자가 무한하신 그분에 관해 논할 때는 언제나 이와 같습니다. 그것은 죄와 남아 있을 수 있는 모든 흔적을 멸절하고, 전멸시키고, 소멸하시는 놀라운 희생을 의미합니다.

왜냐하면, "허물이 그치며 죄가 끝나며 죄악이 용서되며 영원한 의가 드러나며"(단 9:24)가 성취되었기 때문입니다.

친애하는 목회자 여러분!

여러분은 이것을 보셨습니다.

그렇지 않습니까?

그러나 여러분은 아직 더 많은 것을 보셔야 합니다. 우리가 천국에 이르렀을 때, 오직 그때 하나님이 흘리신 보혈의 의미를 깨닫게 될 것입니다.

그때 우리가 얼마나 힘 있게 노래할까요?

"우리를 사랑하시고 자기의 피로 우리를 죄에서 씻어 주신 주님께 찬송을 드리세!"

보혈을 불경스럽게 언급하며 이렇게 지껄이는 사람이 있을 것입니다.

"이것은 도살자들의 종교가 아닙니까?"

오! 동역자 여러분!

그들은 "도살자들의 종교"라고 믿기를 원하는 바로 그 장소에 가 있는 자신을 발견하게 될 것입니다. 그리고 감히 그렇게 말하는 사람들은 누구나 향나무 목탄처럼 불에 탈 것입니다. 왜냐하면, 그가 하나님의 피를 멸시했기 때문입니다. 그래서 자신의 고의적 범죄로 말미암아 영원히 버림받게 될 것입니다.

성령님이 여러분에게 겟세마네와 가바다와 골고다를 보여 주시길 바랍니다. 그 후에 현재 우리 주님이 하고 계신 일에 대한 비전을 여러분에게 허락해 주시기를 간절히 소원합니다.

낙심될 때 주님이 여러분을 위해 서서 간구하고 계신 모습을 보는 것만으로 얼마나 큰 격려가 되겠습니까?

아내와 아이들이 병들고 주방에는 먹을 것도 부족하지만 뒷문을 열고 나가 보면 그곳에 온갖 보석으로 반짝이는 흉패를 두르신 그분이 계십니다. 그 흉패의 보석 위에 여러분의 이름이 있습니다. 그분은 여러분을 위해 기도하고 계십니다.

그러면 여러분은 집으로 다시 들어가 "여보, 다 괜찮아요. 잘될 거예요. 주님이 우리를 위해 기도하고 계세요"라고 말해 주지 않겠습니까?

성령님이 여러분에게 중보하고 계시는 그리스도를 보여 주신다면 큰 위안을 받을 것입니다!

그리스도께서는 우리를 친히 다스리시면서 우리를 위해 간구하십니다. 그분은 하나님의 우편에 계시고, 성부 하나님은 만물을 그분의 발아래 두셨습니다(고후 15:17; 엡 1:22). 그리고 최후의 원수가 그 발아래 엎드릴 때를 기다리고 계십니다. 그러므로 이제 여러분은 여러분을 비웃고 반대하는 자를 두려워하지 마십시오.

두렵습니까?

이 말씀을 기억하시기 바랍니다.

> 하늘과 땅의 모든 권세를 내게 주셨으니 그러므로 너희는 가서 내가 너희에게 분부한 모든 것을 가르쳐 지키게 하라 볼지어다 내가 세상 끝 날까지 너희와 항상 함께 있으리라 하시니라(마 28:18, 20).

그리고 무엇보다도 성령님이 여러분에게 그리스도의 재림에 대한 정확한 지식을 허락해 주시기를 바랍니다. 우리의 가장 빛나는 소망은 바로 여기에 있습니다.

"보라 그가 오신다"(Lo, he cometh).[2]

대적이 더욱 담대하게 대적하고, 믿음이 점점 약해지며, 열심은 거의 소멸해 버린 그때가 그리스도께서 다시 오실 때라는 사실을 깨달으십시오. 주님은 언제나 이렇게 말씀하셨습니다.

> 먼저 배교하는 일이 있고(살후 2:3).

어둠이 깊어지고 폭풍이 거세질 때, 폭풍이 가장 거셌던 그 밤에 파도 위로 걸어 제자들을 찾아오신 갈릴리 호수의 주님을 우리가 더 잘 기억하게 될 것입니다.

주님이 오시면 원수들이 무엇을 말하겠습니까?

그들은 영화로우신 손에 못 자국을 가지고 가시관을 쓰신 인자를 보게 될 것입니다. 그분의 말씀과 영원히 복되신 그분의 보혈을 멸시하던 그들은 친히 오시는 그분의 상처 입은 사랑의 얼굴 앞에서 얼마나 보기 좋게 도망치겠습니까?

우리는 그와 반대로 그리스도의 무한한 자비를 통해 이렇게 고백하게 될 것입니다.

---

2   요한계시록 1:7 말씀을 중심으로 작사된 영국의 찬송가로 1752년 존 케닉(John Cennick, 1718-1755)에 의해 첫 출판되고 찰스 웨스리(Charles Wesley, 1707-1788)에 의해 수정되었고 대림절(the Advent)에 주로 불려졌다(역주).

"이것이 성령님이 우리에게 보여 주신 것이며, 이제 우리가 그것을 말씀 그대로 목도합니다. 우리에게 주신 성령님의 하나님 나라 영광의 시현(beatific vision)에 대한 선견지명으로 인해 감사드립니다."

첫 주제가 아직 끝나지 않았습니다. 그것은 여러분이 한 가지 더 기억하셔야 할 것이 있기 때문입니다. 그것은 성령님이 그리스도께 속한 것을 취해 보여 주실 때는 그렇게 하시는 데 목적이 있다는 것입니다.

어린 소년들이 학교에서 어떻게 하는지 상기시켜 드리려 하는데 웃지 마시기 바랍니다. 한 아이가 자기 호주머니에서 사과를 하나 꺼내서 학교 친구에게 말합니다.

"너 이 사과 보여?"

"응" 하고 다른 친구가 대답합니다.

그러자 그 아이가 말합니다.

"그럼 내가 이것을 먹는 걸 봐도 돼."

그러나 성령님은 결코 그리스 신화의 탄탈로스³가 아닙니다. 그리스도께 속한 것들을 가지고 우리를 놀리시는 분이 아니십니다. 결코 아닙니다. 성령님이 말씀하십니다.

"너희는 이것들을 보느냐?

너희가 볼 수 있다면, 너희가 가져도 된단다."

이 말씀을 하신 분이 그리스도가 아니십니까?

---

3 제우스의 아들이자 리디아의 왕으로 신들의 총애를 받았으나 오만해 신들을 시험하려다가 타르타로스에 갇혀 벌을 받게 된다(역주).

땅의 모든 끝이여 내게로 돌이켜 구원을 받으라(사 45:22).

보는 것은 여러분에게 청구권(claim)을 부여합니다. 그리고 여러분이 그분을 볼 수 있다면 그분은 여러분의 것입니다. 야곱을 보게 하신 성령님은 여러분도 보게 하실 것입니다. 야곱이 누워서 잠들었을 때 하나님이 그분에게 말씀하신 것을 여러분은 알고 계십니다.

네가 누워 있는 땅을 내가 너와 네 자손에게 주리니(창 28:13).

이제 여러분이 어디에 가든지 성경 말씀을 통틀어 가서 누울 수 있는 땅은 모두 여러분의 것입니다. 여러분이 어떤 약속 위에 누워 하룻밤을 자고 그것을 깊이 묵상해 보실 수 있다면 그 약속은 여러분의 것입니다.

너는 눈을 들어 너 있는 곳에서 북쪽과 남쪽 그리고 동쪽과 서쪽을 바라보라. 보이는 땅을 내가 너와 네 자손에게 주리니 영원히 이르리라(창 13:14-15).

주님은 기뻐하는 믿음과 관련해 우리의 거룩한 시야를 넓혀 주십니다. 왜냐하면, 실제로 보는 것 없이도 기뻐할 수 있고, 그리스도 안에 있는 모든 것이 여러분을 위해 존재하기 때문입니다.

2. 성령님의 목표와 그분이 실제로 성취하시는 것은 하나님의 영광입니다

성령님이 실제로 성취하시는 일은 무엇입니까?

> 그가 내 영광을 나타내리니(요 16:14).

친애하는 목회자 여러분!

성령님은 결코 우리나 어떤 교단을 영화롭게 하지 않으십니다. 조직신학의 어떤 교리를 영화롭게 하지도 않으십니다. 성령님은 그리스도를 영화롭게 하기 위해 오십니다. 우리가 그분과 일치되기를 원한다면, 반드시 그리스도를 영화롭게 하기 위해 설교해야 합니다.

결코 이런 생각을 해서는 안 됩니다.

'나는 이 부분을 강조해서 말을 잘해야지. 친구들이 데모테네스가 다시 이 마을에 살고 있다고 해도 그의 설교가 더 뛰어나지 못하다고 느끼게 될 거야.'

결코 이렇게 말하지 마십시오

사람들을 아주 기쁘게 할 만한 문장이라고 해도 주저하지 말고 설교문에서 제외시켜야 함을 말씀드립니다. 왜냐하면, 여러분이 그런 생각을 하고 있었다면, 그 말을 사용함으로써 유혹의 길에 들어서기 때문입니다.

"그래, 그것은 굉장히 멋진 문장이야!"

"그 문장을 어디서 생각하게 되었는지, 그것이 제 것인지, 아닌지 모릅니다. 유감스럽지만 제 동료 목회자들은 대부분 이해하지 못할 것입니다.

그러나 그 문장은 강단 위에 한 깊은 사상가가 서 있다는 인상을 주게 해 줄 것입니다."

좋습니다. 그것은 존경스러운 것일 수도 있고, 그 귀한 문장을 전해 주는 것이 옳을지도 모릅니다. 그러나 만일 여러분이 그런 생각을 하고 있다면 없애 버리십시오. 과감하게 없애 버리십시오. 이렇게 말하십시오.

"안됩니다. 결코 안됩니다. 나의 목적이 분명히 그리스도를 영화롭게 하는 것이 아니라면, 성령과 목적과 일치하지 않는다면, 저는 그분의 도움을 기대할 수 없습니다. 우리는 똑같은 방식으로 하지 않을 것입니다. 그렇기 때문에 저는 단순하고 진실하게 말할 것입니다. 그리스도만을 영화롭게 할 수 없다면, 그 어떤 것도 말하지 않을 것입니다."

그렇다면 성령님이 어떻게 그리스도를 영화롭게 하시겠습니까?

성령님이 그리스도께 속한 것들을 보여 주심으로써 그리스도를 영화롭게 하신다고 생각하는 것은 대단히 아름다운 일입니다. 만일 여러분이 어떤 사람에게 존경을 표하고자 한다면, 여러분은 아마도 그분의 집을 장식할 수 있는 선물을 드릴 것입니다. 그러나 여기에서 여러분이 그리스도를 영화롭게 하고자 한다면, 여러분은 가서 그리스도의 물건 곧 '그리스도께 속한 것들'을 가지고 나가야 합니다.

우리가 하나님을 찬송할 때마다 무엇을 합니까?

우리는 단순히 그분이 누구이신가를 노래할 뿐입니다.

"주님은 이런 분이십니다. 주님은 그런 분이십니다."

그 외에 다른 찬양은 없습니다. 우리는 다른 어딘가에서 무엇을 가져와서 하나님께 가져올 수 없습니다. 다만 하나님에 대한 찬양은 단순히 하나님에 관한 사실에 대한 것들에 지나지 않습니다. 여러분이 만일 주 예수 그리스도를 찬양하기 원하신다면, 사람들에게 주님에 대해 말하십시오. 그리스도께 속한 것들을 가지고 가서 사람들에게 보여 주십시오. 그리스도를 영화롭게 할 것입니다.

저는 여러분이 무엇을 할지 알고 있습니다. 하나의 멋진 문학 작품을 만들어 낼 때까지 단어를 짜맞추어 다듬어 갑니다. 아주 정성 들여서 그 일을 한 후에 오븐에 넣고 굽습니다. 아마도 빵을 그것과 함께 굽는 것도 도움이 될 것입니다.

친애하는 형제 여러분!

그리스도께서 누구이신가를 단순히 말하는 것이 그분과 관련된 천 마디 세련된 찬양의 말을 지어내는 것보다 낫습니다.

> 그가 내 영광을 나타내리니 내 것을 가지고 너희에게 알리겠음이라 (요 16:14).

복된 성령님은 그리스도께 속한 것들을 그리스도의 것으로 보여 주시며 그리스도를 영화롭게 하신다고 생각합니다.

용서하심에 대한 것입니까?

네, 그것은 놀라운 역사입니다. 그렇지만 그 용서가 그분의 상처 안에 있습니다. 그것이 더 위대한 일입니다.

화평을 누리는 것입니까?

네, 그렇지만 그분의 십자가 보혈 안에 화평을 발견해야 합니다.

동역자 여러분!

여러분의 모든 구제 사역 위에 그리스도의 핏자국이 뚜렷이 보이게 하십시오. 구제 사역 위에는 십자가 보혈이 모두 표시되어 있습니다. 그러나 때로 우리는 빵의 달콤함에 관해 혹은 물의 시원함에 관해 너무 많은 생각을 합니다. 그래서 이것들이 어디에서 어떻게 왔는지를 망각합니다. 그렇게 되면 가장 뛰어난 풍미가 부족하게 됩니다. 그것이 그리스도에게서 나왔다는 말은 그것이 그리스도에게서 나온 가장 좋은 것 중에서도 가장 좋은 것이라는 말씀입니다.

그리스도께서 나를 구원하신다는 것은 그냥 내가 구원받았다는 것보다 더 좋은 것입니다. 천국에 가는 것은 복된 일입니다. 그렇지만 제가 그리스도 안에 있고 그 결과로 말미암아 천국에 가는 것보다 더 좋은 것인지 저는 알지 못합니다. 천국은 주님 자신이며, 그분에게서 오는 것은 모든 것 중에서도 최고의 것입니다. 왜냐하면, 그것이 그리스도에게서 오기 때문입니다.

그러므로 성령님은 우리에게 그리스도께 속한 것들이 참으로 그리스도의 것이며, 완전히 그리스도의 것 그리고 여전히 그리스도와 연결된 것이라는 것을 보게 함으로써 그리스도를 영화롭게 하실 것입니다. 그리고 우리는 우리가 그리스도와 연결되어 있기 때문에 그것을 누리게 됩니다.

다음 본문에 이렇게 나와 있습니다.

> 그가 내 영광을 나타내리니 내 것을 가지고 너희에게 알리겠음이니라 (요 16:14).

그렇습니다. 성령님이 그리스도를 우리에게 보여 주심으로 참으로 그리스도를 영화롭게 하십니다.

저는 대단한 사상가들의 회심을 얼마나 소원하는지 모릅니다.

저는 밀턴(John Milton, 1608-1674, 영국의 시인이자 청교도 사상가)과 같은 사람 몇 분이 그리스도의 사랑을 노래할 수 있기를, 저명한 정치학자들이 복음을 설교하는 일에 그들의 재능을 헌신하기를 바랍니다.

그런데 왜 그렇게 되지 않습니까?

글쎄요, 성령님은 그것이 그리스도를 가장 영화롭게 하는 방법이 아니라고 생각하시는 것 같습니다. 성령님은 더 나은 방법을 좋아하시는 데, 그것은 평범한 종류의 사람인 우리를 택하시고, 그리스도께 속한 것을 취하게 하시며, 그것들을 우리에게 보여 주시는 것입니다.

그분은 참으로 그리스도를 영화롭게 하시며, 저희 희미한 두 눈으로 그분의 무한하신 아름다움을 보게 하시기 때문에 우리가 그 이름을 송축할 수 있습니다. 저와 같은 죄인이, 쓸모없는 것만 알고 있는 제가 다른 모든 성도와 함께 그리스도 사랑의 높이와 깊이를 깨닫게 되고 그 지식을 전달할 수 있게 되었습니다.

그렇습니다. 학교에서 가장 똑똑한 학생이 된 것과 마찬가지입니다. 글쎄요, 주님이 그를 학자로 만드는 것은 힘겨운 일이 아닙니다. 그러나 여기에 학자로서 뛰어난 한 사람이 있는데, 그의 모친은 그가 그의 집에서 제일 멍청이라고 합니다. 그 사람의 학교 친구가 하나같이 말합니다.

"그는 우리 중 꼴찌였습니다. 그는 무뇌아 같았습니다. 그런데 우리 주님이 그의 머리를 좋게 하셔서, 아무것도 모르는 무능한 사람으로 보이던 그를 무언가를 아는 사람으로 만들어 주셨습니다."

성령님이 우리에게 그리스도께 속한 것을 보여 주시면, 우리의 어리석음, 무능함 그리고 영적 죽음이 어떤 식으로든지 그리스도를 크게 영화롭게 하는 방향으로 변화됩니다.

친애하는 동역자 여러분!

그리스도께 속한 것을 사람들이 보는 것은 주님께 영광이 되기 때문에, 성령님은 그것을 우리에게 보여 주시고 우리가 타인에게 보여 줄 수 있게 하십니다. 이것은 성령님이 우리와 함께하셔서 그들이 볼 수 있게 해 주셔야만 할 수 있는 일입니다. 그러나 성령님은 우리가 그분께 배운 것을 전할 때 우리와 함께하실 것입니다.

성령님은 우리에게 보여 주시는 만큼 다른 이들에게 참으로 보여 주실 것입니다. 이 사역을 통해 부수적 은혜가 흘러갈 것입니다. 그것은 우리가 다른 사람들에게 그리스도의 것들을 보여 주기 위해 올바른 수단을 사용하도록 도와줄 것입니다.

3. 성령님이 우리의 위로자가 되십니다

성령님은 참으로 위로자가 되십니다. 그것은 그리스도를 보는 것에 비할 수 있는 위로가 세상에 존재하지 않기 때문입니다.

사랑하는 형제자매 여러분!

가난할 때 성령님이 그리스도가 머리 두실 곳 없으셨던 모습을 보여 주신다면 얼마나 놀랍겠습니까?

병들었을 때 성령님이 그리스도께서 고난을 인내하신 모습을 보여 주신다면, 얼마나 큰 위로가 되겠습니까?

여러분이 처한 상황에 따라 그리스도께 속한 것들을 볼 수 있게 된다면 얼마나 빨리 슬픔에서 빠져나올 수 있겠습니까?

성령님이 그리스도를 영화롭게 하신다는 것은 모든 종류의 슬픔에 대한 치유를 의미합니다. 그분은 위로자이십니다.

지난번에 말씀드렸고 다시 한번 말씀드릴 수밖에 없는데, 몇 년 전 서리가든(Surrey Garden)에서 끔찍한 사고를 경험한 후 저는 멀리 지방으로 떠나야 했고 지금까지 침묵을 지키고 있습니다. 성경만 보아도 저는 울었습니다.

저는 그 정원에서 혼자 있을 수밖에 없었습니다. 저는 암울하고 슬펐습니다. 왜냐하면, 사람들이 사고로 죽었고 저는 반쯤 죽어 있었기 때문입니다. 그러나 지금은 제가 어떻게 다시 위로를 받게 되었는지를 기억합니다.

주일에 저는 설교했습니다. 그리고 그 정원을 걸었습니다. 회복되어 저는 한 나무 아래에 서 있었습니다. 그 나무가 지금도 그곳에 있다면 저는 알아볼 수 있습니다. 그때 거기에서 이 말씀을 기억하게 되었습니다.

> 이스라엘에게 회개함과 죄 사함을 주시려고 그를 오른손으로 높이사 임금과 구주로 삼으셨느니라(행 5:31).

그리고 저는 혼자 생각했습니다.

'나는 일개 병사일 뿐입니다. 제가 참호에서 죽는다 해도 상관이 없습니다. 왕께서 영광을 받으십시오. 왕께서 승리하십시오.'

저는 제가 이전에 나폴레옹 황제를 사랑했던 프랑스 병사와 같다고 느꼈습니다. 황제가 말을 타고 지나갈 때 병사들이 어떻게 죽어 갔는지 알고 계실 것입니다. 부상을 당한 병사는 팔꿈치로 몸을 일으킨 후에 다시 한번 부르짖었습니다.

"황제 만세!"

그것은 황제가 그들의 가슴속에 새겨져 있었기 때문입니다.

저는 확신합니다. 여기에 모인 거룩한 전쟁의 전우가 되시는 여러분 각자도 마찬가지입니다. 우리 왕이신 주님이 높임을 받으신다면, 나머지 일들은 되고 싶은 대로 내버려 두시기 바랍니다. 만일 왕께서 높임을 받으신다면 우리가 어떤 일을 당해도 심려치 말아야 합니다.

우리는 모두 그분의 신하에 지나지 않습니다. 왕께서 높임을 받으신다면 다 괜찮습니다. 하나님의 진리는 안전합니다. 우리는 기꺼이 철저하게 잊혀지고, 철저하게 기만과 중상을 당하고, 사람들이 기뻐하는 그 어떤 무엇이라도 온전히 당할 것입니다. 크신 주님의 뜻은 이루어질 것입니다.

왕께서 보좌에 계십니다. 할렐루야!

그 성호를 송축할지어다!